Ellen Gundersen Traylor
DER WANDERER GOTTES

Ellen Gundersen Traylor

DER WANDERER GOTTES

Leuchter-Verlag eG · Erzhausen

Titel der Originalausgabe: SONG OF ABRAHAM

Übersetzung: KH. Neumann
Umschlaggestaltung: Dieter Illgen, Hannover

1. Auflage August 1980

ISBN 3-87482-082-3

Gesamtherstellung: SCHÖNBACH-Druck GmbH, Erzhausen

Inhalt

*„Der Glaube
aber ist eine Verwirklichung dessen,
was man hofft,
ein Überführtsein von Dingen,
die man nicht sieht“
(Hebräer 11, 1).*

I. Buch

DIE SUCHE UND DER RUF

„So spricht der Herr, der Gott Israels:
Eure Väter wohnten vor alters jenseits des Stromes,
Tarah, der Vater Abrahams und der Vater Nahors; und sie dienten anderen Göttern“
(Josua 24, 2).

Kapitel 1

Im Jahre 2086 vor Christus

Nach Einbruch der Dunkelheit wurde Ur zu einer übelriechenden und verpesteten Stadt. Finsternis hüllte die Kranken und Ausgestoßenen ein, die innerhalb der Stadtmauer Schutz vor dem schneidenden Wind suchten, der über die mesopotamische Ebene wehte. Bettler in zerrissener Kleidung schliefen in düsteren Ecken, und kleine, elternlose Kinder streiften überall umher und suchten nach ein wenig Nahrung.

Ein junger Läufer aus dem chaldäischen Hügelland rannte durch das große Stadttor und eilte dem Zentrum der mächtigen Metropole zu. Er bemerkte die Schlafenden entlang der Stadtmauer, konnte sie aber nicht genau erkennen, da nur aus einigen niedrigen Durchfahrten das schwache Licht von Laternen schimmerte. Doch er hörte das Betteln der Hungrigen, wenn sie erwachten, und er fühlte, wie sie mit ausgestreckten Händen bittend nach ihm griffen.

Die aus festgewalztem Lehm bestehenden Straßen waren von der Hitze des Tages noch warm, das konnte der Junge durch die dünnen Ledersohlen seiner Sandalen fühlen. Achtsam schaute er sich, während er weiterrannte, nach allen Seiten um, und bei jedem neuen oder fremden Geräusch, das durch die Dunkelheit drang, bebte er leicht. Die ganze Umgebung war fremd für ihn. Endlich erreichte er die Hauptstraße, die direkt zum großen Platz in der Mitte der Stadt führte. Hier kannte er sich ein wenig aus, und deshalb verschnaufte er kurz. Auf diesem Weg kamen sie immer in die Stadt, wenn sein Herr an heiligen Festtagen mit ihnen nach Ur zog, um im Tempel zu feiern.

Am Ende der breiten Straße erreichte er dann den zentralen Platz, auf dessen gegenüberliegender Seite groß und mächtig der Tempel stand. Das Mondlicht hinter dem gewaltigen Ziggurat machte ihn zu einer riesigen Silhouette. Seine Augen folgten den endlos langen Treppen, die an allen vier Seiten bis zur Spitze des Ziggurats führten, wo er im Mondlicht deutlich den Säulenbau des Altarhauses erkennen konnte.

Der Anblick erinnerte ihn an den letzten gemeinsamen Besuch mit der Gefolgschaft seines Herrn in Ur. All die Schrecken dieses Tages, an den er seither immer wieder hatte denken müssen, standen deutlich vor ihm. Als er auf den Ziggurat starrte, konnte er vor seinen Augen deutlich wieder die beiden Priester sehen, die das junge Mädchen die Stufen hinauf zum Altarhaus führten. Er hörte wieder das Dröhnen der vielen hundert Trommeln, die jeden Schritt der drei begleiteten. Er begann zu zittern, als er daran dachte, mit welchem Mut das Mädchens den Priestern gefolgt war, wie sie aber dann doch auf der Spitze des Ziggurats verzweifelt zu kämpfen begann, als die Priester sie entkleideten. Die Spitze des Tempels war so hoch, und die Trommeln hatten so laut gedröhnt, daß die auf dem Platz versammelten Menschenmassen die Schreie des Mädchens nicht hören konnten, aber der junge Läufer, Dari mit Namen, war sicher, sie hatte geschrien. Er jedenfalls würde das Bild nie wieder vergessen können.

Fast hätte er seinen Auftrag vergessen, als er beim Anblick des Ziggurats dieses fürchterliche Erlebnis wieder so lebendig vor seinen Augen sah. Er schüttelte die Gedanken ab. Den Anweisungen folgend, die Hebron, sein Herr, ihm gegeben hatte, verließ er den weiten Platz und lief die enger werdende und vom Mondlicht erhellte Straße den Hügel hinauf, auf dessen Spitze das Haus Tarahs lag, das sein Ziel war. Im Mondlicht konnte er das aus hellen gebrannten Steinen bestehende große Anwesen des reichen Kaufherrn schon gut erkennen.

Dari hatte schon oft von dem großen Reichtum Tarahs gehört, und das eindrucksvolle Haus vor ihm bestätigte dies. Das gesamte Anwesen zog sich rechts und links am Hügel terrassenförmig empor. Die breiten Dächer der verschiedenen, zum Anwesen gehörenden Gebäude waren mit allen Arten von Blumen bepflanzt, und Weinranken hingen daran herunter. Sicherlich konnte man erst bei Tageslicht die volle Schönheit dieser Anlagen erkennen. Als er näher kam, wurde sein Blick durch hohe Mauern, die das gesamte Anwesen umgaben, eingeengt, so daß er sich wieder auf sein Ziel, den Eingang zu finden, konzentrierte.

Endlich gelangte er zu einer großen, von einem doppelten Tor verschlossenen Einfahrt. Mit einem Griff versicherte er sich nochmals, ob der fest an seinen Leibriemen gebundene Lederbeutel mit der so wichtigen Nachricht noch vorhanden war und rief dann laut nach dem Torwächter. Niemand antwortete. Dari begann, mit dem großen Metallring, der am Tor hing, heftig dagegen zu hämmern. Endlich wurde das Tor von einem riesigen Mann geöffnet, der in einer kurzen weißen Tunika steckte. Sein volles schwarzes Haar hing ihm gerade herunter und wurde durch einen breiten Lederriemen gebändigt, der auf der Stirn durch das Sklavenzeichen, einen kleinen silbernen Halbmond, zusammengehalten wurde.

Der Mann war bartlos, was ein weiteres Zeichen seines Sklavenstandes war; doch Dari wußte, daß er große Achtung verdiente. Tarah hatte ihn für einen sehr hohen Preis gekauft; denn nur Sklaven, die von den Tempelpriestern selbst ausgewählt und verkauft wurden, durften das Zeichen des wohltätigen Mondes tragen. Doch auch ohne dieses Zeichen genügte seine respektgebietende Erscheinung vollauf, Dari mächtig zu beeindrucken.

„Erkläre schnell, was du willst, Junge“, forderte der Riese. „Es ist spät, und mein Herr hat sich schon zurückgezogen. Was machst du zu dieser Stunde noch auf der Straße?“

„Ich bin der Bote Hebrons und habe dringende Neuigkeit für den Herrn Tarah. Doch meine Nachricht ist nur für den Herrn selbst bestimmt. Ich muß mit ihm reden.“

„Hebron scheint sich sehr junge Boten auszusuchen. Woher weiß ich, daß er dich sendet?“

Dari griff wieder nach dem Lederbeutel an seinem Leibriemen und öffnete ihn. Die Rolle, die er herauszog, trug Hebrons Siegel. Doch als der Sklave danach griff, um sie näher zu betrachten, zog Dari die Hand zurück. „Niemand, außer Herrn Tarah, darf die Rolle sehen. Du siehst die Widderhörner auf dem Siegel, es ist Hebrons Zeichen.“

Zögernd ließ der Türhüter ihn ein und führte ihn zu den Dienstbotenwohnungen, wo er Dari aufforderte, zu warten. Dari schaute sich um, während er wartete. Im strahlend hellen Mondlicht war alles gut zu erkennen. Er bemerkte, daß innerhalb der Mauern viele Gebäude lagen, die sich terrassenförmig den Hang hinauf zogen. Im Mittelpunkt auf der obersten Terrasse lag das Haupthaus. Auf der untersten Ebene lagen links die Ställe und rechts das Exerzierhaus für Tarahs Soldaten. Außerdem gab es hier noch ein langes Gebäude für Wagen und Waffen. Es war überall bekannt, daß Tarah die meisten Fahrzeuge und die beste militärische Ausrüstung aller chaldäischen Kaufmannsfürsten besaß.

Das Herrenhaus hatte, im Gegensatz zu allen anderen Gebäuden, zwei Etagen. Die obere Etage war von einem Balkon umgeben, der von Schnitzereien und Statuen verziert war. Dari fürchtete sich ein wenig davor, dieses beeindruckende Haus zu betreten. Plötzlich öffnete sich die Tür, und eine alte Frau forderte ihn kurz und grob auf, ihr zu folgen. Die ganze Zeit murrte sie darüber, wie er auf die Idee kommen konnte, sie noch so spät zu belästigen. Nach ihrer Meinung sei die Nachricht so eilig gewiß nicht gewesen.

„Du glaubst, mein Herr müßte dich jetzt noch empfangen und verweigerst dabei dem Torhüter nähere Auskunft. Ich glaube, du bildest dir auf deinen Botenauftrag zuviel ein", beklagte sie sich. „Hier hinein geht es zu unserem Herrn. Benimm dich anständig und bescheiden." Damit ließ sie ihn vor einem großen geschnitzten Tor vor Tarahs Zimmern stehen. Eilig trat Dari ein, um seine Botschaft zu überbringen.

Tarah stand in der Mitte eines prächtig möblierten Raumes. In seinem beeindruckenden Gesicht waren Würde und Weisheit, aber auch die Züge von manchem erlebten Kummer zu erkennen. Die Vergangenheit hatte ihm großen Reichtum gebracht, aber auch herzbewegende Uneinigkeit in seiner Familie. Er hatte drei Söhne. Nahor, der älteste, und auch Abraham, der zweite, lebten bei ihm und waren das Glück seines Alters. Doch sein jüngster Sohn Haran, den er besonders liebte, hatte das große Haus schon vor vielen Jahren verlassen.

Die schon vorher sehr unstabile Einheit der Familie war zerbrochen, als Tarahs Frau starb. Seine Eltern hatten sich schon mehrere Jahre keine Hoffnung mehr auf die weitere Geburt von Kindern gemacht, da war Haran noch geboren worden. Seiner Mutter war er wie ein Geschenk erneuerter Jugend und Lebenskraft. Die alte Frau hatte ihren nachgeborenen Sohn deshalb so sehr geliebt und an sich gefesselt, daß sie ihm so gut wie kein eigenes Leben erlaubte. Nach ihrem Tod war Haran wie ein junges, bis dahin gefangengehaltenes Tier plötzlich ausgebrochen.

Oft hatte sein alter Vater ihn beobachtet, wie er durch die Fenster sehnsüchtig nach den chaldäischen Hügeln starrte, die das Weideland von Nomaden waren, die mit ihren Herden umherzogen. Der Junge hatte sich nach dem scheinbar romantischen und freien Leben dieser nicht seßhaften Menschen gesehnt. Am Tage nach der Beerdigung seiner Mutter hatte Haran das Haus verlassen und war in das chaldäische Weideland gezogen. Dort hatte er sich Hebron, einem reichen Herdenbesitzer, angeschlossen, dessen Züge ihn immer wieder von einem Ende Mesopotamiens bis zum anderen führten. Der alte Hebron hatte schon viele Jahre mit Tarah Handel getrieben und hatte oft Geschichten von nomadischen Abenteuern erzählt, wenn er in Tarahs großem Hause weilte. Viele Jahre war Haran nun schon fort. Und obwohl er seinem Vater regelmäßig Nachricht über sein Ergehen zukommen ließ, hatte der alte Mann den Kummer, einen Sohn verloren zu haben, nie ganz überwunden. Er betrachtete den Jungen, der sich tief vor ihm verneigte, und fragte: „Du bist also Hebrons Bote? Welche dringende Nachricht bringst du mir? Geht es um meinen Sohn?“

„Herr“, antwortete Dari, als er Tarah den Brief reichte, „hier ist Hebrons Nachricht. Wenn du sie gelesen hast, wirst du sicher erkennen, daß sie dringend ist.“

„Herr Tarah“, begann der Brief, „es fällt mir nicht leicht, dir mitzuteilen, daß dein Sohn Haran ernstlich verwundet ist. Die Gutäer haben in der letzten Nacht unser Lager überfallen. Wir hofften, sie würden uns verschonen. Doch sie haben überall im Flußtal auch andere Herden überfallen und viele Hirten getötet. Wir sind sicher, daß sie planen, auch Ur anzugreifen. Ich sende dir den Jungen mit dieser Botschaft, weil all meine Männer unter Waffen stehen, um den nächsten Angriff abzuwehren. Dein Sohn schwebt in Lebensgefahr. Bitte, komm und bringe Hilfe mit. Dein Diener Hebron.“

Zorn und Haß waren in Tarahs Zügen zu lesen, als er den Brief beendet hatte und ihn auf den schweren Marmortisch legte. Schweigend saß er da. Die Gutäer kamen aus einem Gebiet, das nordöstlich von Chaldäa lag. Außer ihrer barbarischen Art der Kriegführung und gewalttätigen Plünderungen wußte man wenig über sie. Schon manche der kleineren Städte Chaldäas hatten sie überfallen und zerstört, und immer wieder griffen sie Karawanen und Nomadenlager im Weideland an.

Auch Hebrons Lager war nun Opfer eines solchen Überfalls geworden. Doch es schien nur eine kleine Horde Angreifer gewesen zu sein, sonst wäre Hebron nicht mehr am Leben. Oft beunruhigten sie mit kleinen Gruppen ihre künftigen Opfer, bis sie dann mit gewaltiger Übermacht kamen und eine Stadt oder ein Lager überwältigten.

Unruhig wartete Dari auf eine Äußerung Tarahs. Er beobachtete, wie sich der fürstliche Mann, dessen Gestalt trotz des Alters nur wenig gebeugt war, erhob und rastlos hin und her ging, immer wieder öffnete und schloß er dabei seine Hände. Kühle Luft von den Hügeln zog durch die offenen Fenster in den matt erleuchteten Raum. Tarah ging durch eine offene Tür auf den sich um das Haus ziehenden Balkon und blickte auf die im Mondlicht liegende Stadt.

Dari zögerte erst, ob er folgen sollte, doch seine Neugier trieb ihn hinaus. Der Blick auf Ur war ihm bekannt. Von den Hügeln aus, in denen er lebte, war es ein ähnlicher Anblick, nur eben aus weiterer Entfernung. Die Stadt erstreckte sich über eine weite Ebene, die von sanften Hügeln umgeben war. Hier und da brannte in einigen der aus hellen Steinen oder gebrannten Ziegeln gebauten Häuser noch Licht. Die Straßen und engen Gassen der Stadt lagen meist im dunklen Schatten, während auf die flachen Dächer der ein- oder mehrstöckigen Häuser der Silberschein des Mondes fiel. Am entfernten Ende der Stadt konnte man den mächtigen Golf sehen, der sie durch Seehandel mit dem Osten verband, wodurch soviel Reichtum in die Stadt kam, daß Ur zu einer Großmacht unter den Reichen jener Zeit geworden war.

Ur war eine der ersten von Menschen je erbauten Städte, dies berichteten die alten Chroniken. Doch die Erinnerung an jene frühen Tage war fast völlig vergangen. An der Westseite Urs floß der Euphrat entlang, der Lebensspender für die Zivilisationen hier im Zweistromland. Im Golf vereinigte er sich mit seinem weiter im Osten fließenden Zwilling, dem Tigris.

Von Tarahs Balkon aus war nur wenig von den Geräuschen der Stadt zu hören. Nur hier und da das Rumpeln hölzerner Räder oder leise Musik aus einem nahegelegenen Gasthaus. Viele Abende saß der alte Mann hier und atmete die frische Luft ein, die vom Golf oder von den Hügeln herüberströmte. Er dachte über seine Handelsgeschäfte und Verträge nach, die ihn mit vielen Teilen der damaligen Welt verbanden. Obwohl Tarah nicht der Herr Urs war, so war er doch unter den Beratern des Regenten und der Priester der wichtigste und hatte mehr Einfluß als jeder andere der chaldäischen Kaufleute. Doch heute sah er mit anderen Gefühlen auf die Stadt. Er war der Vater eines schwer verwundeten Mannes. Dieser Gedanke allein beherrschte ihn.

„Wie viele Männer hat dein Herr in seinem Lager?“ fragte er den Jungen plötzlich.

„Ungefähr 50, Herr; keinesfalls mehr. Manche von ihnen sind schon durch Verwundungen und Hunger geschwächt. Die Angreifer haben fast all unsere Nahrungsvorräte mitgenommen, und wir müssen hungern. Hätten wir die Verwundeten nicht, wären wir schon weitergezogen. Mein Herr erwartet, daß die Gutäer zurückkehren und auch noch die Stadt angreifen werden. Wir haben schon fast keine Hoffnung mehr. Mein Herr meint, daß die Gutäer ganz Chaldäa beherrschen wollen.“

Tarahs Gesicht war ernst. Schweigend umklammerte er die Balkonbrüstung.

Endlich meinte er: „Und du hast den Weg durch die Hügel allein gewagt, du bist ein tapferer Junge. Wie weit entfernt ist euer Stamm?“

„Sie lagern im Wadi Saboth, ungefähr 25 Kilometer nördlich, vielleicht etwas weniger. Ich habe auf dem Weg hierher versucht, mich immer an die Buschinseln zu halten. Hatte ich einmal über offenes Gelände oder über einen Hügel zu gehen, bin ich so schnell gerannt, wie ich konnte. Doch ich habe zwischen dem Lager meines Herrn und Ur kein Anzeichen von Gutäern bemerkt.“ Dari zögerte kurz und setzte dann hinzu: „Herr, die

Gutäer haben all unsere Herden getötet, einfach nur um des Tötens willen."

Man sah dem Jungen noch an, wie sehr ihn dieses nutzlose Blutvergießen und Töten mitgenommen hatte; er begann zu weinen. Tarah führte ihn in den Raum zurück und rief nach den Dienern. Die alte Frau trat wieder ein. Ihr trug er auf, dem Jungen für die Nacht einen guten Schlafplatz zu besorgen. Dari verließ mit ihr den Raum und sank bald auf einem weichen Diwan in den Schlaf der Erschöpfung.

Für Tarah gab es noch keine Ruhe. Er würde die restlichen Nachtstunden brauchen, um Pläne für die Rettung Harans zu machen. Hier, auf seinem Grundstück, hatte er etwa 500 waffenfähige Männer. Sie waren zum Kampf ausgebildet, um die Karawanen zu begleiten, die er von Ur in alle Richtungen für seinen Handel aussandte. Doch diese 500 würden nicht genügen. Die kleine Gutäerbande, die Hebron überfallen hatte, war erst der Anfang. Wenn sie wiederkamen, würden es Tausende sein. Und sie würden auf ihrem Weg nach Ur das Lager Hebrons einfach überrennen.

Die Drohung der Gutäer-Invasion war für die Stadt des Mondes nicht neu, und das Reich war sicherlich mächtig genug, den Angriff abzuwehren; trotz der zahlenmäßigen Stärke, für die gerade die Gutäer bekannt waren. Doch trotzdem mußte Tarah die Hilfe, die er jetzt brauchte, außerhalb Urs suchen.

Die Gutäer waren in ganz Chaldäa recht gut bekannt. Doch der Mann, der in Ur das letzte Wort im Blick auf militärische Angelegenheiten hatte, der König, schien diese Drohung nicht ernst zu nehmen. Sargon, schon seit 52 Jahren König des mächtigen Stadtstaates, war nun ein alter Mann. In der Zeit seiner vollen Manneskraft hatte er Ur gut geführt und war ein würdiger Nachfolger der früheren großen Könige der sargonischen Dynastie gewesen, die vor etwa 200 Jahren mit dem Eroberer Sargon von Akkad begonnen hatte. Doch nun, als altersschwacher Greis, war er zu sehr unter den Einfluß der Tempelpriesterschaft geraten, die diese Möglichkeit ausnutzte und für sich selbst nach mehr Macht strebte.

Zur letzten großen Ratssitzung mit allen Präfekten der einzelnen Bezirke des Reiches, bei der auch Tarah anwesend war, hatte der König erklärt, warum er bisher nichts gegen die Gutäer unternommen hatte. Die Mauern Urs seien hoch, mit vielen Türmen bestückt und gut befestigt, außerdem stünden genug Soldaten bereit, jeden Angriff der Gutäer abzuwehren, hatte der König gemeint. Doch die Priester hatten ihn gewarnt, seinerseits selbst etwas zu unternehmen und den Feind anzugreifen. Ehe der Mond nicht wieder in seiner halbdunklen Periode ist, sei dies zu unsicher.

Ganz Ur, natürlich auch Tarah, beteten den guten Mondgott Nannar an, von dem, so glaubte man, alle guten Gaben kämen. Überreiche Ernten, ein glückliches Familienleben, viele Söhne und Töchter, fruchtbare Herden von Vieh, Erfolg im Kampf und im Handel und alle anderen guten Dinge kamen von ihm. Alles Übel wurde den vielen und bösartigen dämonischen Geistern zugeschrieben, die vergeblich mit dem guten Mond kämpften und dabei Unheil über seine Nachfolger brachten.

Doch Nannars Großzügigkeit war nicht umsonst. Er erwartete dafür, daß man ihm Opfer brachte — auch Menschenopfer. An eines davon hatte sich Dari so lebhaft erinnert, als er auf seinem Weg zu Tarahs Haus am Tempel, dem Ziggurat, vorbeikam.

Am Beratungstag war der alte König in den Raum getreten, in dem die Präfekten versammelt waren. Zwei Diener mußten ihn stützen, wenn er ging, so verfallen war er schon. Die Präfekten hatten ihn respektvoll begrüßt. Doch als der König erklärte, daß er, weil „die Zeichen schlecht stünden", nichts gegen die Gutäer unternehmen werde, hatten die versammelten Fürsten seine Weisheit und die richtige Auslegung der Prophezeiung in Frage gestellt. Doch der alte König hatte jede weitere Diskussion verweigert und gefährdete so die Sicherheit der Stadt.

Nachdenklich saß Tarah wieder an dem großen Marmortisch. Sein Glaube war noch nie so auf die Probe gestellt worden. Es konnte doch nicht Nannars Absicht sein, Ur wehrlos zu lassen. Irgend etwas stimmte nicht. Sicherlich berieten die Priester den König falsch. Doch wie konnte das sein, wenn sie Nannars Sprecher waren?

Tarah fand keine Antwort. Er mußte auf seine Weise mit dem Problem fertig werden und konnte nicht länger auf Nannars Antwort warten. Die Gutäer hatten seinem Sohn geschadet, und nun mußte er etwas unternehmen, ganz gleich, was Ur tat. Schweißtropfen bildeten sich auf seiner Stirn, als er mit sich kämpfte. Er war dabei, seinen Gott und seinen König herauszufordern.

Mit den ersten Strahlen der Morgensonne erwachte der alte Handelsfürst aus einem unruhigen Schlaf. Das Haus war still, noch nicht einmal die Diener rührten sich. Er erfrischte sich in einer Schüssel mit bereitstehendem kalten Wasser. Nur wenig hatte er geschlafen, doch sein Plan war fertig. Und Tarah war bereit, ihn gegen alle Traditionen auszuführen.

Als er den Raum verließ, ging er den langen Flur hinunter zu den Zimmern seines Sohnes. Nahor schlief noch und hatte noch gar nicht mitbekommen, was vorgefallen war. Nahor war im Augenblick der einzige Sohn im Hause, da Abram eine Karawane seines Vaters führte, die in das ferne Ägypten gezogen war, wo man für die besonderen Schätze Chaldäas hohe Preise bezahlte.

Tarah hatte am vergangenen Abend dem ersten Impuls, Nahor zu wecken, nicht nachgegeben, weil er sich sagte, sein Sohn würde ihm eine bessere Hilfe sein, wenn er eine ruhige Nacht hinter sich hatte. Nahor, Tarahs Erstgeborener, war ein kräftiger und fähiger Mann mit ruhigem und freundlichem Temperament, und er war für sein Alter überraschend weise. Er war seinem Vater sehr ergeben und war ihm bei vielen Unternehmungen eine große Hilfe gewesen. Auch jetzt würde Tarah sich auf ihn verlassen können.

Abram, der zweitälteste Sohn, war seinem älteren Bruder in vielem ähnlich. Große Fähigkeiten, Beständigkeit und Treue zeichneten ihn ebenfalls aus. Doch er war energischer und unternehmungslustiger als der ältere Bruder, hatte mehr eine Führerpersönlichkeit und auch einen Hang zum Abenteuer, so daß Nahor ihn manchmal schalt, er sei übermütig und ein wenig töricht. Aber wohl gerade wegen dieses Charakterzuges war Abram immer der produktivste und auch aktivste von Tarahs Söhnen, und der Vater war stolz auf Abrams Unternehmungen, die den Reichtum und Einfluß der Familie schon häufig vermehrt hatten. Abrams Hilfe in der bevorstehenden Auseinandersetzung würde besonders wertvoll gewesen sein, doch leider war er im Augenblick nicht erreichbar.

Nahors Schlafzimmer lag noch im Zwielicht der aufgehenden Sonne. Tarah trat an das Bett seines Sohnes und rüttelte ihn wach. Mit eindringlichen Worten erklärte er Nahor die Probleme, die entstanden waren.

„Was soll ich tun, Vater?“ fragte Nahor, während er sich ankleidete.

„Gib den Läufern, die wir aussenden müssen, ihre Aufträge“, antwortete Tarah. „Sende sie von Ur aus überall in das Flußtal zu den Kaufleuten, mit denen wir gute Beziehungen haben, von Eridu bis Sippar. Unsere Boten sollen dort die Gefahr erklären, die uns allen droht. Die Kaufleute sollen ihre waffenfähigen Männer in voller Ausrüstung zu uns senden, damit sie mit meinen 500 Kämpfern zusammentreffen können. Das Wadi Saboth, wo Hebron lagert, soll der Treffpunkt sein. Die Läufer sollen sich sehr beeilen und sich durch nichts aufhalten lassen. Sie sollen vorher und auch nachher mit niemand anders über ihren Auftrag reden, als nur mit dem Kaufherrn, zu dem sie gesandt sind. Während du die Boten losschickst, werde ich unsere Männer kampfbereit machen.“

Nahor beeilte sich, den Auftrag zu erledigen. Doch plötzlich blieb er stehen und drehte sich zögernd um. Aufmerksam schaute er seinen Vater an und fragte in einem Ton, als würde ein Diener seinen Herrn um einen Gefallen bitten: „Herr, ich werde dich doch sicherlich zu Hebron begleiten, nicht wahr?"

Langsam ging Tarah zu seinem Sohn und legte ihm die Hände auf die Schultern. Nahor war ein ganzes Stück größer als sein Vater. Fest schaute Tarah seinen Sohn an. Er sagte kein Wort, doch in seinen Augen war die Dankbarkeit darüber zu lesen, daß Nahor ihn und seinen jüngeren Bruder jetzt nicht verlassen würde.

Kapitel 2

Es war schon heiß, obwohl die Sonne noch mehrere Stunden bis zu ihrem höchsten Stand brauchte. Der Hitze nach hätte es schon Mittag sein können, obwohl erst Morgen war. Dari, der junge Bote, war wieder unterwegs. Er eilte zu einem kleinen Dorf westlich von Ur, um dem reichen Kaufmann Masen eine dringende Botschaft von Tarah zu bringen. Dari hatte Tarah gebeten, helfen zu dürfen. So hatte ihn der weise Mann zu der Ortschaft gesandt, die etwa 25 Kilometer entfernt lag, während die älteren Läufer die längeren Strecken übertragen bekamen.

Dari lief in rhythmischem Stil und nicht mit voller Geschwindigkeit. Er hatte gelernt, seine Kräfte nicht vollständig zu verausgaben, ehe das Ziel nicht näherrückte.

Die Wildnis, die er durcheilte, war trostlos. Heißer Wind blies über die Ebene und wehte ihm Sand und Schmutz in die Augen. Manchmal lagen Sand und Staub so hoch auf dem Weg, daß er bis an die Knöchel darin versank. Der weite, kurze Umhang, den er trug und der Arme und Beine frei ließ, war ungefähr so braun, wie die ihn umgebende Einöde. Die leuchtend rote Schärpe, die, um die Hüften gewunden, den Umhang zusammenhielt, war das einzige Bunte an ihm. Dari hatte etwa die Hälfte des Weges zurückgelegt und fühlte, daß es Zeit war zu rasten. Vor sich konnte er eine größere Oase mit alten Eichen erkennen.

Das Gehölz wurde schon seit Jahrhunderten von Karawanen und Wanderern als Rastplatz benutzt. Nachdem Dari sich vorsichtig umgesehen und festgestellt hatte, daß er allein war, trank er von dem klaren, kühlen Wasser der Quelle, die mitten in der Oase lag, und machte es sich im Schatten bequem. Nach wenigen Augenblicken zog er seine einfache Hirtenflöte aus dem Gewand, um ein wenig Musik zu machen, die er so liebte. Schon oft hatte er Hebrons Herden mit seinen sanften Weisen abends in den Schlaf geblasen, doch heute würde ihm nicht viel Zeit für diesen geliebten Zeitvertreib bleiben.

Während er ruhte, wanderten seine Augen immer wieder wachsam über die weite wilde Ebene, auf der größere und kleinere Steine herumlagen und hier und da ein trockener Busch stand. Der anhaltende heiße Wind wirbelte immer wieder Staubwolken durch die Luft. Plötzlich wurde er auf eine dunkle Linie ganz am Horizont aufmerksam. Er war sicher, daß sie sich bewegt hatte. Als er genauer hinschaute, bemerkte er, wie die Linie länger wurde.

Dari steckte die Flöte weg. Er fühlte, wie ihm ein leichter Schauer der Furcht den Rücken hinunterlief. Er wußte, was er dort beobachtete, war lebendig. Es konnte eine Reitergruppe sein, eine Herde von Wüstenwölfen auf der Nahrungssuche oder auch eine Schar Banditen. Jedenfalls machte er sich Sorgen und blieb bewegungslos liegen. Als er nach einiger Zeit feststellte, daß es sich um eine Karawane handelte, ließ seine Furcht ein wenig nach.

Es war eine riesige Karawane, die da heranzog, und sie war prachtvoll ausgestattet. Es mochten nahezu 3000 Tiere sein, Kamele, Esel und Ochsen, von den Menschen, die dazugehörten, gar nicht zu reden. In gleichmäßiger Gangart kamen sie wie eine lange träge Schlange näher. Daris Verstand sagte ihm, es sei besser, jetzt noch zu verschwinden und die näherkommende Karawane im weiten Bogen zu umgehen, doch seine jugendliche Neugier hielt ihn fest. Noch nie war er einer Karawane so nahe gewesen. Nur aus der Ferne hatte er bisher von den Hügeln aus beobachet, wenn die Karawanen durch ihr Weideland gezogen waren. Also kroch er hinter einen großen Felsblock, der in der Nähe der Quelle lag, und richtete sich so ein, daß er, ohne selbst gesehen zu werden, dahinter hervorschauen konnte.

Als die Karawane noch ein ganzes Stück entfernt war, erreichten zwei vorausgesandte Kundschafter die Oase, um sie aufmerksam auf vielleicht vorhandene Gefahren zu untersuchen. Dari machte sich hinter seinem Felsen ganz klein, während die beiden Männer sich vorsichtig nach allen Seiten umsahen. Zufrieden, weil sie nichts Verdächtiges entdecken konnten, wandten sie sich um und winkten der sich nur langsam nähernden Karawane zu. Die wurde jetzt wieder schneller und hatte bald die Oase erreicht.

Daris Aufmerksamkeit wurde zuerst von einem Reiter gefangengenommen, der auf einem großen, zweihöckrigen Kamel saß. Es war das schönste Kamel, das Dari je gesehen hatte. Das Tier trug einen feinen, mit Perlen reichverzierten Sattel. Das Geschirr war mit goldenen und silbernen Halbmonden geschmückt, und eine prachtvoll gearbeitete Decke lag auf seinem Rücken.

Leicht war zu erkennen, daß der Reiter dieses feinen Tieres der Karawanenführer war. Es war ein großer Mann mit einer beeindruckenden Haltung. Das mächtige Tier lenkte er leicht mit einer Hand. Seiner Verantwortung bewußt flog sein wachsamer Blick immer wieder über die Karawane und dann wieder über das Land ringsum. Als Herr einer so mächtigen und prachtvollen Karawane war er bestimmt reich, schien aber nicht, wie viele Reiche, seinen Reichtum mit Wohlleben und Nichtstun genießen zu wollen, sondern nahm die Strapazen und Gefahren einer Karawanenreise selbst auf sich. Er war in der Art der reichen Leute gekleidet. Eine goldene Kette mit einem großen, ebenfalls goldenen Anhänger hing um seinen Hals, und an der Seite trug er in einer fein gearbeiteten Scheide ein mächtiges Schwert. Sein Haupt war unbedeckt, und sein langes, dunkles Haar war, wie es die Sitte gebot, länger als das seiner Diener und Sklaven, die ihm folgten. Sein voller Bart ließ seine hohe Herkunft erkennen und hob ihn aus den anderen, glattrasierten Männern heraus.

Direkt hinter ihm ritten drei bewaffnete Männer, deren kupferne Waffen in der Sonne glänzten. Der Mittlere der drei trug ein scharlachfarbenes Banner, das sich im Wüstenwind steif blähte und mit einem seltsamen Zeichen versehen war. Es handelte sich um einen dunklen Ring, der an einer Seite nicht ganz geschlossen war.

Unmittelbar vor der Oase hielt der Führer an und hob seine Hand empor. Die hinter ihm Reitenden stoppten ebenfalls und gaben das Zeichen weiter, bis die ganze Karawane zum Halten kam und auf weitere Anordnungen wartete. Jetzt erst konnte Dari richtig überblicken, wie riesig der Zug war. In Abständen konnte man in der Karawane Reihen bewaffneter Männer erkennen. Dazwischen Gruppen von schwerbeladenen Eseln. Starke Ochsen zogen größere oder kleinere Wagen, die vollbeladen waren mit den verschiedensten fremdartigen und kostbaren Waren. Die Tiere witterten jetzt das Wasser, und da sie schon eine lange Zeit unterwegs waren, wurden sie unruhig und begannen laute Schreie auszustoßen und sich aufgeregt hin und her zu bewegen. Die Fahrer der Wagen und Führer der Tiere hatten alle Hände voll zu tun, damit die Tiere sich nicht im wilden Durcheinander auf die Wasserstelle stürzten. Doch zunächst wurden die leeren Wasserschläuche wieder mit Trinkwasser gefüllt, und dann durften sich die Männer nach und nach satt trinken, ehe die Tiere an die Reihe kamen. Denn wenn die Kamele, Ochsen und Esel erst soffen, wurde soviel Schlamm und Schmutz aufgewirbelt, daß das Wasser stundenlang für Menschen nicht mehr trinkbar war.

Endlich wurden auch die Tiere gruppenweise ans Wasser geführt. Wachen wurden aufgestellt, und die Männer machten es sich im Schatten der Büsche und Bäume bequem. Die meisten schlossen die Augen und dösten erschöpft vor sich hin. Manche schliefen auch ein.

Bis jetzt hatte Dari es nicht wagen können, sich zu rühren. Doch nun hoffte er, unbemerkt davonzuschlüpfen. Er wußte, daß es Zeit war, weiterzulaufen. Vorsichtig kroch er durch das hohe Gras auf den Rand der Oase zu. Doch plötzlich wurde die Stille von einer befehlsgewohnten Stimme durchbrochen. „Ihr habt nun genug gefaulenzt", klang es durch die Oase. „Wir wollen essen und dann wieder aufbrechen." Es war die Stimme des Karawanenführers. Dari war versucht, wieder zurückzukriechen, um das Treiben noch bis zum Aufbruch zu beobachten. Doch sein Pflichtgefühl trieb ihn weiter.

Es wurde sofort gehorcht, und Bewegung entstand unter den Männern. Einige kamen mit Weinschläuchen, andere mit Schalen voller Früchte, Brot und Käse, und jeder nahm sich sein Teil. Dari hatte inzwischen ein dichteres Gebüsch erreicht, hinter dem er sich kurz hinkniete, zurückblickte und dann in geduckter Haltung davonlief.

Einer der aufgestellten Wächter hörte das Rascheln im Gebüsch, drehte sich um und sah den Jungen davonrennen. Wie ein Blitz war er hinter Dari her und machte seine Gefährten durch laute Rufe aufmerksam. Der Junge rannte, so schnell er konnte, war aber für seinen Verfolger nicht schnell genug. Bald hatte der Mann ihn eingeholt und packte hart zu. Dari versuchte sich loszureißen, aber schon waren weitere Männer herangekommen und hielten ihn fest. Es hatte keinen Zweck mehr.

Roh zerrten ihn die Männer zurück ins Lager. Dort bekam er einen Stoß in den Rücken und stürzte zu Boden. Sein Verfolger setzte ihm einen schweren Fuß ins Genick und rief: „Na, was kannst du jetzt noch sehen, du kleiner Spion?“ Die Männer brachen in lautes Gelächter aus. Doch plötzlich wurden sie still, und der Fuß verschwand aus Daris Genick. Er setzte sich auf und blickte empor. Vor ihm stand der Karawanenführer.

Der Mann beugte sich über Dari und half ihm mit starken Armen auf die Füße. „Seit wann sind vier starke Männer nötig, um einen kleinen Jungen niederzuhalten?“ fragte er zornig, weil seine Leute so rücksichtslos verfahren waren. Beschämt blickten diese zu Boden.

Dann wandte er sich ruhig aber streng an Dari und forderte Aufklärung, was dieser hier zu suchen habe. „Herr, ich bin kein Spion!“ rief Dari mit vor Angst zitternder Stimme.

Ärgerlich runzelte der Führer die Stirn. „Lüg mich nicht an, Junge“, forderte er hart. „Zu welchem Stamm gehörst du? Und weshalb treibst du dich hier herum? Antworte jetzt! Es wird dir nicht gut bekommen, wenn du nicht die Wahrheit sagst.“ Die Fragen des Mannes klangen hart, doch seine Augen blickten so gütig, daß Dari Mut faßte.

Tapfer blickte er dem Fremden in die Augen und antwortete: „Der Kaufmann hat angeordnet, daß keiner seiner Boten vor Erreichen seines Ziels mit jemand sprechen soll. Doch da du mich so lange festhalten willst, bis ich rede, muß ich dir wohl Auskunft geben, weil ich dringend weiter muß.“ Er holte tief Luft und fuhr fort: „Ich bin Dari, vom Stamme Hebrons, des Nomaden . . .“

Der Führer unterbrach ihn erregt: „Hebron? Ich kenne ihn gut. Wie lautet dein Auftrag?“

„Der Herr sandte mich gestern abend nach Ur, um dort einem bestimmten Mann zu erzählen, daß die Gutäer unser Lager überfallen hatten und ihn um Hilfe zu bitten. Vor allem mußte der Mann erfahren, daß sein Sohn schwer verwundet worden war. Dieser Mann sandte seine Boten heute morgen in alle Richtungen Chaldäas, um seine Freunde zu Hilfe zu rufen. Ich wurde auch gesandt. Du siehst also, mein Auftrag ist dringend. Ich muß fort."

Während der Erklärung des Jungen war ein Ausdruck tiefer Sorge auf dem Gesicht des Karawanenführers erschienen. Mit drängendem Ton in der Stimme fragte er: „Sohn, welcher Kaufmann aus Ur ist es?"

„Tarah, Herr."

Der Mann blickte Dari durchdringend an, als könne er so die Wahrheit erkennen. Endlich sagte er: „Tarah ist mein Vater."

„Herr!" rief Dari überrascht, „dann bist du Abram!"

„So ist es, mein Junge."

„O Herr, ich kann es fast nicht glauben, daß ich dich hier finde. Herr Tarah braucht dich ganz dringend."

„Ist mein Vater mit seinen Leuten ausgezogen, um Hebron zu helfen?"

„Ja, Herr." Dari erzählte, was er wußte, und beschrieb Abram genau, wo Hebrons Lager zu finden war.

„Bogenschütze!" rief Abram, „wir müssen sofort aufbrechen. Du übernimmst die Karawane und bringst sie sicher nach Ur. Ich ziehe von hier direkt in Hebrons Lager. Die Hälfte der Männer kommt mit mir, die anderen bleiben dir zum Schutz der Karawane."

Ein kräftiger Mann trat vor. Er war nicht zu groß, aber breit in den Schultern und stark gebaut. An seiner Stirn trug er an einem Band, genau wie Tarahs Torhüter, einen silbernen Halbmond. Schnell und präzis gab der Bogenschütze einen Befehl nach dem anderen. Innerhalb weniger Minuten war die Karawane fertig zum Aufbruch. Eine starke Gruppe von Männern wartete seitwärts, um mit Abram zu ziehen.

Dankbar schüttelte der Karawanenführer Dari die Hand. Dann schwang er sich auf sein kniendes Kamel, das sich auf sein Zeichen hin aufrichtete. Nun rief er einen Befehl, und die beiden Kolonnen setzten sich nach verschiedenen Richtungen in Bewegung.

Dari beobachtete noch einen Augenblick den Aufbruch, dann wandte er sich um und rannte davon, um so schnell wie möglich zu Mason zu kommen.

Kapitel 3

Die Felsen und die einzeln herumstehenden Pflanzen und Büsche warfen schon lange Schatten. Die Sonne näherte sich den Hügeln, die im Westen die große mesopotamische Ebene begrenzten. Die Sonnenstrahlen nahmen einen rötlichen Schimmer an und hatten ihre stechende Hitze verloren.

Breit und still und scheinbar unendlich breitete sich die riesige Ebene aus. Die kleine Kreatur Mensch hatte in den vergangenen Jahrhunderten hier und da Ansiedlungen und einige große Städte in dem fruchtbaren Halbmond gebaut, wo die beiden Zwillingsströme Euphrat und Tigris seit unendlichen Zeiten reiche und fruchtbare Erde ablagerten. Es war dem Menschen gelungen, die Ebene mit dünnen Handelsstraßen zu durchziehen, welche die einzelnen Reiche miteinander verbanden wie ein feines Spinnennetz.

Die Menschen hatten den Lauf der chaldäischen Ströme verändert und Kanäle und Gräben angelegt und ließen so ihre fruchtbaren Felder bewässern. Sie hatten mächtige Tempel errichtet, um die Götter anzubeten, und sie hatten auch die Götter selbst aus Felsbrocken, Steinen und Lehm hergestellt.

Gut hatte der Mensch alle Möglichkeiten des weiten Stromtales ausgenutzt und sagte stolz: „Ich bin ein besonderes Wesen mit ungeahnten Fähigkeiten." Doch die unendliche Weite der Ebene war von all diesem Tun noch wenig berührt, und die riesige Weite, sowie die hoch darüber stehende Sonne und die unendlich fernen Berge schauten unbewegt auf das ameisenhafte Treiben des Menschen und machten ihm so seine wahre Größe klar.

Hoch am Himmel schwebten einige dunkle Vögel über einer stattlichen Schar von Menschen, die sich tief unter ihnen nordwärts bewegten. Herr Tarah, ihr Führer, blickte vom Rücken seines Kamels aus nachdenklich nach der sich dem Untergang zuneigenden Sonne. Er hoffte, Hebrons Lager noch vor Einbruch der Dunkelheit zu erreichen. Der junge Bote hatte ihm erzählt, Hebron lagere im Wadi Saboth; und das konnte nicht mehr weit sein.

Weit im Osten der Ebene erkannte Tarahs Sohn Nahor eine tiefe dunkle Kerbe in den Hügeln. Man konnte sie, der langen Schatten halber, nur schwer ausmachen. Doch Tarah war überzeugt, sein Ziel gefunden zu haben und hielt geradewegs darauf zu.

Kühlere Luft strömte von den fernen Bergen ins Tal, sobald die Sonne hinter ihnen verschwand. Die wüstenähnliche Ebene kannte extreme Temperaturunterschiede. Unerträglich heiß am Tage, und recht kühl in der Nacht, da kaum je schützende Wolken die Wärme der Luft festhielten, wenn die Sonne gesunken war. Ein Wind, der den Männern nach der Hitze fast eisig vorkam, wehte durch die Felsschluchten, als sie die Hügel erreichten.

Tarah stieg vom Kamel und zog seinen weiten Mantel enger um sich. Er rief einen seiner Männer, der das vor ihnen liegende Tal erkunden sollte. Bald kehrte dieser zurück und berichtete, Hebrons Lager liege auf der linken Seite des Baches, der hier aus den Hügeln kam. Schnell zog Tarahs Schar in das Tal, um durch die Hügel vor dem Wind geschützt zu sein. Bald sahen sie vor sich die Lichter des gut versteckten Lagerfeuers.

Tarah war dankbar, daß die Dunkelheit sein Gesicht vor den anderen Männern verbarg. Sorge und Zweifel zeichneten sich darauf ab. Was würde er im Lager Hebrons vorfinden? Als sie noch ein gutes Stück vom Lager entfernt waren, wurden sie von einer harten Stimme angerufen: „Halt! Wer geht da, und was habt ihr hier zu suchen?"

Tarah kannte das ungeschriebene Gesetz, daß jeder, der sich einem Lager ohne Warnung näherte, in Gefahr war, sein Leben zu verlieren.

„Ich bin Tarah von Ur und habe 500 Männer mit mir", antwortete er. „Können wir passieren?"

„Schickt schnell einen unbewaffneten Mann mit eurem Erkennungszeichen herüber", forderte die Stimme aus der Dunkelheit. Nachdem dies geschehen war, durfte Tarah mit seinen Männern passieren, dabei bemerkte er, daß überall in dem engen Eingang des Tales bewaffnete Männer postiert waren.

Als Tarahs Schar das Lager erreichte, wurde der Eingang des in der Mitte stehenden großen Hauptzeltes zurückgeworfen. Ein Mann, der etwa so alt war wie der Kaufmann, aber kleiner und runder in Statur, kam heraus und rannte freudig auf die Ankommenden zu. „Der Segen der Götter sei auf dir, Tarah", rief er, „ich habe den Augenblick deiner Ankunft herbeigesehnt." Es war Hebron, der Nomade, der seine Gäste nun mit orientalischer Zuvorkommenheit begrüßte.

„Freund, ich bin so schnell gekommen, wie es mir möglich

war", antwortete Tarah. „Und ich habe Boten nach allen Richtungen Chaldäas ausgesandt. Wir hoffen, bald genug Hilfe zu bekommen, um den Gutäern entgegentreten zu können."

Hebron rieb sich erregt die Hände. „Gesegnet seist du, Tarah, für deine Weitsicht und Tapferkeit. Ich weiß, daß Sargon von Ur sich weigert, mit den Angreifern zu kämpfen, aber vielleicht werden wir ihnen zum Stolperstein." Tarah jedoch hörte dem Nomaden nur halb zu und blickte voller Unruhe zu dem großen Zelt hin.

„Haran ist sehr krank, Freund", gab Hebron Antwort auf die unausgesprochene Frage. „Komm, ich führe dich zu ihm." Im Zelt des Nomaden war es überraschend warm. Einige kleine Öllampen hingen vom Zeltdach herab. Sie gaben Wärme und ein trübes Licht. Eine junge Frau kniete neben einem Mann, der auf einer dicken Lage auf dem Fußboden ausgebreiteter Felle lag. Sie hatte eine Schüssel mit einem dampfenden Gebräu in der Hand und versuchte, dem Verwundeten die Mixtur löffelweise einzuflößen.

Voll tiefer Sorge kniete der alte Kaufmann neben der jungen Frau nieder und blickte in das Gesicht seines Sohnes. Er empfand tief bedrückt die Tragik des Augenblicks, daß er seinen Sohn nach so vielen Jahren unter solchen Umständen wiedersehen mußte. Aufmerksam forschte Tarah in den Zügen Harans nach einem Zeichen des Erkennens; doch dieser lag schweratmend auf dem einfachen Lager und hielt die Augen geschlossen. „Sohn, mein Sohn", rief Tarah mit erstickter Stimme, während ihm die Tränen wie Rinnsale über die Wangen liefen.

Nach einer Weile sagte das junge Mädchen an seiner Seite: „Herr, du bist Tarah, der Vater meines Vaters?"

Langsam wandte er ihr den Kopf zu. „Milka? Meine Enkelin?"

„Ich bin es, Herr. Schon lange habe ich mir gewünscht, meinen Großvater kennenzulernen. Mein Vater sprach oft von dir." Traurig fügte sie hinzu: „Wenn Vater nur begreifen könnte, daß du hier bist. Seit seiner schweren Verwundung liegt er in tiefem Schlaf. Er erkennt niemand und spricht nicht."

„Kind", meinte Tarah, „ich habe oft versucht, mir ein Bild von dir zu machen. In Harans Botschaften, die mich während der langen Jahre immer wieder erreichten, wurdest du stets sehr gepriesen." Schweigend betrachtete der alte Mann seine Enkelin. Sie war schon im heiratsfähigen Alter. Sie war ein schlankes und sehr hübsches Mädchen, aber um ihre Augen lag ein leichter Zug von Traurigkeit. Tarah wurde lebhaft an seine Jugend erinnert, als er seine eigene Frau kennengelernt hatte. Milka war ihr sehr ähnlich.

„Kind", fragte er leise, als wolle er den Kranken nicht stören, „wo sind Jiska und Lot?"

Das Mädchen deutete in eine dunkle Ecke des Zeltes, wo ein kleineres Mädchen auf einem Lager von Ziegenfellen schlief. Tarah hatte sie bisher noch gar nicht bemerkt. „Das ist Jiska, sie ist jetzt acht Jahre alt, Herr. Mein Bruder Lot ist mit den Männern in den Hügeln."

Der alte Mann dachte über all die Kümmernisse der Vergangenheit nach, die bisher verhindert hatten, daß er seine drei Enkelkinder kennenlernte. Wie gern hätte er all diese Dinge ungeschehen gemacht, als er jetzt die schlafende Jiska betrachtete und an seinen Enkel Lot dachte, der sich draußen irgendwo in den dunklen Hügeln befand. Beide waren noch Fremde für ihn. Der Verwundete vor ihm bewegte seinen Kopf ein wenig und öffnete die Augen. Hoffnung ergriff Tarah, sein Sohn würde das Bewußtsein erlangen. Doch ebenso schnell fiel dieser in den alten Zustand zurück.

Hebron betrat wieder das Zelt. Etwas an dem kleinen Mann schien den Kummer, der sich im Zelt ausbreitete, leichter zu machen. Er war ein recht liebenswerter Geselle. Zwar recht klein geraten und ziemlich rund, konnte man auf seinem braunen Gesicht trotz der hinter ihnen liegenden Tage des Kampfes und der Not die Züge eines gesunden und unverwüstlichen Humors erkennen. Erregt sagte er: „Ein ganzer Zug von Fackeln ist unten in der Ebene zu sehen, Tarah, sie kommen von Süden.“

Der Kaufmann erhob sich und trat mit Hebron in die Kühle der Nacht hinaus. Nahor, der bei den Männern seines Vaters gewartet hatte, gesellte sich zu ihnen. Rundum auf den Hügeln konnte man im Mondlicht überall Gruppen von Männern erkennen, die kampfbereit waren. Spannung lag in der Luft.

Aus anderen in der Nähe stehenden Zelten war das Weinen hungriger Kinder zu hören. Die Gutäer hatten Hebrons Stamm so gut wie alle Lebensmittel geraubt. Hebron war still, zupfte aber nervös an seinem kleinen Bart. Er blickte zu den Zelten hin. Wie gern hätte er die Kinder mit Nahrung versorgt. In einem anderen, etwas größeren Zelt lagen noch weitere verwundete Männer und wurden von den Frauen des Stammes versorgt.

Während die drei Männer durch das Lager gingen, meinte Tarah verwundert: „So bald habe ich Hilfe noch nicht erwartet. Deinen jungen Boten Dari habe ich heute morgen zeitig zu Masen gesandt. Er wohnt von all unseren Freunden am nächsten. Doch auch er sollte eigentlich länger benötigen, um nach hier kommen zu können.“

Die drei Männer waren jetzt auf einem Hügel angelangt, von dem aus sie die Ebene gut übersehen konnten, die im hellen Licht des vollen Mondes lag. Wie Hebron es gesagt hatte, konnte man eine lange Linie kleiner gelber Lichter sehen, die sich wie ein Wurm durch das flache Land wandte. Flüsternd, als könnten die Fremden dort in der Ferne ihn hören, fragte der kleine Nomade: „Du befürchtest, es könnten Gutäer sein?“

Beruhigend antwortete Tarah: „Sorge dich nicht, du selbst hast gesagt, daß von Süden her die Freunde kommen. Vielleicht ist es nur eine Karawane, die es sehr eilig hat und deshalb jetzt noch unterwegs ist.“ Doch Tarahs Stimme verriet seine eigenen Zweifel.

„Herr, welche Karawane würde schon in der Nacht noch

weiterziehen? Und sieh", meinte Hebron aufgeregt, „sie scheinen den Hauptweg zu verlassen und auf unsere Hügel einzubiegen."

„Verliere nur jetzt nicht den Kopf, Hebron", ermutigte Tarah ihn. „Du bist schon so lange mein treuer Verbündeter, daß ich dich nicht verlassen werde." Dann blickte er zum Mond hinauf, der strahlend am nächtlichen Himmel stand. „Nannars Segen ist über uns, sein Licht wird uns führen", meinte er.

Kapitel 4

Es waren keine Gutäer, die da heranzogen. Als die drei Männer erfuhren, daß es sich um Abram und seine Begleiter handelte, atmete Tarah erleichtert auf.

Schweigen kann manchmal beredter sein als viele Worte. So war es, als der alte Kaufmann ungläubig, aber voller Dankbarkeit, seinem Sohn zur Begrüßung schweigend die Hände auf die Schultern legte. „Vater", meinte Abram nach einer festen Umarmung, „unsere Geschäfte in Ägypten gingen so gut, daß wir schneller zurückkehren konnten als erwartet. In einer Oase trafen wir Hebrons jungen Boten, der uns vom Angriff der Gutäer erzählte. Wir kamen so schnell wie möglich. Wie geht es Haran? Bitte, führe mich zu ihm."

Vater und Sohn gingen zum Hauptzelt zurück. Doch ehe sie eintraten, zögerte Tarah. Wieder schaute er mit Ehrfurcht im Gesicht zum Himmel empor. Abram betrachtete seinen Vater.

Im Mondlicht waren die Falten auf dessen Stirn und Gesicht, die die Jahre hinterlassen hatten, besonders deutlich zu sehen. Abram bemerkte, wie nie zuvor, das Alter seines Vaters und auch die Achtung, welche dieser der Mondgottheit entgegenbrachte. Er legte den Arm um die Schulter des alten Mannes und fragte: „Sage mir, Vater, woran denkst du?"

„Ich danke dem Mond, Sohn, der uns heute abend so gesegnet hat. Kannst du das verstehen?"

Abram wollte es gern begreifen. Er hatte oft miterlebt, wie man Nannar für alle guten Gaben dankte und ihn anbetete, doch auch, wie dieser Gott Menschenopfer forderte. Diese erschreckende Seite an dem Mondgott hatte er in seinen Gedanken immer wieder zu verdrängen versucht, so wie alle anderen in Ur es auch taten und schon die alten Sumerer getan hatten. Er war mit den anderen anbetend vor Nannar niedergefallen; doch im Inneren war er nie sicher gewesen. Von einem Zeitpunkt an waren Zweifel in seine Seele gedrungen, und er hatte sie nie wieder abschütteln können. Doch die Liebe zu seinem Vater hinderte ihn, dies zu sagen. Deshalb antwortete er: „Ja, Vater, ich verstehe es."

Die nächsten Stunden waren voller Spannung. Harans Zustand verschlechterte sich, und Masen traf mit Dari viel später als erwartet ein. Doch als sie kamen, brachten sie 400 Männer mit. Die Zuversicht im Lager wuchs. Es war schon weit nach Mitternacht, als die Wachen meldeten, daß von Süden her scheinbar weitere Scharen die Ebene heraufzogen.

Freudige Erregung lief durch das Lager. Wieder ging Tarah mit seinen beiden Söhnen und Hebron selbst zu dem Beobachtungspunkt, um in die Ebene zu schauen. Die heranrückenden Scharen waren schon viel näher gekommen, und in der Stille der Nacht war jetzt schon ganz entfernt das Geräusch vom Marschieren Tausender von Soldaten zu hören. Von ihrem Aussichtspunkt konnten die Männer fast die gesamte riesige Ebene übersehen. Weit im Süden, verborgen hinter Hügeln, lag Ur, und noch weiter im Norden der große Stadtstaat Sippar. Dazwischen gab es nichts als unendliche Meilen flachen Landes, niedriger Hügel und Einsamkeit, die nur hier und da von kleineren Orten wie Kisch, Issin, Erek und einigen anderen unterbrochen wurde. Doch durch diese Einsamkeit krochen in dieser Nacht an verschiedenen Stellen Gruppen von kleinen Lichtern, die sich immer mehr näherten.

Die Fackelzüge, es waren fast 30 an der Zahl, folgten den alten Reisewegen. Fast ganz aus dem Norden, noch kaum sichtbar, rückte eine Gruppe Lichter aus der Richtung von Schuruppak heran. Eine noch ähnlich weit entfernte Gruppe konnte man ganz im Südosten sehen, von der kleinen Stadt Kasallu her, und dazwischen, schon viel näher, die anderen. Doch aus welcher Richtung immer sie kamen, sie schienen alle dem gleichen Ziel zuzustreben, das als Mittelpunkt den Platz hatte, an dem Tarah und die anderen Männer standen.

Es geht nur langsam voran, wenn man zu Fuß oder auf Kamelen unterwegs ist. Besonders dann, wenn man schwere Ausrüstung zu tragen hat. So dauerte es doch noch einige Stunden, ehe die erste der heranziehenden Scharen den schmalen Eingang zu dem Tal erreichte, in dem Hebrons Stamm lagerte. Während dreier Tage traf eine Gruppe nach der anderen ein, doch am vierten Tag schienen die letzten erwarteten Helfer angekommen zu sein. Es waren rund 7500 Bewaffnete, die Tarahs Hilferuf gefolgt waren. Zu ihnen kamen noch Tarahs 500 Soldaten, die die größte Einzelgruppe darstellten. Es war eine eindrucksvolle Armee, die sich hier im Wadi versammelt hatte. Überall waren Zelte und Lager errichtet worden. In der Kühle des Morgens und Abends übten die Männer in größeren und kleineren Gruppen, um ihre Kampfbereitschaft ständig zu vergrößern. Doch in den heißesten Stunden des Tages waren die Lager fast wie ausgestorben, und jeder suchte sich im Schatten eines Zeltes oder eines Wagens ein kleines Plätzchen.

Abram fuhr mit einem zweirädrigen Wagen von einem Lager zum anderen. Abgesehen von den Feldzeichen der einzelnen Scharen, die jeweils vor den größten Zelten aufgepflanzt waren, verrieten nur kleine Unterschiede in der Sprache, im Bau der Zelte oder in der Kleidung, daß jene Gruppe von Umma, diese von Nippur, die andere von Lagasch kam und so fort. Doch Abram kannte diese kleinen Unterschiede genau. Die Geschäfte seines Vaters hatten ihn schon oft durch die gesamte östliche Welt geführt, und keine der versammelten Männergruppen war ihm fremd.

Auch Abram war unter den Männern gut bekannt. Überall grüßte man ihn mit Achtung, wenn er in ein Lager kam und nach dem Führer fragte oder die Anführer zum Kriegsrat in das Zelt Hebrons lud.

Kapitel 5

Und die Gutäer kamen. Sie zogen am Ostufer des Euphrats herunter, zwischen den Hügeln und dem großen Strom. Hebrons Späher schätzten, daß es vielleicht noch etwa zwei Tage dauern könnte, bis sie die Gegend um das Wadi Saboth erreichen würden.

In Hebrons großem Zelt hatten sich die Kaufmannsfürsten und Führer der einzelnen Scharen zum Kriegsrat versammelt. Das Zelt war übervoll, und die Luft stickig heiß. Die Struktur der Hügel, die sich rechts und links von dem Wadi erstreckten, in dem Hebrons Lager sich befand, bot eine ausgezeichnete Verteidigungsbasis. Die Abhänge der Hügel waren steil, und in den Seitentälern konnten sich gut größere Kriegsscharen verstecken.

Abram und die anderen Führer hatten diese Tatsache wohl erkannt und wollten sie in ihre Planung einbeziehen. Doch gab es im Augenblick noch eine wichtigere Frage zu lösen. Es mußte ein Führer gewählt werden, der den Oberbefehl über die versammelte Armee übernahm. Als die Frage aufgeworfen wurde, richteten sich fast automatisch die Augen aller auf Tarah.

Obwohl Tarah noch nie eine so große Armee geführt hatte, übernahm er bereitwillig diese Aufgabe. Abram war stolz auf seinen Vater, dessen Zuversicht auch allen anderen Versammelten Mut zu geben schien. Abram hatte seinen Vater immer bewundert und war sich dabei gar nicht bewußt geworden, daß er ihm in vielen Dingen ähnelte. Beide waren großgewachsene, gebildete Männer mit einer würdevollen und respektgebietenden Haltung und geborene Führer.

Obwohl sich Tarah nichts anmerken ließ, fiel es ihm doch schwer, sich auf die bevorstehende Aufgabe zu konzentrieren. Immer wieder mußte er an seinen schwerverwundeten Sohn denken. Fragen, auf die er keine Antwort fand, plagten ihn. Welchen Sinn hatte es für ihn noch, weitere Verteidigungspläne zu verfolgen, wenn sein Sohn vielleicht doch starb? Sogar die Verteidigung seiner Heimatstadt schien kein ausreichender Grund zu sein, wenn sein Gott und die Priesterschaft selbst dies nicht für richtig befanden. Nichts schien richtig zusammenzupassen. Wie konnte ein Gott auf der einen Seite Gehorsam verlangen und auf der anderen das Opfer seines Sohnes fordern? Wie konnte er behaupten, er liebe das Land, und es doch widerstandslos in die Hände der Feinde fallen lassen wollen? Und wenn dies nicht stimmte und nur die Priester ihn falsch verstanden hatten, wie konnte er es dann zulassen? „Nannar", seufzte

Tarah, „wie kannst du mich so mit Zweifeln quälen? Du Gütiger, ich habe dir immer vertraut. Und jetzt habe ich keine andere Wahl, als dir ungehorsam zu sein und zu kämpfen. Diesen Makel werde ich nun für immer tragen müssen."

Tarah konnte seinen Gott nicht begreifen. Sorgen, bohrende Fragen und versteckte Schuld quälten ihn. „Ich bin ein Mann mit schwachem Glauben", dachte er. „Doch woran soll ich glauben? An einen Gott, der Menschenopfer fordert? Was ist das für ein Glaube, der keinen anderen Lohn findet, als fette Herden und viele Söhne, die dann doch wieder genommen werden?"

Hier stand er nun und wollte andere, gegen den Wunsch seines Gottes, in den Kampf führen. Alle Männer, die mit ihm waren, glaubten an Nannar und wurden deshalb von denselben Fragen bedrückt. Sie hatten die Wahl zwischen blindem Gehorsam und Überleben, und sie hatten sich entschlossen, Tarah zu folgen und zu kämpfen, um zu überleben. Doch eine solche Auflehnung gegen ihres Gottes Willen hatten sie vorher selbst nicht für möglich gehalten. Religion war die Quelle und der Inhalt allen Lebens in Chaldäa, und nicht einfach eine Randerscheinung. Die einzelnen Menschen, Familien und ganze Völker richteten ihre Unternehmungen und Pläne nach den Bewegungen der Sterne, der Sonne und vor allem des Mondes. Und nun, wo Tarah den Zuspruch Nannars am nötigsten hatte, konnte er ihn nicht einmal darum bitten, weil er gegen seinen Willen handelte.

„Nannar scheint, um uns zu führen", hatte er zu Hebron gesagt, um ihn zu ermutigen, als sie vor einigen Nächten in der Ebene den ersten Zug der Fackeln entdeckt hatten; doch diese Worte klangen ihm nun wie Hohn.

Abram erkannte etwas von diesem inneren Aufruhr in den Augen seines Vaters. Niemand anders merkte es, doch Abram, den selbst oft Zweifel gegenüber Nannar plagten, spürte es. Und wenn man die Umstände bedachte — ein sterbender Bruder, eine irregeleitete Priesterschaft, eine uneinige Familie —, dann wurden die Gefühle des Zweifels stärker als je zuvor. Abram verstand gut, was sein Vater empfand.

Die Gutäer waren gezwungen, die alte Karawanenstraße zwischen dem Euphrat und den Hügeln zu benutzen, da es von Norden her für eine so große Anzahl Truppen keinen anderen Weg nach Ur gab. Doch da auch sie den Befehl Sargons von Ur kannten, nicht zur offenen Feldschlacht auszuziehen, erwarteten sie hier noch keinen Widerstand. Tarahs rund 8000 Kämpfer lagen, in verschiedene Gruppen aufgeteilt, in einigen tiefeingeschnittenen Tälern versteckt. Ein guter Kriegsplan war ausgearbeitet, und Tarah war zuversichtlich. Da es nicht genug der wertvollen Kamele gab, konnte man diese nicht einsetzen. Doch eine ganze Anzahl zweirädriger Streitwagen waren vorhanden und bildeten eine respektable Angriffskolonne. Die erfahrensten und besten Führer kommandierten die einzelnen Gruppen, und jeder kannte genau seine Aufgabe.

Die Gutäer machten so viel Lärm, daß man sie schon von fern hören konnte. Sie waren sicher, Ur erobern zu können, und hatten auch allen Grund dazu. Lachend, lärmend und singend zogen sie daher. Niemand unter ihnen schien an Gefahr zu denken. Doch die scheinbare Gleichgültigkeit der Gutäer machte Tarah nicht leichtsinnig. Er wußte, daß Disziplin nicht die starke Seite der Gutäer war. Sie waren rohe, harte und erbarmungslose Barbaren. Doch was ihnen an Disziplin fehlte, glichen sie durch die Tapferkeit und Wildheit aus, mit der sie kämpften.

Als die Spitze der heranziehenden Gutäer am Horizont sichtbar wurde, wuchs die Spannung unter den wartenden Kämpfern. Alles kam darauf an, daß die abgesprochenen Pläne genau eingehalten wurden, das war Tarah und Hebron klar. Aufmerksam blickten sie dahin, wo ihre am weitesten nordwärts stehende Schar von Streitern versteckt lag. Die Männer dieser Gruppe waren durch das Los ausgewählt worden, weil ihre Aufgabe fast dem Selbstmord gleichkam. Abram hatte, wie es typisch für ihn war, sich freiwillig bereit erklärt, die Führung dieser gefährlichsten Aufgabe zu übernehmen. Sein Bruder Nahor stand mit einer weiteren Schar von Männern, die ihnen dann zu Hilfe eilen sollten, in dem Wadi links von ihnen.

Die Gutäer waren nun schon so nahe, daß Abram bei ihnen Einzelheiten in Bewaffnung und Ausrüstung unterscheiden konnte. Er gab seinen Leuten ein Zeichen, sich bereit zu machen. Seine Männer waren eine seltsame Schar, zusammengewürfelt aus fast allen bekannten Städten und Stämmen von 300 Kilometern im Umkreis. Da waren die hochgewachsenen, gut gekleideten und bewaffneten Leute aus Ur, Fischer, Seeleute und Kaufleute; dann einige der meist kleineren Männer aus den ärmeren Regionen des Nordens; Männer aus Nomadenstämmen, Männer, die Natur- oder Tiergötter anbeteten. Von Zeit zu Zeit hatten sie sich untereinander gestritten und bekämpft. Eifersucht und Zwietracht waren unter ihnen gewesen. Erst der gemeinsame Feind, den sie alle haßten und fürchteten, hatte sie hier zusammengebracht.

Doch an all das dachte Abram jetzt nicht. Er richtete vielmehr seine ganze Aufmerksamkeit auf seinen Vater, der gemeinsam mit Hebron weit entfernt auf der Spitze des höchsten Hügels stand und sich gut gegen den Himmel abhob. Als das Geräusch stampfender Füße lauter wurde und das Lachen der Gutäer an ihre Ohren klang, spannten sich die Muskeln der wartenden Männer. Wieder ein Zeichen von Abram. Schwerter wurden in der Scheide gelockert und Speere fester gepackt. Abram wandte die Augen nicht von seinem Vater ab. Da hob Tarah seinen Arm empor, und nun senkte er ihn wieder. Auf ein Kommando von Abram setzte sich sein Streitwagen in Bewegung. Seine Männer erhoben sich und stürmten rechts und links von seinem Wagen vorwärts, direkt in die linke Flanke der Feinde hinein.

Die Gutäer waren überrascht, und ihre Marschordnung, soweit man überhaupt davon reden konnte, geriet durcheinander, so daß es Abrams Männern gelang, ihnen schwere Verluste beizubringen, ehe sie sich sammelten und zum Kampf stellten. Doch dann begannen sie mit ihrer üblichen Wildheit und Tapferkeit zu kämpfen.

Nun griffen nach und nach, jeweils auf ein Signal Tarahs hin, die anderen versteckten Scharen in den Kampf ein. Als erster führte Nahor seine Männer heran, dann griff eine Gruppe an der gegenüberliegenden rechten Flanke der Gutäer an und schuf neue Verwirrung unter ihnen. Die Gutäer waren zwar an Zahl überlegen, doch die immer neuen überraschenden Angriffe setzten ihnen sehr zu.

Doch die Gutäer waren keine leichte Beute, sie waren fürchterliche Kämpfer. Diese Männer aus den wüsten Gebieten nordöstlich von Chaldäa waren noch nicht durch geregeltes Stadt- oder Landleben verweichlicht; sie waren noch eine Jäger- und Kriegergesellschaft und zu harten und brutalen Kämpfern erzogen, was auch in ihrer Religion zum Ausdruck kam. Ihre Religion war nichts anderes als eine einfache Verehrung des Wüstenwolfes, des tüchtigsten aller Jäger, der als Gott angebetet wurde. Die Gutäer hatten in ihren Kämpfen viel von der Taktik dieser Wölfe angenommen, und auch ihr Anblick war genauso erschreckend wie der der Wölfe. Sie waren starkknochige Männer, nicht zu groß, aber breit und mit starken Muskeln. Sie trugen meist sehr uneinheitliche Pelzkleidung. Gewöhnlich steckten ihre Beine bis zu den Knien in schweren Lederstiefeln, die hinten mit langen Schnüren zusammengebunden waren. Was ihren Anblick aber besonders erschreckend machte, war der Gebrauch von Wolfsköpfen als Helme. Der Unterkiefer des Wolfskopfes war entfernt, und das Oberteil trug der gutäische Krieger auf dem Kopf. Über den Nacken und den Rücken hinunter hing ein ganzes Stück des dicken Wolfsfells.

Die Gutäer benutzten keine Reittiere oder Streitwagen, sondern kämpften nur zu Fuß, waren aber, trotz ihrer etwas plumpen Gestalt, überraschend behende. Hatten die Gegner der Gutäer ihren ersten Schock wegen deren fürchterlichen Aussehens überstanden, wurden sie sicher durch die Waffen der Gutäer überrascht. Abrams Männer benutzten in der Regel lange Speere und zweiseitig geschliffene Schwerter für den Nahkampf, während die Streitwagenkämpfer und die Männer auf den Hügeln mit tödlicher Sicherheit mit Pfeil und Bogen oder mit der Schleuder schossen. Auch die Gutäer gebrauchten all diese Methoden, doch ihre Hauptwaffe war eine zweischneidige Axt, die sie mit ihren starken Armen fast wie ein leichtes Spielzeug handhabten und damit hauptsächlich auf die Beine ihrer Feinde zielten. Auch diese Methode hatten sie vom Wüstenwolf gelernt, der geduckt angreift und nach den Vorderbeinen seiner Opfer springt und sie zermalmt.

Die vereinigten Scharen Tarahs waren auf diese schreckliche Kampfweise nicht vorbereitet. Abram erschrak, als er sah, wie seinen Leuten mit fürchterlichen Schlägen die Beine zertrümmert wurden. Er ließ mehr Kämpfer aus den Wadis nachrücken, und wieder wurden die Feinde in die Defensive gedrängt. Die Streitwagen sammelten sich und fuhren einen neuen Angriff. Hinter ihnen sammelten sich die Fußsoldaten wieder und warfen sich Schild an Schild, mehrere Reihen tief, wie Ozeanwellen erneut auf den Feind. Durch den Angriff der frischen Männer wankte die Front der undisziplinierten Barbaren, und sie schienen den Mut zu verlieren.

Als die Soldaten Abrams bemerkten, wie sich die Reihen der Gutäer immer mehr lichteten und diese zurückwichen, sahen sie sich schon als Sieger. Sie forderten Abram auf, nun auch die restlichen Männer in den Kampf zu werfen, um den Feind schnell und restlos zu besiegen. Abrams Zuversicht wuchs. Er gab seinem Vater ein Zeichen, damit dieser auch die noch zurückgehaltenen Scharen einsetzen sollte. Auch Tarah und Hebron sahen den Sieg vor sich. Tarah gab ein Signal, und die restlichen Männer, ungefähr 2000, stürmten aus den Tälern hervor.

Der alte Mann lächelte triumphierend, als er beobachtete, wie Abram und Nahor mit ihren Soldaten die Gutäer immer schneller zurückdrängten.

„Hebron“, rief er, „mein Gott Nannar hat uns geholfen. Er ist nicht zornig auf mich, sondern ist mit mir zufrieden! Alle meine Zweifel sind nun verschwunden.“ Tarah hob seine Hände empor und rief: „Nannar, du hast mich gerechtfertigt. Diese korrupten Priester sind die Verführer, und auf mich schaust du gnädig herab!“

Hebron schaute ehrfurchtsvoll zu, während Tarah zu Nannar betete und ihm dankte, war der gute Mond doch auch sein Gott. Als die beiden nun wieder auf das Schlachtfeld blickten, sahen sie, wie die restlichen Gutäer sich zur Flucht wandten und so schnell sie konnten auf einige ferne Hügel zurannten. Ihre eigenen Soldaten verfolgten die restlichen Feinde eifrig. Als Freund und Feind in heißer Verfolgung hinter den Hügelrücken verschwanden, kosteten die beiden Männer auf dem Berg den Triumph ihres Sieges aus.

Die Verbündeten lachten und schrien, als sie die flüchtenden Gutäer den Hang des nächsten, breit vor ihnen liegenden Hügels hinauftrieben. Stolz schwenkten sie ihre Feldzeichen und Waffen in der Luft. Doch als sie den Hügelrücken erreichten, wurden sie ihrerseits mit lautem Gelächter und Geschrei begrüßt. Abram riß seinen rechten Arm empor, um seine Männer zum Halten zu bringen. Da, gerade vor ihnen, stand zum Schrecken der Verbündeten eine neue Armee von Gutäern, und zwar eine viel größere als jene, mit der sie gekämpft hatten. In Schlachtordnung aufgestellt, füllten sie das vor ihnen liegende Tal. Abram wurde innerhalb weniger Sekunden klar, daß sie es bisher nur mit dem kleineren Teil der gutäischen Armee zu tun gehabt hatten.

Jetzt waren die Verbündeten im Nachteil. Durch die wilde Verfolgung waren auch ihre Einheiten in Unordnung geraten.

Der größte Teil von ihnen stürmte von hinten immer noch den Hang herauf, nicht wissend, was sie erwartete. Außerdem waren die Gutäer ihnen, das konnte man mit einem Blick sehen, zahlenmäßig weit überlegen und körperlich noch frisch.

Ob die Gutäer doch vom Plan der Verbündeten erfahren und nur einen kleinen Teil ihres Heeres vorgeschickt hatten, um ihren Feind hier in den Hinterhalt zu locken, oder ob das Hauptheer jetzt gerade erst eingetroffen war, konnte niemand wissen. Es war auch nicht Zeit, darüber zu spekulieren, zumal die gutäischen Schlachtreihen sich jetzt zum Angriff in Bewegung setzten. Abram befahl schnellen Rückzug, um seine Streitkräfte erst wieder ordnen zu können. Die von unten immer noch nachrückenden Soldaten trafen jetzt mit denen zusammen, die sich zurückzogen, dadurch gab es ein verderbliches Durcheinander, in das nun die Gutäer im wilden Angriff vom Hügel herab hineinstießen. Abrams Scharen wurden von den frischen und an Zahl weit überlegenen Gutäern buchstäblich überrannt. Hunderte von ihnen fielen schon beim ersten Schlag unter den wuchtigen Äxten der Barbaren.

Abrams Heer stob in wilder Flucht auseinander. Nur hier und da versuchten einzelne, noch zusammenhaltende Gruppen, Widerstand zu leisten. Die meisten waren nur noch bemüht, ihr Leben zu retten. Viele der erschöpften Männer wurden eine leichte Beute der sie hart verfolgenden Gutäer. Abram, der mit seinen eigenen Männern das Möglichste tat, um die Flucht seiner Verbündeten ein wenig zu decken, sah, wie auf dem weiten Feld immer mehr tote und schwerverletzte Männer zurückblieben. Aus den Augenwinkeln bekam er mit, wie sich ein Streitwagen überschlug. Als er hinschaute, bemerkte er, daß es der seines Bruders war. Nahor konnte zwar aus dem stürzenden Wagen herausspringen, doch als er sich aufrichtete, griff ihn schon ein gutäischer Krieger an. Da Nahor bei dem Sturz sein Schwert verloren hatte, war er fast wehrlos. Nahor rannte davon, um sein einige Meter entfernt liegendes Schwert aufzuheben. Doch der Gutäer schleuderte ihm die Axt nach, die ihn in die Waden traf und verwundet zu Boden warf. Abram, der in wilder Fahrt seinem Bruder zu Hilfe eilte, schrie auf, als er diesen, von der gutäischen Axt getroffen, zu Boden stürzen sah. Er schleuderte seinen Speer nach dem Gutäer, der getroffen zu Boden fiel. Scharf zügelte er die Pferde neben dem verwundeten Bruder, lud ihn auf den Streitwagen und fuhr davon.

Tarah und Hebron auf ihrem fernen Hügel, die jede Einzelheit der sich in der Ebene abspielenden Katastrophe mitbekamen, wurden hart aus ihren Triumphgefühlen gerissen. Tiefe Niedergeschlagenheit und Schrecken ergriffen sie. Hebron stürzte davon, um seinen Stamm zum Aufbruch und zur Flucht anzutreiben, um noch zu retten, was zu retten war.

Abram bemerkte, daß sein Bruder sehr viel Blut verlor und mußte sich trotz der herumstreifenden Gutäer entschließen anzuhalten, um ihn zu verbinden. Seine Leute waren von ihm getrennt worden, als er Nahor zu Hilfe geeilt war. Als er den Streitwagen anhielt und seinen Bruder vorsichtig auf die Erde legte, sah er einen jungen Mann, der quer über das Feld auf ihn zurannte. „Herr, ich werde dir helfen!“ schrie der Junge.

Abram wischte sich den Schweiß von der Stirn und schaute den jungen Mann erstaunt an. Während alle anderen nur versuchten, ihr eigenes Leben zu retten, war dieser Junge hier bereit, die Gefahr auf sich zu nehmen, um helfen zu können. „Sicher kannst du helfen“, meinte Abram, „aber wieso...?“

„Herr“, antwortete dieser, „wir sind uns noch nicht begegnet, weil ich bei den Herden war, als du im Lager eintrafst; und dann wurde ich zu der Abteilung auf der rechten Flanke eingeteilt. Ich bin Lot, Harans Sohn und dein Neffe. Ich kann doch nicht weglaufen, während meine beiden Onkel noch in Gefahr sind.“

„Danke, Lot“, antwortete Abram. „Hilf mir, Nahor wieder vorsichtig auf den Streitwagen zu legen, und halte ihn gut fest.“

Kapitel 6

Es war schon der nächste Abend, als eine ermattete Schar von 700 Männern, die meisten von ihnen verwundet, und eine kleine Gruppe Frauen und Kinder wieder in Ur einzogen. In den vergangenen Tagen war das Gerücht durch die Stadt gelaufen, Tarah sei mit seinen Männern ausgezogen, um gegen die Gutäer zu kämpfen, doch nur wenige hatten es bis jetzt, da die Besiegten zurückkehrten, wirklich geglaubt.

Von allen Seiten mußte sich der entmutigte Kaufmann nun Hohnworte und spöttische Zurufe von solchen anhören, die früher nicht einmal gewagt hätten ihn anzureden. Bettler riefen ihnen zu: „Wollt ihr euch nicht zu uns gesellen, Herr Tarah, Herr Nahor, Herr Abram? Kommt, wohnt bei uns!“ Aus den Fenstern riefen die Frauen: „Heil den furchtlosen Kriegern, die es gewagt haben, die Gebote der Priester zu brechen. Doch jetzt haben die Priester euch zerbrochen. Ihr reichen Söhne Tarahs, wird eures Vaters Reichtum euch auch jetzt helfen?“

Lot sandte Dari, Hebrons jungen Boten, schnell voraus, um Tarahs Diener auf ihre Ankunft vorzubereiten. Dari hatte die Erlebnisse der letzten Tage noch gar nicht richtig verarbeitet. Ein Junge in seinem Alter durfte noch nicht mit in den Kampf ziehen, deshalb war er sich recht nutzlos vorgekommen. Mit um so größerem Eifer entledigte er sich jetzt seines Auftrags.

Als der Zug endlich das Haus Tarahs erreichte, war die Dienerschaft bereit. Betten für die Führer waren im Gästehaus vorbereitet, und in den Häusern der Soldaten waren Lager für die Verwundeten fertig. Die Frauen halfen den Dienern bei der Versorgung der Verwundeten, während die Kinder erschöpft auf Fellen und Decken schliefen. Im ganzen großen Anwesen ging es so lebhaft zu wie in einem Ameisenhaufen.

Tarah und Abram trugen Nahor in einen der großen Wohnräume in dem für Tarahs Familie reservierten Teil des Haupthauses. Tarah hatte angeordnet, daß auch Haran zur weiteren Pflege in dieses Zimmer gebracht werden sollte. Er war während der ganzen Zeit nicht wieder aus seiner Bewußtlosigkeit aufgewacht und war ohne sein Wissen mit nach Ur gebracht worden. Haran wie ein Kind in den Armen tragend, betrat Hebron jetzt behutsam den großen Wohnraum. Mit ihm kamen Milka, Jiska und Lot. Als letzter trat Dari ein, der stolz Harans Arzneien trug.

Tarah hatte auf der langen und langsamen Reise nach Ur nur wenig gesprochen, und als sie durch die lachende und spottende Menge in Ur zogen, hatte er kein einziges Wort gesagt. Es war nicht Selbstmitleid, sondern tiefer Kummer, der ihn gepackt hielt. Alle, die jetzt in dem nur matt erleuchteten Raum versammelt waren, respektierten die Gefühle des alten Kaufmanns.

Dari hatte schon seit mehreren Tagen nicht mehr auf seiner geliebten Flöte gespielt. Er empfand, daß ein wenig Musik die trübe Stimmung seiner Freunde vielleicht aufhellen könnte. Zuerst blickte er auf Abram, den tapferen Führer, den er so bewunderte, obwohl ihm der Erfolg im Kampf versagt geblieben war. Als er bei diesem keine Abwehr bemerkte, blickte er zu Tarah. Da von dort auch keine Reaktion kam, begann er sanft zu spielen. Niemand sprach. Außer den leisen Tönen der Flöte und dem Knistern des im Kamin brennenden Feuers waren nur noch Harans tiefe Atemzüge zu vernehmen.

Die melodischen Töne schienen ein wenig den Druck aus der Atmosphäre zu nehmen, der auf allen lastete. Abram schaute reihum in alle Gesichter, in denen die Erschöpfung geschrieben stand. Seines Vaters Freund Hebron schlief vor Müdigkeit schon fast ein; die hübsche Milka und das kleine Mädchen Jiska waren eigentlich noch zu jung für solches Unheil; Lot hatte noch zu früh seinen Mann schon wie ein Erwachsener stehen müssen; sein Bruder Nahor, dem man die Schmerzen seiner Wunden ansah, und sein Vater, dessen Sorgen er, Abram, gern mit ihm teilen wollte.

„Wenn ich dir nur deinen Kummer erleichtern könnte, Vater", dachte Abram.

Dann wurde seine Aufmerksamkeit von Haran gefangengenommen. „Bruder!" rief er, „bist du aufgewacht? Kannst du mich sehen? Ich bin es, dein Bruder Abram!"

Die Musik verstummte. Mit wenigen Schritten war Tarah an Harans Seite. Alle anderen drängten sich um sie. „Sohn!" rief Tarah. „Sohn, hörst du mich? Ich bin dein Vater."

Nur ein einziges Wort kam mühsam über die Lippen Harans, der in der letzten Zeit überhaupt nicht gesprochen hatte: „Vater..."

Tarah lehnte sich tief über ihn. „Ich liebe dich, Vater", flüsterte Haran jetzt mit Mühe. „Vergib mir, daß ich dir soviel Kummer gemacht habe."

„Sei ruhig, Sohn. Sprich jetzt nicht weiter. Du mußt dich noch ausruhen, dann wirst du wieder gesund werden." Viele Stunden blieb der alte Mann noch am Lager seines verwundeten Sohnes sitzen, und ein tiefer Friede breitete sich über seinem Gesicht aus.

Auch die anderen blieben noch lange Zeit schweigend mit Vater und Sohn, die nun wieder vereinigt waren, sitzen, bis einer nach dem anderen leise seine Schlafstatt aufsuchte.

Gegen Mitternacht wurde Abram von irgend etwas geweckt. Die Dunkelheit im Raum schien fremdartig zu sein. Das Feuer war tot, und der Raum wurde kühler. Als sich Abrams Augen an die Dunkelheit gewöhnten, bemerkte er, daß sein Vater immer noch neben Harans Lager saß. Doch seine Haltung war jetzt anders, er war ganz in sich zusammengesunken. Leise stand Abram auf, trat zu seinem Vater und blickte ihn an. Tarahs Gesicht war eingefallen, bleich und wie leblos. Ohne sich zu rühren, starrte er vor sich hin. „Vater", flüsterte Abram, „was ist?"

Tarah reagierte nicht, sondern saß weiter wie erstarrt da. Abram schaute jetzt auf Haran. Er wollte nicht glauben, was er sah. Er legte sein Ohr an Harans Mund. Nicht das geringste Zeichen. Haran war tot. „Wie lange sitzt mein armer Vater schon neben seinem toten jüngsten Sohn?“ dachte Abram. Dann sagte er: „Komm, Vater, laß uns hinausgehen, die Nachtluft wird dir gut tun.“ Tarah erhob sich. Schwer auf den Arm Abrams gestützt ging er mit ihm den langen Gang hinunter und hinaus in den Hof.

An einem kleinen Feuer im Hof saßen einige der enttäuschten Führer ihrer Verbündeten, die mit ihnen nach Ur gekommen waren. Sie fragten nach Haran, und Abram berichtete, daß er gestorben sei. Einer von ihnen erhob sich, trat dicht an Tarah heran und sagte beißend: „Siehst du, Herr Tarah, das kommt davon, wenn du deinem Gott nicht gehorchst und andere auch noch zum Ungehorsam verführst.“

Der alte Kaufmannsfürst prallte zurück, als habe ihm jemand einen Faustschlag versetzt. Sein Gesicht verzog sich voller Schrecken. Er taumelte und wäre vielleicht gestürzt, wenn Abram ihn nicht gehalten hätte. Dann riß er sich von Abram los und rannte in Richtung des Eingangstors davon.

Abram packte den Sprecher hart am Arm und sagte: „Mein Freund, sei froh, daß du in unserem Hause Gastrecht genießt, sonst würde es dir jetzt übel ergehen.“ Damit stieß er ihn zurück und eilte seinem Vater nach.

Weit unten auf der Straße sah Abram seinen Vater schon, so schnell der alte Mann noch konnte, dem Stadtzentrum zueilen. Abram mußte rennen, um ihn einzuholen. Als er ihn erreicht hatte, bemerkte er, daß Tarah sich kaum noch auf den Beinen halten konnte. „Vater, Vater, wohin willst du? Ich will dich tragen, wo immer du hin willst.“

„Bring mich zu meinem Gott“, flüsterte Tarah kraftlos.

Abram nahm ihn auf seine starken Arme und trug ihn durch die Stadt, bis sie den Platz im Zentrum erreichten. Hier ging er direkt auf den Tempel zu, dessen riesige Silhouette sich weit über alle anderen Gebäude Urs erhob. Als er am Fuße des eindrucksvollen Bauwerks angekommen war, wo die Stufen begannen, die bis zur Spitze reichten, setzte er seinen Vater ab. Tarah und er knieten nieder.

Das Tragen seines Vaters hatte ihn doch angestrengt. Wild klopfte sein Herz und das Blut rauschte in seinen Ohren. Zuerst konnte er die Worte kaum verstehen, die sein Vater stammelte: „Nannar, Nannar, vergib mir!" Immer wieder und immer lauter rief der alte Mann: „Vergib mir — vergib mir!" Abram war bewegt, als er sah, wie sein Vater flehend die Hände zum Himmel empor streckte und weinte.

„Vater, bitte", versuchte Abram den alten Mann zu trösten, doch es war vergeblich. Abram selbst, immer noch voller Zweifel wegen aller Erlebnisse und des Unheils der letzten Zeit, konnte nicht beten. Er stand auf und starrte zum Mond hinauf, der voll über ihnen hing.

Die Sterne schienen wie tausend Diamanten zu schimmern. Tief unter ihnen, in einer Stadt zwischen Euphrat und Tigris, standen zwei kleine Menschlein am Fuße einer riesigen Pyramide und versuchten, das Herz eines gleichgültigen Gottes zu bewegen. Und während der eine sich tief niederbeugte und mit der Stirn den Erdboden berührend ausrief: „Vergib mir!", stand der andere aufgerichtet da, hob die Arme zum Himmel und schrie: „Hilf mir, zu verstehen."

Kapitel 7

Die Morgendämmerung fand Vater und Sohn im Schlaf der Erschöpfung auf den untersten Stufen des Tempels. Erst der beginnende Lärm der langsam erwachenden Stadt machte auch Abram wach. Schnell stand er auf und weckte Tarah. „Vater, komm schnell, laß uns heimgehen."

Tarah machte einen kläglichen und mitgenommenen Eindruck. Abram stützte ihn, als beide so schnell wie möglich ihrem Hause zustrebten. Abram wollte nicht, daß sein Vater noch mehr verspottet und gedemütigt wurde.

Als sie ihr Haus erreichten, herrschte im ganzen Anwesen eine ungemütliche Stille. Diener und Gäste beschäftigten sich mit allen möglichen Dingen, um ihnen aus dem Wege zu gehen. Die harten Worte des einen Führers von der vergangenen Nacht hatten sich wohl herumgesprochen, und alle warteten auf eine Gelegenheit, Tarah ihr Mitgefühl zeigen zu können. In Tarahs eigenem Zimmer angekommen, überredete Abram ihn, sich nochmals ein wenig schlafen zu legen. Nahor, der nur mit Mühe einige Schritte humpeln konnte, kam zu ihm und fragte besorgt: „Abram, wie geht es dem Vater? Kann ich irgendwie helfen?"

„Ich glaube, im Augenblick ist es das Beste, wenn du dich neben ihn setzt, wartest bis er aufwacht und dich dann gut mit ihm unterhältst. Wir müssen ihm helfen, daß er sein Selbstbewußtsein wiederfindet. Das Schuldgefühl, mit dem er sich plagt, bringt ihn ganz durcheinander." Nahor schaute ihn nachdenklich an und blickte dann zum Fenster hinaus.

„Was überlegst du?" fragte Abram.

„Ich weiß nicht genau", antwortete Nahor nachdenklich. „Irgendwie scheint alles falsch gegangen zu sein. Aber woher wissen wir, daß es nicht wirklich Nannars Zorn war? Vater hat nun einmal den Sprüchen der Priester nicht gehorcht, und was die Priester sagten, ist doch nur die Konsequenz von..."

„Nahor, niemals!“ rief Abram wütend und setzte gleich darauf hinzu: „Vergib mir, Bruder, ich wollte dich nicht treffen, aber...“ Abram kämpfte mit Worten, „... etwas ist falsch. Wenn Vater Strafe verdient, dann wir anderen auch. Sind nicht wir beide und jeder Mann, der mit Vater gezogen ist, ebenfalls ungehorsam gewesen? Wo liegt seine Sünde? Ist sie darin zu suchen, daß er begonnen hat, an der Weisheit der Priester und vielleicht sogar an der... seines Gottes zu zweifeln?“

„Aber Abram“, meinte Nahor erschrocken, „wenn das seine Sünde ist, dann ist es doch Ketzerei, oder nicht?“

Abram war nicht überrascht von der Frage seines Bruders. Er wußte, darauf lief es hinaus. Es war Ketzerei, er hatte nur das Wort vermieden, denn dies war in Ur und im ganzen Lande Sumer die schlimmste aller Übertretungen. „Ja, Nahor“, sagte er langsam, „vielleicht ist es Ketzerei. Aber wenn es so ist, dann bin ich der Oberketzer, denn mich bewegen schon lange starke Zweifel. Ja, Bruder, schau mich nur erstaunt an. Aber was ist das für ein Gott, der Treue verlangt und sich nicht um seine Nachfolger kümmert; ein Gott, der einer korrupten und kranken Priesterschaft erlaubt ihn zu vertreten; ein Gott, der neben Treue und Gehorsam auch noch Menschenopfer verlangt? Das sind meine Zweifel, Nahor. Und wenn der Gott meines Vaters meine Treue möchte, dann muß er mir helfen, diese Dinge zu verstehen.“

Nahor schien wie gelähmt. „Das ist Gotteslästerung, Abram. Wer bist du, daß du unseren Gott so fragen dürftest?“

Nun sprach Abram aus, was er so lange nicht gewagt hatte: „Ich möchte richtigstellen, Nahor: Er ist dein Gott, aber nicht unbedingt der meine. Wenn er mein Gott sein will, muß er mir in meinen Zweifeln helfen.“

Nahor wollte antworten, bemerkte aber, daß Tarah erwachte und sich aufrichtete. „Vater“, sagte er, „bitte, bleib ruhig liegen. Wir wollten dich nicht aufwecken.“

Tarah schien nicht gehört zu haben. Fest blickte er Abram

an und ging auf ihn zu. Dieser machte sich Sorgen, sein Vater könne seine Bemerkungen über Nannar gehört haben. Obwohl er immer wußte, was zu sagen war, fand er diesmal keine Worte. Wie konnte er seinen Vater so verletzen? Tarahs Gesicht trug einen Ausdruck, den beide Söhne noch nie an ihm gesehen hatten. Wie das Grollen eines Löwen klang, was er jetzt hervorstieß: „Gotteslästerung, Abram! ... Gotteslästerung!“ Und dann brach es wie ein Vulkan aus ihm heraus: „Also auch du, Abram, wendest dich von mir ab. Du willst dein Erbe verleugnen, dich von deinem Vater und von deinem Gott abwenden! Jawohl, von *deinem* Gott, Abram! Oder lebst du etwa nicht unter der Herrschaft Nannars? Bist du etwa unsterblich oder selbst göttlich, daß du Nannar und sein Tun in Frage stellen kannst? Wenn ich gestraft werde, dann weil ich einen Ketzer als Sohn habe. Bist du mein Sohn? Wer bist du überhaupt? Ich kenne dich nicht!“

Tarah riß eine Peitsche von der Wand und begann heftig auf Abram einzuschlagen. Abram war fast wie gelähmt und konnte nur überrascht seine Arme hochreißen, um seinen Kopf zu schützen gegen die heftigen Schläge, die von seines Vaters Zorn zeugten. „Narr!“ schrie der alte Mann mit überschnappender Stimme, „glaubst du, du könntest Nannars Strafgericht aufhalten? Ich bin es, der an Nannars Stelle jetzt bestraft.“

„Vater, halt ein, sieh doch, was du tust. Abram ist dein Sohn“, rief Nahor und wollte Abram zu Hilfe eilen.

„Willst du den Lästerer auch noch verteidigen?“ gab Tarah zurück. „Aus dem Weg, Nahor!“ Wieder hob er die Peitsche und schlug zu. Abram hatte sich in eine Ecke geduckt und ließ alles über sich ergehen. Nie hätte er die Hand gegen seinen Vater erhoben.

Endlich gelang es Nahor, den Vater, der sich wieder überanstrengt hatte, zu beruhigen. Er nahm ihm die Peitsche aus der Hand. Abram, den die Striemen heftig schmerzten, richtete sich wieder auf. Beide Brüder legten ihren Vater auf das Bett. Dieser atmete heftig, verzog das Gesicht und schrie plötzlich: „Lecke den Staub vom Fußboden, Abram! Ich bin Nannar! Ich will es!“

Nahor und Abram sahen sich entsetzt an. Ihr Vater schien den Verstand verloren zu haben. Abram fühlte sich elend. Da er nicht mehr wußte, was er tun sollte, verließ er das Zimmer, rannte zum Tor hinaus und irrte planlos durch die Straßen. Er lief so lange, bis seine Beine ihn nicht mehr tragen wollten.

Kapitel 8

Als Abram aus seiner Benommenheit, in der er viele Stunden herumgelaufen war, wieder zu sich kam, befand er sich irgendwo in der Nähe des westlichen Stromes. Die Sonne würde bald untergehen, und das leuchtende Gold ihrer Strahlen ließ das Wasser funkeln. Die Wunden bluteten nicht mehr, doch die Striemen auf den Armen und im Genick waren stark angeschwollen und rot. Er saß am Rande eines Gebüschs und versuchte seine Gedanken zu sammeln, als eine Stimme aus den Büschen ihn aufmerksam machte. „Herr Abram? Abram, bist du das wirklich?“

Jetzt erkannte Abram die Stimme. In seinem Versuch, sich zu verstecken, benahm er sich recht komisch. Doch in diesem Zustand durfte sie ihn nicht sehen. Also versuchte er, sich hinter einem dichten Busch zu verbergen.

„Was ist mit dir, Abram? Bitte, spiele nicht mit mir.“ Aus dem Gebüsch heraus trat ein Mädchen. Sie war eine Schönheit, und ihre Haltung drückte Anmut und Würde zugleich aus.

Abram machte sich hinter dem Busch so klein wie möglich, konnte sie aber nicht irre machen. Sie hatte ihn scheinbar schon genau erkannt. Resignierend erhob er sich und versuchte die Striemen auf den Armen und im Genick mit seiner Kleidung zu verdecken. „Guten Abend, Sarai“, sagte er verlegen.

„Warum tust du das, Abram? Du hast dich früher nie vor mir versteckt. Wie geht es dir, und was machst du hier?“ Fragend blickten ihre Augen. Doch dann lächelte sie. „Ah, ich weiß! Du hast mich im Gebüsch bemerkt, als du hier entlang gingst und hast mich überraschen wollen, nicht wahr?“

Abram ergriff diesen Strohhalm. „Natürlich, Sarai, so ist es. Doch du hast es bemerkt, und aus dem Spaß ist nichts geworden. Ich werde jetzt wieder gehen.“

Er wandte sich schnell zum Gehen, weil er besorgt war, Sarai würde Fragen stellen. Doch sie rief: „Abram, geh doch nicht einfach so. Du kannst doch nicht so grausam sein.“

Abram wußte, daß er bleiben mußte, wenn er sie nicht verletzen wollte. Er dachte über die Ironie des Augenblicks nach. Wie oft hatte er sich gewünscht, dieses schöne Mädchen zu treffen, und jetzt, da er ihr begegnete, hätte er sich gern versteckt. Sarai war, wie ihr Name anzeigte, eine Adlige aus einer der alten Familien Urs. Ihre gesellschaftliche Stellung unterschied sich nicht allzuviel von der Abrams. „Komm zurück, bitte“, bettelte sie. „Abram, du bist heute so ganz anders als sonst.“ Mit einem überraschten Ausruf griff sie nach seinem Arm. „Abram, was ist? Du bist verletzt! O Abram, was ist geschehen?“

„Ach, nur eine Auseinandersetzung mit einigen Bettlern“, wollte er sich ausreden.

„Nein, Abram, sag die Wahrheit. Du würdest dich in so etwas, das weit unter deiner Stellung ist, nicht einlassen. Jemand hat dich geschlagen. Aber warum? Ich habe solche Striemen vorher nur an Sklaven gesehen." Tränen traten in ihre Augen. „Armer Abram, sage die Wahrheit, ich muß es wissen."

Abram versuchte sein männliches Vorrecht herauszukehren. „Du bist eine hartnäckige Frau, Sarai. Bei allen Göttern, warum quälst du mich so. Weißt du nicht, wie du dich als Frau zu benehmen hast?"

„Vergib mir, Herr", antwortete sie, indem sie eine sehr demütige Haltung einnahm, was sich nur noch zu ihren Gunsten auswirkte.

„Ach, Sarai, komme mir nicht so. Du weißt, ich kann dir nichts verheimlichen. Ich habe es noch nie gekonnt, oder?"

„Nein, Herr", lächelte sie.

Beide dachten an die Zeit, als sie noch jünger waren und zusammen in die beste Schule der Stadt gingen. Manchmal hatte Abram im Unterricht alles vergessen, wenn er Sarai betrachtete und seine Gedanken sich mit ihr beschäftigten. „Abram!" hatte der Lehrer dann gerufen. „Ja, Herr, was ist?" „Ich habe dich etwas gefragt. Sind deine Gedanken eigentlich beim Unterricht oder bei dem jungen Mädchen?" Die Klasse kicherte. Abram stand auf. „Es tut mir leid, und ich entschuldige mich", antwortete er mit vor Verlegenheit rotem Gesicht. „Ja, wie immer hast du allen Grund, dich zu entschuldigen", sagte der Lehrer. Dann mußte Abram sich über den Stuhl legen, und ein Tempelsklave verabreichte ihm die verdiente Strafe.

„Ich nehme an, du läßt mich nicht gehen, bis ich dir alles erklärt habe, Sarai. Ich weiß nicht, welche Macht du über mich hast."

Sarais Augen funkelten vergnügt. „Setz dich zu mir, Abram", sagte sie.

Es dämmerte, und die Temperatur wurde erträglich. Lange saß Abram still da. Endlich fragte er: „Du hast von der Schande unserer Familie gehört, Sarai?"

Sie überlegte einen Augenblick und antwortete: „Ich weiß von eurem Kampf mit den Gutäern, Herr."

„Auch von unserer Niederlage?"

„Ja, Herr."

„Und würdest du eine Niederlage nicht auch eine Schande nennen?"

„Entschuldige, Herr, aber nein. Ich würde nichts, was deine Familie betrifft, irgendwie als »Schande« bezeichnen."

„Aber die anderen Bürger der Stadt würden dich für solche Treue zu uns eine Närrin nennen."

„Warum, Herr?"

„Hast du nicht gehört, Sarai, welchen Empfang die guten Leute von Ur meinem Vater und uns bereiteten, als wir aus dem Kampf zurückkehrten?"

„Die »guten Leute«, wie du sie nennst, waren Bettler und Huren. Keiner unserer Freunde hat sich von euch abgewandt."

„Sarai, bist du wirklich so naiv, das zu glauben? Sogar die Verbündeten meines Vaters beschimpfen ihn jetzt."

„Das kann nicht wahr sein."

„Leider ist es so", meinte Abram mit kummervollem Gesicht. „Und jetzt muß ich gehen."

„Nein, bitte, geh' noch nicht", Sarai hielt ihn am Arm fest. „Ich weiß, ich bin töricht und vergesse meine niedrige Stellung als Frau. Aber du mußt mir erzählen, woher die Wunden kommen."

Abram konnte ihrem bittenden Gesicht einfach nicht widerstehen. Spontan legte er einen Arm um ihre Schulter. „Sarai, mein eigener Vater glaubt, auch ich hätte mich von ihm abgewandt. In dieser Nacht ist Haran, mein jüngerer Bruder, gestorben, und dabei ist in Vater etwas zerbrochen. Er denkt, Nannar strafe ihn."

„Abram, das tut mir leid", sagte sie sanft. „Aber das erklärt nicht deine Striemen."

„Ich schäme mich, es zu sagen, Sarai. Aber weil mein Vater glaubt, ich sei ihm untreu geworden, hat er in seiner Verwirrung die Peitsche genommen und mich geschlagen."

Entsetzt blickte Sarai Abram an. „Tarah? Aber das kann nicht wahr sein!"

„Bei allen Göttern, Sarai, ich habe die Wahrheit gesagt." Dann fiel Abram wieder in langes Schweigen. Endlich sagte er vorsichtig: „Liebes Mädchen, hast du je Zweifel gehabt an den Dingen, die man uns seit unserer Kindheit gelehrt hat?"

„Was meinst du, Herr?"

„Wenn ich..." Abram zögerte. „Wenn ich dir sagen würde, ich hätte meinen Glauben an unseren Gott verloren, würdest du dann immer noch zu mir halten?"

Verständnislos schaute Sarai ihn an. „Ich würde dir helfen, Herr. Ich würde alles tun, was ich könnte, um dir zu helfen."

„Aber wenn es in diesem Punkt bei mir nichts mehr zu helfen gäbe, Sarai, würdest du trotzdem zu mir halten?"

„Ja!" antwortete sie ohne Zögern. „Wenn ich wüßte, daß du mich möchtest, würde ich dich nie verlassen."

Abram fühlte sich erleichtert bei dieser Antwort und hatte nun Mut, weiterzureden. „Schon seit langem sind Zweifel in mir, Sarai. Erschrick nicht darüber, wenn ich dir dies jetzt erzähle; und behalte es für dich. Als ich in Ägypten war, habe ich andere Tempel und andere Götter gesehen. Ich sah Tempel für die Sonne, die Sterne, die Erde, für Tiere und Könige und für den großen ägyptischen Strom. Ich habe die vornehmen Leute dort besucht, mit denen ich Handel treibe, und hörte sie von ihren Göttern reden. Sogar mit Pharao habe ich schon gesprochen, und er hat mir von seinem Glauben erzählt.

Oft habe ich seither darüber nachgedacht. Wer kann sagen, daß mein Gott der richtige ist und ihre nicht existieren oder geringer sind als Nannar? All diese Zweifel haben in mir genagt. Ich habe ihre Tempel besucht und mit ihren Priestern gesprochen und herausgefunden, daß die Art ihrer Gottesdienste der unseren sehr ähnlich ist. Und nun, Sarah, wenn der Mond Gott ist, wie kann es dann sein, daß die Sonne oder die Sterne oder die Erde oder der Fluß ihre Götter sind?"

Sarai wußte keine Antwort. „Ich weiß es nicht, Abram. Ich kann nur glauben, was mir gesagt wurde."

„Aber Sarai, uns Menschen wurde auch ein Verstand gegeben. Als ich in Ägypten war, habe ich viel über Astronomie gelernt. Wir wissen auch etliches davon, aber die ägyptische ist viel weiter und genauer. Ich lernte dort, daß die Sonne, der Mond, die Sterne und alle Planeten am Himmel ihre Ordnungen und Pfade haben, die sie immer gehen müssen. Auch der Mond muß sich nach diesen Ordnungen richten. Ich hätte mir nie träumen lassen, daß am Himmel eine solche Ordnung herrscht. Wenn also alle Himmelskörper sich nach diesen Ordnungen bewegen müssen, muß es doch dahinter eine noch viel größere Kraft geben, welche diese Ordnungen alle bestimmt und eingesetzt hat."

Abram blickte Sarai an, als erwarte er eine Antwort. Doch sie schwieg. „Sarai, wir sind doch nicht wie die Puppen in die Welt gesetzt, mit denen wir als Kinder gespielt haben. Wir sind Menschen, und unser Leben muß doch einen Sinn haben — oder sollte es sinnlos sein?"

Das hübsche Mädchen schüttelte verwundert den Kopf. „Ich bin ganz durcheinander von dem, was du sagst, Abram. Noch nie habe ich jemand so reden hören. Aber irgendwie spüre ich, daß große Weisheit in deinen Worten ist. Ich finde keine Argumente dagegen. Alle, die mir einfallen, klingen schwach und hohl."

„Genauso, fühle ich, ist mein Leben, Sarai — schwach und hohl. Selbst wenn ich dich habe, würde es ohne einen Sinn leer und zwecklos sein. Kannst du das verstehen?"

Sarai begriff, was Abram meinte. Sie wußte, daß er sie liebte, so wie sie ihn auch. Aber sie verstand auch, daß ein Mann wie er nicht achtlos an den großen Lebensfragen vorbeigehen konnte. Er würde keine Ruhe finden, solange er nicht um den Sinn seines Lebens wußte. „Abram", sagte sie endlich leise, „geh und suche die Antwort auf deine Fragen. Es muß wohl sein."

Genau diese Worte waren es, die er jetzt gebraucht hatte. Er drückte ihr noch einmal fest beide Hände, erhob sich und ging, sich immer weiter von der Stadt entfernend, in die mittlerweile vom Mondlicht beschienene Einsamkeit der mesopotamischen Ebene hinein. Nur ein einziges Mal schaute er kurz zurück.

Kapitel 9

Das Feuer wärmte in der Höhle, in die Abram für die Nacht gekrochen war, nur einen kleinen Umkreis. Er hatte keine Decke und keine Nahrung. Die Kleidung, die er trug, war sein einziger Schutz den kalten und feuchten Wänden gegenüber. Da er nicht schlafen konnte, verließ er die Höhle und wanderte vor ihr hin und her. Die Nacht war wunderschön hier in den Hügeln. Unter ihm glitzerte das silberne Band des Euphrats im Mondlicht. Auch in der Stadt konnte man hier und da noch Lichter sehen.

Abram hatte sich noch nie so allein und verlassen gefühlt. Rund um sich vernahm er die Geräusche der Nacht, die zu seinen Gefühlen zu passen schienen. Er hörte das Zirpen der Grillen, und weiter entfernt heulte ein junger Wolf. „Hier bin ich nun", dachte Abram, „und könnte auch den Mond anheulen. Warum bin ich hier? Ich, der reiche und gebildete Abram an solch einem Platz? Habe ich kein Zuhause und keine Familie mehr? Warum genieße ich nicht den Luxus, der mir gehört?"

Abram mußte laut über sich selbst und seine Lage lachen.

„Wenn meine Brüder mich so sehen könnten, mich, den »stolzen« Mann!" Doch sein Lachen kam ihm selbst hohl vor. „Nur die Narren führen Selbstgespräche, Abram, weißt du das nicht? Aber vielleicht bist du schon so töricht wie dein Vater, er war ja auch einmal ein stolzer Mann."

Abrams Herz krampfte sich zusammen, als er an seinen Vater dachte, so daß er heftige Schmerzen empfand. Noch nie vorher war er von Kummer so sehr überwältigt worden. Er konnte nicht stillsitzen und auch nicht ruhig überlegen, sondern mußte gehen, sonst würden ihn die übermächtigen Sorgen, die sich wie ein Ring um seine Brust legten, immer fester packen. Nur Tränen hätten ihm Erleichterung verschafft, doch Abram wollte nicht weinen.

Immer wieder standen die Erlebnisse der vergangenen Tage vor ihm. Er sah die Menschen in Ur, wie sie spotteten und lachten; er sah seinen toten Bruder und das starre Gesicht seines Vaters; er sah den Tempel und Tarah, der an seinen Stufen das Gesicht in den Staub beugte und um Vergebung seufzte — und dann packte ihn wieder der Schrecken, als er seinen Vater die Peitsche schwingen sah.

„Halt!" schrie er plötzlich. „Halt, Nannar! Hör auf, uns zu quälen. Ich fluche dir und deinen Priestern und allen, die dich anbeten." Abram hob seine Fäuste zum Himmel empor, von dem der Mond auf ihn herabsah. „Dein Tempel möge entweiht werden, Nannar. So wie deine Priester und Priesterinnen oft das Blut anderer Menschen zu deiner Ehre beim Opfer vergossen, so sollen sie selbst darin umkommen. Du bist es nicht wert, daß ich dich preise, Nannar, denn du forderst Grausamkeiten und Menschenopfer. Meine Gebete sind zu gut für deine Ohren, wenn du überhaupt Ohren hast. — Hast du Ohren, Nannar?"

Abram fühlte, wie die Last langsam von ihm wich, als er von Hügel zu Hügel rannte und seine Enttäuschung und Bitterkeit in die Nacht hinausschrie. Was für einen Anblick er wohl bieten mußte — ein einsamer Mensch, der schreiend und springend und mit den Armen fuchtelnd durch die Nacht lief? Endlich fiel er erschöpft zu Boden. Er befand sich in einem Zustand, in dem er zur gleichen Zeit lachte und weinte. Ganz unbewußt kamen die nächsten Worte über seine Lippen. Es waren keine Worte des Stolzes und der Bitterkeit mehr, keine Auflehnung gegen das Schicksal oder gar Flüche. Abram war mit sich selbst am Ende. Nicht mehr fordernd und trotzig, sondern langsam und flehend flüsterte er jetzt: „Hilf mir! Bitte, hilf mir!"

In diesem Augenblick geschah etwas, dessen wurde sich Abram bewußt. Er war sich klar, daß er nicht zu sich selbst oder einem anderen menschlichen Wesen oder zu Nannar sprach. Doch er flüsterte wieder: „Hilf mir! Wenn du da bist, dann hilf mir bitte!"

Eine plötzliche, geheimnisvolle Stille schien sich über die Hügel und Senken auszubreiten. Die Grillen schwiegen. Eine Wüsteneule, die eine ganze Zeit geschrien hatte, verstummte; und auch der einsame Wolf war nicht mehr zu hören. Die ganze Natur schien, wie von einer seltsamen Macht gepackt, ihren Atem anzuhalten. Abram fühlte sich unbehaglich, eine unbeschreibliche Furcht ergriff ihn. Vorsichtig richtete er sich auf und schaute sich erstaunt um. Was geschah hier? Die Stille war so eindrucksvoll, daß sie buchstäblich zu hören und zu greifen war. Schweiß begann seinen ganzen Körper zu bedecken, während er regungslos kniete. Seine Glieder begannen ihn zu schmerzen, doch er wagte nicht sich zu bewegen.

Es war unglaublich, aber die ganze Natur schien bewegungslos zu sein. Und dann wurde Abram von einem Gefühl ergriffen, das weit über alles, was er verstand, hinausging. Ihm war, als stünde er plötzlich im Mittelpunkt des Universums, als ob alle Sterne auf ihn blickten und als ob aus der Ewigkeit her jemand sich ihm zuwenden würde. Abram blickte zum Himmel empor. Sein Blick verlor sich im All, drang weiter und weiter vor, über die Sterne hinaus und... ja, wohin? „Unendlichkeit!" flüsterte er. „Du bist unendlich!"

Ehrfurcht packte ihn so mächtig, daß er wieder lang auf die Erde fiel und zu zittern begann. Seine Furcht wurde so groß, daß er nicht mehr sprechen konnte. Und selbst seine Gedanken zögerten, ehe sich darin die Worte formten: „Wer bist du?"

Und so, wie sich Stille über die Hügel gelegt hatte, schien sich in ihm eine andere Stille auszubreiten. Wie als Antwort auf seine unausgesprochene Frage durchströmte ihn ein tiefer Friede, der ihn langsam immer mehr durchdrang. Abram saß jetzt wieder und trank diesen Frieden in sich hinein. Er fühlte sich eingehüllt in eine unbeschreibliche Ruhe und Sicherheit. Alle Furcht verschwand. Abram stand auf und blickte himmelwärts.

„Ich kenne Dich jetzt", sagte er in tiefer Ehrfurcht. „Lange habe ich Dich gesucht, und Du hast all diese Jahre gebraucht, um mich zu dieser Stunde und zu diesem Punkt zu bringen. Mein Herr und mein Gott, ich habe mich sehr nach Dir gesehnt." Er schämte sich nicht mehr, als jetzt große Freudentränen über sein Gesicht flossen, denn er konnte spüren, wie sein Schöpfer lächelte und fühlte einen Frieden, den er nicht für möglich gehalten hätte.

Und dann ergriff ihn ein Gefühl freudiger Erwartung. Etwas würde jetzt geschehen, das war ihm klar, aber er wußte nicht, was es sein würde. Die Gegenwart seines Gottes wurde Abram so süß und doch auch so überwältigend, als dieser jetzt hörbar zu dem von Ihm auserwählten Mann sprach:

„Geh aus deinem Lande und aus deiner Verwandtschaft und aus deines Vaters Hause, in das Land, das Ich dir zeigen werde. Und Ich will dich zu einer großen Nation machen und dich segnen, und Ich will deinen Namen groß machen; und du sollst ein Segen sein! Und Ich will segnen, die dich segnen, und wer dir flucht, den werde Ich verfluchen; und in dir sollen gesegnet werden alle Geschlechter der Erde!"

II. Buch

DIE WANDERSCHAFT

„Durch Glauben war Abraham,
als er gerufen wurde, gehorsam, auszuziehen...
und er zog aus, ohne zu wissen,
wohin er kommen würde“
(Hebräer 11, 8).

Kapitel 1

Alle Dinge, die Abram sonst gehindert hätten, nach Ur zurückzukehren, bedeuteten ihm nun nichts mehr. Er wußte, daß man sein Erlebnis als Torheit verurteilen und ihn nicht gerade freundlich empfangen würde. Trotzdem machte er sich entschlossen auf den Weg nach Hause. Die Gesetze der Sumerer forderten, daß ein Sohn seinen Vater achtete. Deshalb konnte Abram sich nicht auf die Reise machen, ohne zu versuchen, sich mit seinem Vater zu versöhnen.

Als er durch das Tor wieder die Stadt betrat, wußte er, daß dies das letzte Mal sein würde. Doch er ließ keine sentimentalen Gefühle in sich aufkommen, als er durch die Straßen seiner Kindheit ging, vorbei an der Schule, in der er erzogen wurde, und am Tempel. Schnell versuchte er, die Erinnerungen an die jährlichen Tempelfeste wieder zu verjagen. Er wollte nicht an den Ernte-Mond denken, wenn er einmal im Jahr mit all den anderen Menschen zugeschaut hatte, wie aus all den Priesterinnen die hübscheste, die noch eine Jungfrau war, als Nannars Braut ausgewählt wurde. Sie mußte sich mit Gott vereinigen, indem sie ihren sterblichen Leib verließ. Dies geschah, indem die Priester sie im Altarhaus, auf der obersten Etage des Tempels, opferten.

Das Schauspiel war immer schrecklich gewesen; denn nicht nur die Frau, der man den Ehrentitel „Königin Nannars“ gab, mußte sterben, sondern viele andere folgten ihr in den Tod, die auch das Vergnügen und die Segnungen ihres Gottes erleben wollten. Viele Jungfrauen wurden mit großen Zeremonien in ein besonderes Grabgewölbe geführt, das sich auf dem Tempelplatz befand. Dort tranken sie aus einem vorbereiteten vergifteten Becher und warteten auf den Tod. Und dann trugen unter dem wilden Dröhnen der Trommeln Sklaven das goldene Standbild ihres Gottes, das fünfmal so groß war wie ein normaler Mensch, auf ihren Schultern die vielen Stufen des Tempels hinauf zum Altarhaus, wo der Gott seine Braut forderte. Nur einmal im Jahr durfte die Bevölkerung ihren Gott sehen. Die Menge gebärdete sich dann gewöhnlich wie rasend, tanzte und feierte die ganze Nacht und noch mehrere Tage hindurch. Dies alles endete in Freß- und Saufgelagen und sexuellen Massenorgien.

Abram vertrieb all diese Gedanken und drängte sich um so zielbewußter durch die vielen Menschen in den engen Straßen, um zum Hause seines Vaters zu kommen. Plötzlich hörte er, wie eine sanfte Stimme seinen Namen rief. Suchend blickte er sich um und bemerkte Sarai neben sich. Seit dem frühen Morgen hatte sie in der Nähe des Tores gewartet und würde dies auch in den nächsten Tagen bis zu seiner Rückkehr getan haben.

Abram legte den Arm um sie und schob sie durch die Menschenmenge. Als sie endlich am Fuße der aufwärts zu seinem Vaterhaus führenden Straße ankamen, trat er mit ihr in eine ruhige Ecke.

„Ich kann in deinen Augen erkennen", flüsterte Sarai, „daß du draußen in den Hügeln etwas erlebt hast."

„Ja, Sarai."

„Hast du deine Antwort gefunden, Abram?"

„Ja, aber ...", er schwieg einen Augenblick und fuhr dann zögernd fort, „... aber du würdest es nicht verstehen, Sarai. Wenn ich Ur verlasse, wirst du mir vertrauen und mit mir kommen?"

„Ur verlassen?"

Der Gedanke war wie ein Schock für Sarai. Sie war in den besten Kreisen der großen Stadt aufgewachsen und von Kind auf durch Luxus verwöhnt.

Abram erkannte den überraschten und ungläubigen Ausdruck auf ihrem Gesicht und bemerkte entschlossen: „Sarai, ich muß Ur verlassen. Wenn du wissen willst warum, würdest du meine Erklärung nicht verstehen. Du mußt mir vertrauen."

Erschreckt blickte Sarai ihn an. „Nein, Herr, bitte, denke nicht so. Es fällt mir nur schwer, daran zu denken, weil es für mich so neu und überraschend ist. Abram, ich werde nicht nach dem Warum fragen. Ich würde alles, was ich habe, um deinetwillen verlassen."

Abram sah, wie ernst Sarai es meinte und zog sie sanft und warm an sich. Sarai wußte, daß seine Liebe für sie ausreichte.

Als Abram das Anwesen seines Vaters erreichte, wuchs seine Spannung. Doch er dachte an die Worte seines Gottes, faßte Mut und ging direkt in das Zimmer seines Vaters. Nahor, der sich ebenfalls dort befand, blickte ihn erleichtert an.

Abram trat bis in die Mitte des Raumes, beugte sich bis tief zum Fußboden nieder, um Tarah damit seine Achtung und seinen Gehorsam zu zeigen.

Der alte Mann stand am Fenster und sah hinaus. Er war zu stolz, um zu zeigen, daß er sich über die Rückkehr Abrams freute. Doch als er sich endlich umwandte und sah, in welcher Haltung Abram vor ihm stand, konnte er seine Gefühle nicht mehr zurückhalten. Er rannte zu ihm und richtete ihn auf. „Sohn!" rief er freudig.

„Vater, geht es dir gut?" fragte Abram verlegen.

„Ja, Sohn, jetzt geht es mir gut."

Tief überrascht und dankbar für diese Aufnahme umarmten sich Abram und sein Vater schweigend. Eine lange Zeit sprach keiner ein Wort, doch beide Männer fühlten sich innerlich tiefer eins als je zuvor. Abram wußte aber, daß er mit seinem Vater reden mußte. Er holte tief Luft und begann endlich: „Vater, ich habe Sarai mitgebracht. Darf sie hereinkommen?"

„Wieso? Aber natürlich, Sohn. Aber warum . . .?"

„Sarai", rief Abram, „komm bitte herein und hör zu!"

Verblüfft blickte Tarah sie an und meinte: „Ah, Kind, wie nett, dich zu sehen."

Abram unterbrach ihn. Er wollte die Sache jetzt hinter sich bringen. Deshalb sagte er ohne Einleitung: „Vater, ich verlasse Ur."

Tarah schaute ihn verständnislos an. „Willst du eine Reise machen, Abram, um Abstand von all den unschönen Dingen zu gewinnen?"

„Nein, Vater, ich gehe für immer", antwortete Abram. „Ich verlasse mein Vaterland."

Man konnte Tarahs Gesicht ansehen, daß er nicht glauben wollte, was er hörte. Auch Nahors Miene war anzusehen, daß er nicht begriff. „Aber warum, Sohn?" stöhnte Tarah.

„Herr, als ich fort war, habe ich etwas erkannt, was du nicht begreifen wirst", fuhr Abram fort. „Du würdest glauben, ich sei verrückt, wenn ich es dir erzählte. Sicherlich würdest du meinen, es sei mein Hunger oder Erschöpfung und Übermüdung gewesen — aber ich weiß, was ich erlebt habe, und ich muß folgen."

„Setz dich und erzähl mir", bat Tarah. Man hörte seiner Stimme an, wie tief er um seinen Sohn besorgt war.

Abram begann zuerst zögernd, doch dann immer fließender, von seinem Erlebnis zu berichten. Tarah hörte schweigend zu. Die Überzeugung, mit der Abram sprach, machte es einfach unmöglich, alles mit einer Handbewegung beiseite zu wischen. Abram endete: „Ich habe meinen Gott gefunden, Vater. Ich kenne Seinen Namen nicht, aber Er kennt mich schon immer; und in Seinen Augen bin ich wert geachtet."

Tarah saß lange schweigend und wußte nicht, was er denken sollte. Sein eigener Glaube war durch die vorangegangenen

Erlebnisse so stark erschüttert, daß er keinen Grund zur Kritik fand. „Ich kann nicht behaupten, daß dein Erlebnis nur ein Phantasiegebilde ist, Sohn", meinte er endlich bekümmert. „Ich habe selbst den Grund unter den Füßen verloren. Und wenn ich dir so zuhöre, wünsche ich, ich könnte glauben und fühlen wie du. Doch andererseits drängt mich etwas in mir, meinen eigenen Gott zu verteidigen."

„Vater, meine Worte beruhen auf Erlebnissen, nicht auf Einbildung oder auf den Worten anderer Menschen, wie der Glaube an Nannar. Es würde keinen Sinn haben, mit mir zu argumentieren."

Tarah ging auf den Balkon und schaute auf die Stadt hinunter. „Ich wüßte auch nicht, was ich sagen sollte", meinte er. „In meinen angstvollen Träumen sehe ich unseren Tempel und die Stadt verlassen, die Häuser zerstört und Nannars Bild zerschlagen, die Priester ermordet und Ur niedergebrannt."

Abram trat neben ihn und sagte ruhig: „Vater, vielleicht will dich jemand drängen, mit mir zu gehen. Denke einmal darüber nach. Verlaß Ur mit mir, Vater. Als Angehöriger deines Hauses bin ich durch das Gesetz verpflichtet, dir zu gehorchen. Doch ich habe einen höheren Befehl empfangen und werde gehen — auch wenn ich ohne deinen Segen gehen müßte."

„Aber wohin willst du gehen, Sohn?" seufzte Tarah verzagt. „Und was ist mit Sarai? Kannst du sie einfach verlassen?"

„Ich weiß nicht, wohin ich gehen werde, Vater. Doch Sarai wird mit mir gehen, sie hat es mir versprochen."

Tarah blickte wieder auf die Stadt. Tief gebeugt und mit hängenden Schultern stand er da und sagte leise: „Nannar hat mir außer dir und deinem Bruder nichts gelassen, Sohn. Wenn ich dich verliere, werde ich mit der Stadt untergehen. Ich muß mich selbst entscheiden, da Nannar uns, seine Anhänger, in dieser schweren Stunde der Bedrohung durch die Feinde so ohne Antwort läßt. Er läßt uns in dem kommenden Verhängnis allein und ohne Hoffnung."

Sanft legte Abram seine Hand auf Tarahs Schulter. „Vater, mein Gott ist die Hoffnung."

Kapitel 2

An dem Tage, als Abram Ur verließ, zog eine große Schar mit ihm. Er hatte seinen Vater überzeugt, daß es keinen Grund gab, noch zu bleiben. Obwohl es die schwerste Entscheidung war, die Tarah je getroffen hatte, stellte er sich ihr doch mit Würde und übernahm als Herr des Hauses auch die Führung des Zuges, als sie die Stadt verließen.

Tarah hatte es allen Mitgliedern seines Haushalts freigestellt, mit ihm zu gehen oder zu bleiben. Viele hatten sich, aus Treue zu ihrem Herrn, ihm angeschlossen, darunter mehr als 50 Diener und Sklaven und die meisten Männer, welche die Schlacht gegen die Gutäer überlebt hatten. Außerdem zogen Hebron, der junge Dari, Jiska, Lot und Milka mit ihnen. Milka hatte Tarah, der Tradition folgend, seinem ältesten Sohn Nahor zur Frau gegeben.

Nahor selbst zog nur aus Achtung zu seinem Vater mit, und nicht, weil er an Abrams neue Ideen glaubte. Für ihn waren das nichts anderes als wilde Träume.

Ein so großer Zug wie der Abrams konnte gewöhnlich nicht durch Ur ziehen, ohne Aufsehen zu erregen. Doch heute war es anders. Eine seltsame Stimmung hatte die ganze Stadt gepackt.

Die Leute rannten alle wie verrückt zu ihren Häusern und Familien. Frauen riefen ihre Kinder von den Straßen, denn es hatte sich mittlerweile herumgesprochen: Die Gutäer rückten nun doch heran und waren schon sehr nahe.

Sarai ging diensteifrig neben Abram, der eine ausgesuchte Anzahl von Rindern, Schafen und Ziegen sowie einige Karren, beladen mit wertvollen Gütern, anführte. Ehe der Zug die Stadt verließ, passierte er das prächtige Anwesen eines Stadtadeligen. Abram ließ seine kleine Viehherde und die Karren anhalten und bat um Einlaß. Der Türsteher kannte ihn gut und bat ihn, hereinzukommen. Doch Abram erklärte, er wolle nicht in das Haus, sondern nur in den äußeren Hof. „Gewiß, Herr", meinte der Sklave verwundert.

Er öffnete das Tor und sah mit Erstaunen, wie Abram das Vieh und die beladenen Karren in den Hof brachte. Abram sagte: „Berichte deinem Herrn, all dies sei von Abram, Tarahs Sohn, als Brautpreis für seine Tochter Sarai. Und sage ihm, ich bitte auf diese Weise um die Hand seiner Tochter. Irgendwelche Mitgift erwarte ich nicht. Er soll sich keine Sorgen machen, Sarai ist in guten Händen."

Damit wandte er sich um, faßte Sarai sanft an der Hand, die am Tor stand und bekümmert auf ihr Elternhaus blickte, und beeilte sich, den Zug wieder einzuholen.

Als sie außerhalb der Mauern waren, blickte Abram Sarai an. Er wußte, daß Kummer in ihrem Herzen war, weil sie ihre Familie und ihr Heim verließ. Zart strich er über ihre Wangen und sagte: „Liebes, es mußte sein."

„Ich weiß, mein Herr", flüsterte sie mit zitternder Stimme.

Abram und seine Leute gingen den anrückenden Gutäern aus dem Wege, indem sie die bekannten Straßen mieden und auf kaum benutzten Wegen westwärts in die Hügel zogen. Die Sonne brannte unbarmherzig, und sie fühlten bald die Erschöpfung, doch der Wunsch, den unbarmherzigen Feinden zu entkommen, trieb sie die schmalen, kaum erkennbaren Pfade die Hügel hinan. In ausreichender Entfernung von der Stadt erreichten sie endlich den plateauartigen Gipfel eines Hügels, von dem aus sie nach rückwärts einen guten Überblick hatten. Hier rasteten sie.

Als sie zurückblickten, bemerkten sie, wie die ersten Vortrupps der Gutäer vom Norden her gerade aus einer Bodensenke auftauchten und vorsichtig auf die Stadt vorrückten. Als sich in der Stadt nichts rührte, keine Soldaten aus den Toren marschierten, um sich zum Kampf zu stellen und auch die Mauern nicht besetzt wurden, gaben sie Zeichen nach hinten, und bald tauchten aus der Senke weitere Kolonnen der wilden Krieger auf. Es mußten viele Tausende sein, die da heranrückten.

Als sie sich der Stadt auf wenige hundert Meter genähert hatten, hielten sie kurz an und stürmten Augenblicke später wie ein Mann auf die Tore und Mauern los. Sie stimmten dabei ein solches Gebrüll an, daß es noch bis auf den entfernten Hügel zu hören war, auf dem Abrams Schar lagerte. Da die Gutäer kaum Widerstand fanden, hatten sie die Mauern bald erklommen und die Tore eingeschlagen. Und dann ergoß sich die wilde Meute mordend, vergewaltigend und plündernd über die wehrlose Stadt.

Tarah war erregt aufgesprungen, als er beobachtete, wie die Gutäer über die bedauernswerte Stadt herfielen. Auch er konnte, wie die anderen, die Tränen bei dem Schauspiel, das vor ihnen abrollte, nicht zurückhalten. Niemand sprach ein Wort. Die Tragödie unter ihnen erschütterte alle zu sehr. Hier und da in der Stadt stiegen jetzt auch schon Rauchwolken auf, wo die Plünderer Häuser angezündet hatten.

Abram ging zu seinem Vater. Schweigend standen die beiden eine lange Zeit. „Sohn", flüsterte Tarah endlich, „das ist es, was ich gesehen habe."

„Wovon redest du, Vater?"

„In meinen Träumen, ich habe dir davon erzählt, sah ich,

wie sie über die Mauern kletterten, unsere Stadt verbrannten und wie der Tempel zusammenstürzte. Wir werden es erleben."

Voller Achtung vor seinem Vater, aber doch entschlossen, legte Abram ihm den Arm um die Schulter und sagte: „Nein, Vater, wir werden uns jetzt wieder auf den Weg machen und weiterreisen, damit wir uns die Katastrophe nicht mehr mit ansehen müssen." Abram rief einen Befehl, und alle erhoben sich.

Tarah zögerte. „Sohn, laß mich hier", meinte er.

„Auf keinen Fall, Vater. Schau nicht mehr zurück, sondern vorwärts. Wir haben das Leben vor uns — ein neues Leben."

„Aber ich bin alt, Abram. Ein alter Mann hat keine Zukunft mehr, und ganz sicher kein neues Leben."

„Dann sieh dieses neue Leben in dem meinen, Herr", sagte Abram sanft.

Diese Worte schienen Tarah zu ermuntern. Sein Gesichtsausdruck veränderte sich, und neue Entschlossenheit war darin zu lesen. Die kleine Karawane machte sich auf den Weg, immer weiter fort von Ur.

Beißender grau-schwarzer Rauch erfüllte das Euphrattal. Auf dem Strom schwammen Leichen und Trümmer langsam dem Meer zu. Auch in den Straßen und Höfen der Stadt lagen überall getötete Menschen. Die Gutäer hatten keine Gnade gezeigt, sondern alles niedergemacht, was ihnen in den Weg gekommen war. Hier und da saßen kleine Kinder weinend bei den Leichen ihrer Väter und Mütter. Die überlebende Bevölkerung Urs versteckte sich in Kellern, Schuppen und anderen Winkeln, bis der erste Blutrausch der Eroberer vorüber war.

In ganz kurzer Zeit hatten die Gutäer die Herrschaft in der gesamten Stadt an sich gerissen. Nun liefen ihre Anführer durch die langen Hallen und Gänge des Palastes und suchten nach Sargon, Urs altem König. Sargons Minister hatten sich mit dem König in einen versteckt liegenden Raum zurückgezogen. Doch es dauerte nicht lange, bis die scharfen Augen eines Gutäers den verborgenen Eingang entdeckten und eindrangen. Roh zerrten sie den König nach draußen. Alle Leute in seiner Begleitung wurden kurzerhand getötet.

Auf dem Tempelplatz grölten die wartenden Gutäer Beifall, als sie ihre Anführer mit dem mißhandelten König kommen sahen. „Männer, dies ist Sargon, der König von Ur", schrie einer der Führer spöttisch. „Wir müssen jetzt noch einen Handel zum Abschluß bringen." Alle lachten und schrien laut Beifall.

„Bringt die guten Männer her, die uns so tüchtig geholfen haben, Ur zu erobern, wir wollen ihnen unsere Schuld bezahlen", schrie der sich wild gebärdende Anführer.

Fünf gutgekleidete Männer wurden mit allen Zeichen der Achtung herbeigeführt und mit lautem Beifall empfangen. König Sargon starrte die fünf ungläubig an. So war es also gewesen. Verzweifelt blickte er auf die fünf Männer. Es waren die Priester, denen er so sehr vertraut hatte und die ihm geraten hatten, die Gutäer nicht zu bekämpfen. Triumphierend blickten die fünf jetzt um sich.

Wieder sprach der Führer der Gutäer: „Diese fünf Männer haben uns die Schlüssel von Ur ausgeliefert und uns in allem geholfen. Ohne sie wären wir jetzt nicht die Herren dieser Stadt. Wir haben ihnen versprochen, all unsere Beute mit ihnen zu teilen, und da wir Männer von Ehre sind, soll dies jetzt geschehen."

Die Priester waren nun sicher, ihren Teil der Beute und der zukünftigen Macht zu erhalten und wurden noch zuversichtlicher, als einige gutäische Krieger eine große Truhe zu ihnen schleppten. Darin würde wohl ihr Anteil an der Beute sein.

Der Gutäerführer rief fünf seiner Krieger zu sich, öffnete dann mit einer leichten Verbeugung vor den Priestern die Truhe und sagte: „Gute Männer, empfangt nun den Lohn, den eure Tat wert ist." Im gleichen Augenblick bückten sich die fünf Krieger. Ihre Hände fuhren in die Truhe. Als sie diese zurückzogen, hatte jeder einen langen Dolch in der Hand. Sie drehten sich um und stießen die Dolche in die Herzen der überraschten Priester.

Voller Begeisterung brüllten alle versammelten Krieger und stürmten nun den Tempel und den Palast, um auch diese Gebäude noch zu plündern und zu zerstören. Eine Gruppe von ihnen lief die Stufen hinauf bis zum Altarhaus auf der Spitze des Ziggurats. In dem Hause befand sich das riesige goldene Standbild Nannars. Sie zerrten es heraus und stießen es die Stufen hinunter. Unter lautem Dröhnen rollte das schwere Standbild bis auf den Platz, wo es, in Stücke zerbrochen, liegenblieb. Unter seinen Trümmern lag mit zerschmetterten Gliedern auch Sargon, Urs König. Die Herrlichkeit Urs und ihres Gottes Nannar war dahin.

Weit weg in den Hügeln sahen Abram und seine Leute die immer höher aufsteigende Rauchwolke der brennenden und zerstörten Stadt. Tarah entschlüpfte ein lauter Seufzer, als er einmal zurückschaute. Doch dann wandte er sich wieder um, und alle zogen weiter. Es gab keinen Grund mehr zurückzublicken, obwohl alle wußten, daß die Rauchwolke und der beißende Geruch nicht nur den Untergang eines Gottes, sondern auch einer gesamten Zivilisation verkündigten.

Unter denen, die sich Abram beim Auszug angeschlossen hatten, waren eine ganze Anzahl, die die Anstrengungen der Reise nicht gewöhnt waren. Auch die gute und von Erfahrung zeugende Führung durch Abram änderte da nicht viel, während sie Tag um Tag immer am Euphrat entlang stromaufwärts ihre Reise fortsetzten. Sie wußten alle, daß sie in Richtung des fruchtbaren Landes der Kanaaniter zogen, doch mehr war ihnen über das Ziel ihrer Reise nicht bekannt. Nachdem sie die Hügel verlassen hatten, folgten sie der alten Handelsstraße, die sich an der Westseite des Euphrats hinzog, in nordwestlicher Richtung.

Doch das Vertrauen zu ihren Führern hielt die Ausgezogenen nicht für immer davon ab, sich untereinander besorgte Fragen zu stellen. Sie wußten, es war ihre eigene Entscheidung gewesen, mitzuziehen. Doch nun begannen sie die Weisheit dieses Entschlusses zu bezweifeln und fragten sich, ob ein Leben unter der Herrschaft der Gutäer nicht besser gewesen wäre.

Ihre Zweifel hatten nichts damit zu tun, daß sie irgendwie Mangel gehabt hätten. Tarahs Reichtum sorgte dafür, daß alle genug hatten. Aber die Ungewißheit um ihr Ziel quälte sie Tag um Tag. Abram spürte diese unausgesprochenen Zweifel seiner Reisegefährten. Doch auch, wenn seine junge Frau ihn ab und zu fragend anschaute, wußte er keine Antwort darauf zu geben.

Eines Abends, nach einem ungewöhnlich heißen und drückenden Tag, hielt die Karawane vor einer kleinen Herberge. Sie waren nun seit 30 Tagen unterwegs und hatten etwa die Hälfte der Entfernung zwischen Ur und Haran zurückgelegt. Haran, ungefähr 1000 Kilometer nordwestlich von Ur gelegen, war die Heimat der Vorfahren Tarahs. Aus Tradition hatte Tarah deshalb seinem dritten Sohn den Namen dieser Stadt gegeben. Es schien deshalb nicht ungewöhnlich, daß Abram für sich und die Seinen dort Zuflucht suchte, obwohl alte verwandtschaftliche Verbindungen so gut wie nicht mehr bestanden. Natürlich hatte Abram während seiner Reisen auch in Haran schon Handel getrieben. Er hatte aber nicht die Absicht, gerade in Haran ein neues Zuhause zu suchen, denn im ganzen fruchtbaren Halbmond war Haran neben Ur das größte Zentrum der Mondreligion.

In der Herberge wurden sie sehr freundlich empfangen, denn die Namen Tarah, Nahor und Abram kannte man überall entlang der Handelsstraßen und respektierte sie sehr. Alle machten sich eifrig an die Arbeit, sich für die Nacht einzurichten. Abram hatte vor etlichen Tagen einige riesige Kamele gekauft. Diese dickköpfigen Tiere hatten sich noch nicht an ihre neuen Herren gewöhnt, deshalb hatten die Diener, denen sie zur Obhut anvertraut waren, ihre liebe Not mit ihnen. Die ganze Karawane lachte jedesmal, wenn man den Kamelen abends ihre Lasten abnahm und sie morgens wieder beladen mußte.

Abram saß mit Sarai allein im Innern der einfachen Herberge. In seinem Gesicht konnte Sarai deutlich die Sorgen lesen, die ihn plagten. Sie berührte leicht seine Hand und flüsterte: „Abram?“ Doch er antwortete nicht. Beschämung darüber, daß er selbst das Ziel ihrer Reise nicht kannte, erfüllte seine Gedanken. Wohin würden sie gehen? Wohin sollte er seine Leute führen?

Sarai spürte seine Hilflosigkeit, wußte aber auch nicht, was sie hätte für ihn tun können. Nach einer längeren Zeit des Schweigens erhob sich Abram und trat auf den Hof hinaus in die kühle Abendluft.

Die Diener kämpften noch immer mit den Kamelen. Ein kurzes Lächeln huschte über Abrams Gesicht, als er ihnen zusah. Doch schnell wurde er wieder ernst, als er seinen Vater bemerkte, der auf einer Bank an der Hauswand saß. Abram betrachtete sein Gesicht. Die Reise hatte Tarah sehr zugesetzt. Abram fühlte sich schuldig, denn er hatte ihn zur Reise überredet.

Nahor betrat den Hof. Als er Abram sah, huschte ein Schatten von Ärger über sein Gesicht, doch er sagte kein Wort, sondern ging zu Tarah, um ihm Mut zuzusprechen. So sehr sich Nahor auch Mühe gab, der Ärger auf seinen jüngeren Bruder, der sie scheinbar ziellos aus der Heimat fortgeführt hatte, wurde immer größer.

Abram wußte dies, hatte aber keine Ahnung, wie er es hätte ändern können. Vielleicht konnte er aber wenigstens seine junge Frau ein wenig ermutigen. Aber wie? Er hatte sie aus ihrem Heim und ihrem Leben im Luxus weggeholt, wie eine Blume, die man aus der Gartenerde reißt. Und alles nur seiner Träume und Überzeugungen wegen. Ohne ein festes Ziel würde er niemand wirklich von der Wahrheit seiner Offenbarung überzeugen können.

Damit war er schon bei der nächsten Frage, die ihn quälte. War sein Erlebnis wirklich echt gewesen oder nur das Ergebnis seiner wilden Phantasie? Gerade als er wieder in die Herberge zurückgehen wollte, sprach Lot ihn an. „Herr, darf ich dich etwas fragen?“ Sarai kam leise in die Nähe der Tür, um mitzuhören.

„Natürlich, Lot, was bewegt dich?“ antwortete Abram.

Sein Neffe kämpfte mit den Worten, weil er Abram mit seiner Frage nicht kränken wollte. „Herr, wenn du mir vielleicht sagen könntest . . . ich meine, viele aus unserer Karawane haben mich gefragt . . .“

„Ja, Lot, nur weiter?“

„Viele haben mich gebeten, dich etwas zu fragen.“

Die Zweifel der letzten Zeit hatten Abram reizbar gemacht. „Nun sag, was du willst, Lot“, knurrte er ärgerlich. Seine harte Reaktion schien alle anderen aufmerksam gemacht zu haben. Rundum wurde es still. Lot wurde noch verlegener. Ein solches Aufsehen hatte er nicht erregen wollen.

„Onkel . . . Herr . . .“ stammelte er, „ich . . . wir . . . möchten wissen, wohin wir ziehen?“

Klarer konnte die Frage nicht sein, und Abram wußte, daß Lot für alle anderen mit gesprochen hatte. Er fühlte, wie aller

Augen auf ihm ruhten. Doch was konnte er sagen? Er glaubte selbst nicht an Haran als ihr endgültiges Ziel. Wenn sein Gott ihn von Ur weggerufen hatte, sandte Er ihn doch nicht in eine andere Stadt, in der man Nannar anbetete. Aber wo war die Antwort? „Mein Gott", seufzte er innerlich, „lebst Du wirklich? Was soll ich tun?" Doch er schien keine Antwort zu vernehmen.

Unter der Anspannung des Augenblicks begann Abram laut zu lachen, als ob die Frage eigentlich recht lächerlich wäre. Und in einer Art, als sei er überrascht, daß man überhaupt fragen könne, rief er: „Aber, aber, meine guten Leute, was habt ihr denn geglaubt, wohin wir gehen? Nach Haran natürlich!"

Sein breites Lachen und die Antwort lösten mit einem Schlag die Spannung. Rundum lachte man nun ebenfalls. Natürlich — wohin sonst als nach Haran! Doch Abrams Lächeln war die Unwahrheit gewesen. Innerlich fühlte er sich schuldig, obwohl er seinen Leuten mit dieser Antwort Mut und Hoffnung gegeben hatte. Er sah, wie sein Bruder ihn zornig anblickte und in die Herberge ging. Ihn hatte er nicht täuschen können. Auch in den Augen Sarais, die auf der Schwelle stand, bemerkte er zum ersten Mal Zweifel. Ruckartig drehte er sich um und wanderte in die Nacht hinaus, um mit seinen Gedanken allein zu sein.

Auf einem einsamen Felsbrocken draußen in der Dunkelheit setzte er sich nieder und lauschte in sein Herz. Wie hatte er nur so reden können? Hatte er doch nie geplant nach Haran zu gehen. Die Stadt war genauso verdorben wie Ur, und ein Mensch mit seinem Glauben würde dort nicht willkommen sein. „Mein Gott — ich fürchte mich. Ich fürchte mich davor, zu versagen, und vor allem fürchte ich mich vor Dir. Wohin soll ich gehen? Ich weiß, meine Antwort war unüberlegt. Aber Du hast mir zwar gesagt, daß ich ausziehen soll, hast mir aber mein Ziel nicht genannt. Vergib mir meine Gedanken, Herr. Sie sind nicht aufrührerisch, aber ich bin voller Furcht und Zweifel. Mein

Gott, bist du wirklich oder nicht? In jener Nacht habe ich geglaubt Dich zu hören — aber, habe ich Dich gehört?“

Lange saß Abram und kämpfte mit sich. So gut kannte er seinen Gott noch nicht, um sicher zu sein. Vielleicht war er doch nur einer Einbildung erlegen? Was hatte er denn in jener Nacht, als er glaubte, Gott dem Allmächtigen zu begegnen, wirklich erlebt? Und warum hatte Gott ihm nun nicht klar gesagt, wohin er ziehen sollte, wenn Er wirklich da war?

Viel Zeit verging, und manche Fragen und Zweifel zogen durch seinen Sinn, bis ein ganz kleines Licht des Begreifens durch die Finsternis des Zweifels zu leuchten schien. Es konnte keine Einbildung gewesen sein. Hätte eine Einbildung ihn und die Seinen gerade an dem Tage aus Ur geführt, als die Gutäer es eroberten? Hätte eine Einbildung ihn mit seinem Vater versöhnt und ihm Sarai zur Frau gegeben? Vielleicht wollte sein Gott ja, daß er jetzt zunächst nach Haran zog, und es war Seine Art, ihn so zu führen. Abram lächelte leicht. „Ich beginne Dich zu verstehen, Herr, Du arbeitest an mir“, sagte er.

Kapitel 4

Wir Menschen werden vor der Zukunft dadurch beschützt, daß wir die Dinge nicht sehen können, die noch alle vor uns liegen. Hätte Abram gewußt, welche Reihe von Bewährungen er noch zu bewältigen hatte, würde er vielleicht nicht mehr weitergezogen sein.

Die große Handelsstadt Haran, am linken Ufer des Belich, etwa 100 Kilometer vor seiner Mündung in den Euphrat, erbaut, liegt an der großen Karawanenstraße, die Ninive, Assur und Babylon in Mesopotamien mit Damaskus, Tyrus und den ägyptischen Städten im Westen und Süden verbindet. Wie seine ebenso bekannten Nachbarn, war es berühmt für seinen moralischen Verfall und seine blutigen religiösen Zeremonien. Es lag, ähnlich wie Ur, inmitten von Hügeln des nördlichen Mesopotamiens. Einen großen Teil ihres Reichtums verdankte die Stadt dem Fluß, der die Umgebung fruchtbar machte.

Vom ersten Augenblick an, als Abram Haran betrat, fühlte er sich fremd und unwohl. Obwohl er auf seinen Reisen schon oft in Haran gewesen war, würde er nie vergessen, welche Empfindungen ihn packten, als er vor sich den Tempel Nannars auftauchen sah. Am Abend des Tages, als sie Haran erreichten, war es schon so spät gewesen, daß sie keinen Einlaß mehr in die Stadt gefunden hatten. Deshalb mußten sie, obwohl sie sehr müde und zerschlagen waren, in der Nacht ein Lager vor der Stadt aufschlagen, neben Beduinen aus den Hügeln, die ebenfalls mit ihren schwarzen Ziegenhaarzelten dort lagerten, und neben Bettlern und Aussätzigen.

Sorgfältig achteten sie darauf, daß neben ihrem und dem übel riechenden Lager der Beduinen ein genügender Abstand blieb, und Abram sorgte dafür, daß es sein Vater in seinem Zelt so bequem wie möglich hatte. Dann betrat er sein eigenes Zelt, wo Sarai geduldig auf ihn wartete. „Abram, du siehst so müde aus, komm, setz dich zu mir“, sagte sie leise.

„Ich habe so wenig Zeit für dich, Sarai“, lächelte er. „So hättest du dir deine Hochzeit und die ersten Wochen danach sicherlich nicht vorgestellt. Und doch hast du die ganze Zeit soviel Verständnis für mich gehabt.“

Sarai schmiegte sich an ihn. „Aber heute gehörst du mir allein“, antwortete sie. „Alle Väter und Brüder und Karawanen der Welt werden daran nichts ändern.“ Abram zog sie eng an sich, und für das erste Mal, seit sie Ur verlassen hatten, waren sie wirklich allein.

Am nächsten Morgen waren die Heimatlosen wieder ausgeruht und zuversichtlicher. Abram ging zum Zelt seines Vaters und fand dort Nahor, der ihn versorgte. „Abram, ich muß mit dir allein reden", sagte Nahor.

Gemeinsam verließen die Brüder das Zelt und gingen ein Stück miteinander. Besorgt meinte Nahor: „Vaters Zustand verschlechtert sich zusehends. Ich fürchte, die Reise war zuviel für ihn. Er wird sich wohl nicht wieder erholen."

Bekümmert nickte Abram: „Ich werde heute nach Haran gehen, um ein Anwesen für uns zu finden, Nahor", antwortete er. „Ich bin hier als der Sohn Tarahs gut bekannt, und man wird mir sicherlich helfen. Wir müssen einen Platz finden, an dem Vater es bequem hat. Er ist immer noch ein kräftiger Mann, und mit der Zeit wird er sich vielleicht erholen." Abram blickte Nahor an, fand aber wenig Ermutigung in dessen Zügen. Abram spürte, daß sein Bruder ihn für den Zustand des Vaters verantwortlich machte. Deshalb forschte er weiter: „Möchtest du, daß wir in Ur geblieben wären, Bruder? Sage offen deine Meinung."

„Es ist nicht die Reise, die Vater so zugesetzt hat", antwortete Nahor bitter. „Du weißt doch genau, daß wir Ur nicht in erster Linie deshalb verließen, um den Gutäern zu entkommen, sondern weil wir deinen Illusionen nachgelaufen sind. Und das setzt unserem Vater zu, mein Bruder."

Die Worte trafen Abram wie ein Dolchstoß. Sogar Nahors früherer Vorwurf, er sei ein hochmütiger und stolzer Mann, hatte ihn nicht so sehr verletzt. Abram wußte nicht, wie er auf die harten Vorwürfe seines Bruders, der sonst ein sehr ruhiger und zurückhaltender Mann war, reagieren sollte. Er suchte nach Worten, um es Nahor besser begreiflich zu machen.

„Bitte, hör mir zu. Ich weiß, daß meine Überzeugung dir ziemlich unglaubwürdig vorkommen muß", begann er. „Aber

Bruder, hier handelt es sich nicht um eine neue Religion, sondern um Realitäten. Ich habe mich in den vergangenen Wochen der Reise immer wieder selbst deshalb befragt, und es gab Augenblicke, da habe ich mir gewünscht, ich hätte dieses Erlebnis mit dem wahren Gott nie gemacht. Aber es ist alles wahr! Ich habe keine Möglichkeit, dir dies klarzumachen, aber noch mit meinen letzten Worten werde ich bezeugen: »Es ist wahr! Ich weiß, mein Gott ist Wirklichkeit!« Ich kenne Ihn noch nicht sehr gut, aber jeden Tag lerne ich Ihn besser kennen. Er redet auf vielerlei Weise zu mir, die du vielleicht nicht begreifen wirst.“

Nahor unterbrach ihn mißtrauisch: „Aber Abram, wenn dein sogenannter Gott keine Illusion ist, weshalb sollte er dann soviel besser sein als Nannar?“ Und mit einem bitteren Blick auf seinen jüngeren Bruder fügte er hinzu: „Fordert er denn nicht das Leben unseres Vaters?“ Damit ging Nahor schnell davon. Am Eingang von Tarahs Zelt drehte er sich nochmals um und schrie Abram zu: „Du bist ein Narr, mein Bruder — ein kranker, verwirrter Narr!“

Abram fühlte sich in diesem Augenblick so ähnlich wie an dem Abend, als sein Vater ihn geschlagen hatte. Wie ein verwundetes Tier lief er davon und blieb erst an der Stadtmauer stehen.

Sarai, die Nahors letzte Worte gehört hatte, lief ihm nach und drängte sich an ihn. Abram legte schweigend seinen Arm um sie und hoffte, sie würde die Tränen nicht sehen, die ihm über das Gesicht liefen.

Als die Monate vergingen, fühlten sich Abram und die Seinen in Haran ein wenig mehr zu Hause. Abram war freundlich von denen, die ihn kannten und die von der Tragödie Urs gehört hatten, empfangen worden und hatte bald ein schönes großes Anwesen gefunden, das sie kauften und in dem sie nun wohnten. Abram hatte begonnen, die Handelsgeschäfte seines Vaters wieder aufzunehmen, und Tarah verbrachte die meisten seiner Tage in Frieden.

Doch Abram spürte, wie sich sein Bruder immer mehr von ihm zurückzog, und er merkte, daß dies nicht nur an dem Gesundheitszustand des Vaters lag, sondern auch an tiefsitzendem Neid. Während der Reise und des bisherigen Aufenthalts in Haran war es klar geworden, daß Abram der Führer der Schar war und nicht der ältere Nahor. Diese Tatsache machte Nahor, obwohl er immer ein ruhiger und ausgeglichener Charakter gewesen war, immer reizbarer. Das orientalische Recht des Erstgeborenen erstreckte sich nicht nur auf den materiellen Besitz, sondern auch auf die Führerschaft. Doch Abrams Energie, seine starke Persönlichkeit und seine Reiseerfahrungen stellten Nahor in den Schatten und gossen immer wieder Öl in Nahors wachsendes Feuer des Neides. Aus diesen, ihm selbst gar nicht recht bewußten Gefühlen heraus begann Nahor nun oft mit Abram zu streiten.

Besonders Sarai litt unter der angespannten Situation, da sie sich eng an Milka, die junge Frau Nahors, und an deren Bruder Lot angeschlossen hatte. Es gab nur wenige junge Leute im Haushalt, mit denen sie sich näher befreunden konnte, und an die hielt sie sich deshalb besonders.

An einem Nachmittag, als Abram mit Lot vom Markt zurückkehrte, wo sie Rinder und Kamele gekauft hatten, begrüßte Nahor ihn im Hof. „Dies ist aber ein sehr schwaches Tier, Bruder“, kritisierte er und deutete auf eines der zweihöckrigen Kamele. „Vielleicht ist es besser, wenn ich das nächste Mal mitkomme.“

Für Abram, der sowieso nicht das geduldige Temperament seines Bruders hatte, war diese Nörgelei der Tropfen, der das Faß der versteckten Anfeindungen der letzten Zeit endgültig zum Überlaufen brachte: „Du hast mich hochmütig genannt und einen Narren geheißen“, antwortete er. „Du hast mir die Schuld für Vaters Krankheit gegeben und mich in den vergangenen Monaten beobachtet und kritisiert, als seist du mein Ankläger und Richter gleichzeitig. Willst du mich nun auch noch belehren, wie man richtig Handel treibt? Wer hat denn die letzten Jahre damit zugebracht, Vaters Karawanen von Mesopotamien nach Ägypten zu führen, du oder ich?"

Spöttisch antwortete Nahor: „Aber um die Angelegenheiten daheim hast du dich nie groß gekümmert."

Wütend schrie Abram: „Das habe ich gern deinem Ehrgeiz überlassen, Bruder. Vielleicht bist du ja viel stolzer und hochmütiger als ich. Ich glaube, es ist Zeit, daß wir dies herausfinden."

Damit schlug er seinem Bruder mit der Faust ins Gesicht. Lot hielt Abram zurück und rief beiden Brüdern zu, mit dem Streiten aufzuhören.

Nahor wollte gerade zurückschlagen, als Sarai aus dem Hause gerannt kam und rief: „Abram, Nahor, kommt schnell! Es ist Tarah, er ist — er ruft euch!" Ihr Gesicht war ganz weiß und hatte einen verzweifelten Ausdruck. „Oh Abram, dein Vater ist..."

Die Brüder schauten sich beschämt an und rannten, so schnell sie konnten, ins Haus. Vorsichtig betraten sie den Raum, in dem Tarah lag. Dessen Gesichtszüge waren eingefallen. Mühsam erhob er, als er die beiden erblickte, eine Hand ein wenig und winkte sie zu sich heran.

Abram und Nahor knieten am Bett ihres Vaters nieder. „Bitte, ruhe dich aus, und versuche nicht zu sprechen, Vater, du bist so schwach", bat Abram leise. Nahor ging auf die andere Seite des Bettes, setzte sich dort auf den Rand und nahm die Hand des alten Mannes.

Mühsam flüsterte Tarah: „Söhne, ich hörte euch streiten."

Abram und Nahor blickten sich an und fühlten sich beide schuldig. „Nein, Vater", versuchte Nahor ihn zu beruhigen, „wir haben nicht gestritten."

„Das stimmt, Vater. Wir diskutierten über ein Kamel, das

ich gekauft habe. Nahor erkennt sofort, wenn man einen schlechten Handel gemacht hat", fügte Abram hinzu.

Tarah wußte, daß dies nicht stimmte, war aber zu schwach, darüber zu diskutieren. „Söhne, hört zu, meine Zeit ist gekommen. Ich kann aber nicht sterben, ohne euch versöhnt zu sehen." Zögernd wandte er sich dann an Abram und sagte: „Dein Gott ist auch meiner, mein Sohn. Ich kenne Ihn nicht sehr gut, aber ich vertraue dem Sohn, den ich aufgezogen habe; und ich vertraue seinem Gott, daß Er ihn segnen wird. Und..." er zögerte eine lange Zeit, „Nannar ist nicht mehr mein Gott. Dein Glaube hat auch in mir Wurzeln geschlagen, Abram." Tränen liefen jetzt über sein Gesicht. „Er muß existieren, Abram. Ich fühlte es an jenem Tag, als wir auf dem Hügel standen und zusahen, wie Ur zerstört wurde."

Nun wandte sich Tarah an Nahor: „Ich segne dich, Sohn. Alles, was du beanspruchst, ist dein, denn du hast das größere Teil geerbt. Doch zerstöre nicht das, was ich dir hinterlasse, mit Haß gegen deinen jüngeren Bruder." Schwer atmete er, man sah ihm die Anstrengung an. An beide gewandt fuhr er mühsam fort: „Ihr seid alles, was mir noch geblieben ist, meine Söhne. Wirkt gut und weise mit dem, was ich euch hinterlasse. Ich..."

Der Hauch des Todes hing plötzlich über der kleinen Gruppe. Abram blickte ungläubig auf seinen toten Vater, legte dann seinen Kopf auf dessen Brust und weinte. Nahor saß verwirrt und erschüttert dabei, doch sein Gesicht behielt den steinernen Ausdruck. Als Abram den Kopf hob und zu seinem Bruder schaute, blickte dieser ihn ablehnend und zornig an. „Nahor?" flüsterte er. Doch die Augen des Bruders blieben hart und unversöhnlich.

Kapitel 5

Es schien für Abram keinen Grund mehr zu geben, noch in Haran zu bleiben, der Stadt, die er so sehr verachtete. Nach Tarahs Tod bekam Nahor, wie es die Sitte erforderte, zwei Drittel von dessen Besitz, und Abram bekam ein Drittel. Obwohl ein großer Teil des Familienvermögens in Ur zerstört oder zurückgeblieben war, war die Erbschaft trotzdem noch so groß, daß beide Söhne das Werk ihres Vaters fortsetzen konnten. Denn der gute Ruf des Namens Tarah und die geschlossenen Handelsverträge waren alle noch vorhanden.

Aus diesem Grund überlegte Abram, ob er in Haran bleiben sollte. Doch Nahors Haltung ihm gegenüber gab ihm dazu wenig Grund. Abram fühlte die ablehnende Haltung Nahors. Doch auch die meisten, die aus Treue zu Tarah mit aus Ur gekommen waren, änderten jetzt ihre Einstellung. Abram wurde zwar von ihnen immer sehr geachtet, doch da Tarah nun tot war, waren die meisten der Diener Nahor gegenüber, als dem Erstgeborenen, verpflichtet. Und sogar wenn man ihnen die Wahl gelassen hätte, würden sie lieber in Haran bleiben, als nochmals mit Abram zu einem unbekannten Ziel aufzubrechen.

Doch über all dem standen die Worte seines Gottes, die nun immer wieder zu Abram kamen: *„Gehe aus deinem Lande und von deiner Verwandtschaft und aus deines Vaters Haus.“* Solange er noch in Haran blieb, hatte er das Gefühl, noch nicht völlig mit den alten Bindungen gebrochen zu haben. Ja, er hatte sein Land und die verwandten Chaldäer und seines Vaters Haus verlassen, doch innerlich wußte er, daß sein Gott mehr von ihm forderte.

All dies ließ ihm wenig Ursache, in Haran zu bleiben. Und darüber dachte Abram nach, als er, um allein zu sein, zu einem Spaziergang außerhalb der Stadtmauer aufgebrochen war. Er fühlte sich einsam und heimatlos. Viele Fragen quälten ihn.

Warum hatte Gott ihn dann überhaupt erst nach Haran geführt? Warum fühlte er jetzt, daß er hier nicht mehr bleiben sollte? Und wenn er gehen mußte, sollte dies geschehen, ohne daß er mit seinem Bruder versöhnt war? „Herr“, seufzte er, „ich weiß, Du möchtest, daß ich gehe. Ich verachte diese korrupte Stadt, den Tempel Nannars und die schreckliche Religion genauso wie einst in Ur. Aber Herr, mein Bruder ist hier — der einzige, den ich noch habe... und ich liebe ihn immer noch. Soll ich ihn so unversöhnt verlassen?“

Abram war so in Gedanken versunken, daß er nicht bemerkte, wohin ihn sein Weg führte. Als er jetzt plötzlich wieder vor der Stadtmauer stand, setzte er sich auf einen vorspringenden Stein, um weiter zu überlegen. Auch daß die Dämmerung schon hereinbrach, bemerkte er nicht. So groß war seine Konzentration, daß er auch den Mann kaum wahrnahm, der sich ihm vom Stadttor her näherte. Er glaubte, es sei ein Bettler und griff gewohnheitsmäßig in die Tasche, um ihm ein Geldstück zu reichen, damit der andere ihn in Ruhe ließ.

Doch der andere sagte: „Ich will dein Gold nicht, Bruder, sondern etwas ganz anderes.“

Abram schreckte hoch. „Nahor?“ flüsterte er erstaunt. „Was willst du hier?“

Nahor streckte ihm die Hand entgegen und sagte mit erstickter Stimme: „Bruder, vergib mir, ich war töricht. Ich weiß jetzt, daß du Vater geliebt hast.“

Vor Abrams Augen standen plötzlich Szenen aus ihrer Jugend, wo sie so eng verbunden waren, wie Brüder es nur sein konnten. So ähnlich fühlte er jetzt, bei dem überraschenden Bekenntnis des Bruders. „Oh Nahor“, antwortete er, „ich sollte dich um Verzeihung bitten, denn ich war sehr stolz und hochmütig.“

Sein Bruder lächelte froh, und dann gingen beide Arm in Arm auf das Stadttor zu. Abram flehte innerlich: „Gott, hilf mir, meinem Bruder in der rechten Weise von Deinem Willen zu sagen, daß ich weiterziehen soll." Doch ehe er etwas sagen konnte, blieb Nahor stehen. „Was bewegt dich?" fragte Abram.

„Abram, mir ist nichts geblieben. Obwohl ich zwei Drittel vom Besitz unseres Vaters habe, ist mein Leben ohne Sinn", sagte Nahor zögernd. „Ich kann nicht länger an Nannar glauben. Als Vater sich von ihm abwandte, wurde auch mein Vertrauen zerstört. Es fällt mir schwer, aber ich muß zugeben, daß deine Worte über deinen namenlosen Gott mich sehr beeindruckt haben." Er zögerte einen Augenblick und stöhnte dann: „Bruder, da ist etwas, das ich nur dir erzählen kann, niemand sonst. Ich fühle mich so einsam... und ich habe innerlich immer gewußt, daß du kein Mann bist, der Illusionen nachläuft und Lügen erzählt. Ob dein Gott, wenn Er wirklich existiert, auch zu mir reden wird?"

Abram war überwältigt. „Oh Nahor!" rief er dann, „Er wird zu dir sprechen. Merkst du nicht, daß Er schon jetzt zu dir redet?!" Nahor wandte sich um und ging allein in die Ebene hinaus. Abram folgte ihm nicht. Er wußte, sein Bruder war so stolz wie er auch und würde es vorziehen, mit den innersten Gedanken seines Herzens jetzt allein zu sein.

Abram wartete einige Minuten und kehrte dann in die Stadt zurück. Er verstand immer noch nicht, warum Gott sie nach Haran geführt hatte. Doch wäre er in der Lage gewesen, in die Zukunft zu schauen, würde er gesehen haben, wie viele jetzt noch ungeborene Generationen dieser Stadt und im ganzen oberen Mesopotamien ihren Glauben an den einen wahren Gott auf den Einfluß seines Bruders und ihres Vorvaters Nahor zurückführten, der jetzt, durch sein eigenes Zeugnis innerlich ergriffen, seinen Gott suchte.

Als Abram ihr Anwesen fast erreicht hatte, kam ihm ein anderer Gedanke: „Wie seltsam", überlegte er, „daß wir alle erst mit unserem eigenen Leben ans Ende kommen müssen, ehe wir verstehen, wenn Du zu uns sprichst, o Gott."

Kapitel 6

Der Tag, an dem Abram Haran verließ, war anders, als wenn er sonst früher mit einer Karawane zur Reise aufgebrochen war. Mit den Karawanen seines Vaters war er schon durch die ganze östliche Welt gezogen, doch diesmal war ihm, als müsse er in den leeren Raum hinaustreten, ohne festen Grund unter den Füßen.

Der gesamte Haushalt begleitete sie bis zum Stadttor, und dann kam der tränenreiche orientalische Abschied. Abram und Nahor, nicht wissend, ob sie sich nochmals wiedersehen würden, hielten sich lange Zeit eng umschlungen. Besonders schwer wurde der Abschied für Sarai, die wieder einmal von ihrer Familie gerissen wurde. Endlich war der letzte Gruß gesagt, und die kleine Schar begann ihre Reise.

Als Haran am Horizont immer kleiner wurde, drängte sich Sarai eng an Abram. In ihrem Gesicht war Furcht zu erkennen. „Vertraue mir, Sarai", sprach Abram ihr Mut zu. „Sieh, dies ist der wirkliche Anfang unseres gemeinsamen Lebens. Ich weiß, daß es nicht leicht ist, alle Freunde und Verwandten zu verlassen." Abram verfiel wieder in nachdenkliches Schweigen.

Einige Zeit waren sie schweigend weitergezogen, als einer der Diener rief: „Herr, von hinten nähert sich jemand."

Alle drehten sich um und sahen einen jungen Mann und einen Jungen auf einem Kamel in schnellem Trab näherkommen. „Onkel! Onkel Abram, ich bin es, Lot!" rief der ältere der beiden schon von weitem.

Abrams Augen strahlten vor Freude. „Lot! Willst du etwa mit uns kommen?"

„Ja, Onkel, wenn ich darf?" Lots Gesicht glühte vor Erwartung.

„Aber Lot, bist du auch sicher? Und wen bringst du mit dir? Ah — ist das unser junger Freund Dari?"

„Ja, Herr, ich weiß was ich tue", sagte Lot. „Ich kann nicht bleiben. Und Hebron hat Dari erlaubt mitzukommen, wenn du einverstanden bist."

Abram nickte lächelnd, meinte aber nachdenklich: „Aber vielleicht kommt doch der Augenblick, wo du umkehren möchtest."

„O nein, Onkel, ich werde dir vertrauen, wo immer du uns hinführst."

„Und ich auch", fügte Dari eifrig hinzu.

Abram ergriff Lots Hand und schüttelte sie kräftig. „Ich bin stolz, dich bei mir zu haben, Lot." Dann blickte er Dari an und erinnerte sich, wie tapfer der Junge war, als er ihm in der Oase das erste Mal begegnete. „Wie konnte ich nur vergessen dich mitzunehmen, junger Mann", sagte er, „du hast doch in der Vergangenheit schon bewiesen, wie unersetzlich du bist."

Dari strahlte vor Stolz.

Die Sklaven und Diener, die Abram in Haran gekauft oder angeheuert hatte, waren von ihm sorgfältig für die besondere Art seiner Reise ausgesucht worden. Obwohl Abram immer noch ein Kaufmann war und diese Art des Erwerbs auch fortsetzen wollte, war er sich nicht so sicher, wie bald er zu einem geregelten und zivilisierten Leben zurückkehren würde. Ehe er Ur verließ, waren seine Reisen immer gut geplant gewesen und brachten ihn von einer großen Stadt zur anderen, wo er Handel trieb und Vorräte kaufte, wenn es nötig war. Doch weil er das Ziel seiner jetzigen Reise nicht kannte, mußte er mehr an eine Selbstversorgung unterwegs denken. Deshalb mußte er trotz seines Reichtums die Rolle, wenn auch nicht die Armut, der wandernden Nomaden annehmen.

Er war bereit, auf alles einzugehen, was sein Gott von ihm fordern würde, auch wenn dies bedeuten sollte, wie die Beduinen zu leben und zu wandern, obwohl er froh war, nicht zu dieser verachteten Rasse zu gehören. Deshalb mußte er auch in

Beduinenart für sich und seine Leute sorgen, um unabhängiger von dem Einkommen durch Handel und Kauf zu sein. Seine Zukunft würde also eine etwas seltsame Kombination sein: Einerseits war er der berühmte und reiche Sohn Tarahs, der sogar an den Höfen der Könige willkommen war, und andererseits der geringe Nomade, der Schafe und Ziegen hütete und züchtete.

Noch schwerer als Abram fiel es der verwöhnten Sarai, sich an dieses Leben zu gewöhnen, da sie jetzt oft Seite an Seite mit den anderen Frauen arbeiten mußte. Jeden Tag mußten die Zelte aufgestellt und abgebrochen werden, was gewöhnlich die Arbeit der Frauen war. Und das Hantieren mit den schweren Ziegenhaarplanen war nicht einfach. In den Zelten, die aus zwei oder drei Räumen bestanden, gab es wenig Privatleben. Auch an Möbeln führte man nur das Allernotwendigste mit. Der Boden wurde mit Teppichen und Kissen bedeckt, und dort, wo gegessen wurde, lagen große Lederhäute darauf. Kleine Öllampen sorgten für mattes Licht im Zelt. Die Frauen schliefen gewöhnlich von den Männern getrennt, obwohl man Sarais Zelt immer an das Abrams anbaute.

Abrams und Sarais Zelte waren wesentlich größer als die ihrer Diener und auch viel besser eingerichtet, als die üblichen Beduinenzelte. Auch die Ausrüstung des Zuges sowie Kleidung und Zelte der Dienerschaft zeigten, daß man es hier nicht mit üblichen Nomaden zu tun hatte. Sie hatten auch mehr Kamele und einhöckrige Dromedare, als man sonst unter diesen Beduinensippen fand, und schon dies zeigte ihren Reichtum. Abram, Sarai und Lot ritten auf ihren „Wüstenschiffen", und viele der Diener saßen auf Mauleseln, was es sonst unter Beduinen überhaupt nicht gab. Ihre Schafe und Rinder waren hervorragende Tiere.

Viele Tage zogen sie westwärts auf den Euphrat zu. Als sie den Strom endlich erreichten, der hier am Oberlauf viel schmaler war als am chaldäischen Golf, mußten sie eine Furt finden, um ihn überqueren zu können. Doch Abrams Erfahrungen von vielen Reisen zeigten sich auch hier. Ohne Schwierigkeiten und Verluste überquerten sie an einer breiteren und seichten Stelle den Strom.

Jenseits des Stromes war Steppenland. Schönes Grasland für die Tiere. Langsam zog Abram mit seinen Leuten und Herden durch diese Steppe südwärts in Richtung Damaskus, das nicht ganz 500 Kilometer entfernt lag. Da in etwa drei Monaten die Trockenzeit beginnen würde, gab es fast keine andere Wahl. Damaskus war die letzte größere Stadt vor dem Jordanfluß, der die Grenze des Landes Kanaan bildete. Und Kanaan war während der Trockenzeit der beliebte Treffpunkt der Nomadenstämme, und außerdem die Drehscheibe für den Welthandel zwischen Ägypten und Mesopotamien. Wie alle Herdenbesitzer folgte auch Abram der Notwendigkeit und zog dorthin, wo in der Trockenzeit die besten Überlebensmöglichkeiten bestanden.

Natürlich ging der Zug in Richtung Damaskus nur sehr langsam vorwärts. Schafe ziehen nicht sehr schnell und brauchen auch genügend Zeit zum Grasen. Tage und Wochen vergingen, während sie an Dörfern und Städten vorüberzogen, wie zum Beispiel Aleppo oder Hamath; alles willkommene Abwechslungen auf dem Weg. Doch die Tage waren lang, und Abram hatte keine Eile, da sie genug Zeit hatten, vor der Trockenzeit Damaskus zu erreichen.

Die langsame Reise gab Abram viel Zeit zum Beten und Nachdenken. Dabei wurde ihm immer größer, auf welch wunderbare Weise sein Gott ihn gerufen hatte und wie ihm Seine Gegenwart und Führung auf der Reise immer realer wurde. Auch mit Sarai unterhielt er sich während der Reise oft. Als an einem besonders klaren Tag, an dem sie extrem weit sehen konnten, ganz fern im Westen die ersten Andeutungen des Gebirges zu sehen waren, das hinter Damaskus lag, meinte Abram zu ihr: „Er wird uns so segnen, daß wir, du und ich, einmal wie diese fernen Berge sein werden — so groß und so voll mit guten Dingen.“

Sarai schaute Abram überrascht an. ,,Ich weiß, du sprichst von deinem Gott", sagte sie. ,,Aber will Er mich denn auch gebrauchen?"

Abram hatte diese Frage erwartet. ,,Sarai, mein Gott hat mir einen großen Namen unter allen Familien auf Erden versprochen. Wie soll dies geschehen, ohne daß du beteiligt bist? Ohne die Kinder, die meinen Namen einmal weitertragen werden?"

Es war das erste Mal, daß sie beide von Kindern sprachen; und auch von dem, was Gott Abram in jener einsamen Nacht gesagt hatte, war bisher zwischen ihnen noch nicht gesprochen worden. ,,Abram", lächelte Sarai, ,,als du nach Ur zurückkehrtest, sagtest du mir, du hättest deine Antwort gefunden. Glaubst du, daß ich sie jetzt verstehen werde?"

Nachdenklich schwieg Abram für eine Weile. Er dachte darüber nach, wie Sarai geduldig und treu mit ihm von Ur nach Haran gezogen war; wie sie dann ohne Murren ein zweites Mal Abschied von allem Liebgewordenen nahm und nun vertrauensvoll mit ihm weiterzog, ohne das Ziel zu kennen. Ja, sie würde verstehen. ,,Sarai", begann er, ,,in jener Nacht kam mein Gott zu mir. Warum? Ich weiß es nicht. Das Universum schien still zu stehen, als Er mit mir sprach. Es klingt immer noch in meinen Ohren, wenn ich daran denke. Er sagte, ich solle meine Heimat und meine Familie verlassen. Er wolle mich segnen und meinen Namen so groß machen, daß durch mich die ganze Erde gesegnet werden würde. — Sarai, klingt das so, als würde ich wie ein Narr reden?"

,,Nein, Abram. Der Ton deiner Stimme zeigt mir deine Ehrlichkeit und Gewißheit. Du bist kein Narr, mein Herr. Wenn der eine wahre Gott dich erwählt hat, dann deshalb, weil du bereit warst, erwählt zu werden."

,,Das weiß ich nicht, Sarai. Ich kann nicht sagen, warum Er mich erwählte, aber allein der Gedanke daran beschämt mich. Doch ich weiß ohne allen Zweifel, daß Er wirklich ist; und das allein ist wichtig. Und du, Sarai, du gehörst zu mir — du bist eins mit mir. Und du gehörst auch zu dem Plan Gottes, denn wie sollte ich ohne dich die Kinder bekommen, die Gott mir nach Seinem Wort schenken wird?“

Sie gehörte zu Gottes Plan, und sie war eins mit ihm, hatte Abram gesagt. Sarai wurde durch diese Worte gepackt. Frauen nahmen in jener Zeit eine sehr niedrige Stellung ein, und kaum ein Mann würde seine Frau so zu sich heraufgezogen haben. Lange dachte sie nach, während sie durch die Steppe zogen und sie den Blick in die Ferne richtete. Sie begann durch das, was sich in ihrem Herzen regte, etwas von dem Wesen des Gottes zu verstehen, der der Gott Abrams war und sich ihm offenbart hatte.

Lot wurde für Abram zur unschätzbaren Hilfe. Der feine junge Mann war begeistert von dem Nomadenleben, das sie jetzt führten. Da er in Hebrons Stamm geboren und aufgewachsen war, verstand er von Herden und vom Nomadenleben auf manchen Gebieten noch mehr als sein Onkel Abram. Und dieser verließ sich oft auf Lots Erfahrungen als Hirte. „Du bist bei meinem Bruder Haran in eine gute Schule gegangen, Lot“, bemerkte er oft.

„Ja, mein Vater war ein tüchtiger Mann“, antwortete Lot dann. „Das Leben als Nomade ist nicht einfach, doch Vater liebte es. Er war auch ein großer Kämpfer, und die Gutäer ...“ er stockte, als er daran dachte, fuhr aber dann fort: „... und die Gutäer hatten viel Mühe mit ihm im Kampf.“ Oft erzählte Lot auch, daß Haran immer sehr respektvoll von Abram gesprochen habe. Im Laufe der Zeit wuchs die gegenseitige Zuneigung zwischen Abram und Lot so sehr, daß man schon von einem Vater-Sohn-Verhältnis sprechen konnte. Sarai war froh, als sie diese Entwicklung beobachtete, machte es doch aus ihnen wieder so etwas wie eine Familie. Und außerdem war sie froh für ihren Gatten, daß er einen so guten Gefährten gefunden hatte.

Eine der Aufgaben, die Lot für den Stamm übernommen hatte, war das Aushandeln von Verträgen mit den Einwohnern der Gebiete, durch die sie zogen. Da mußten Weide- und Wasserrechte für die Herden erkauft werden, und manches andere war nötig. Von Hebron, dem erfahrenen und schlauen alten Nomaden, hatte Lot gelernt, um all diese Dinge zu handeln und den rechten Preis in Tauschware — Felle, Tiere der Herde oder auch einmal Geld oder andere Ware — zu bezahlen.

So zogen die Reisetage ohne größere Zwischenfälle dahin. Alles verlief gut, und es schien so, als könne man buchstäblich sehen, daß der Gott, der Abram aus Ur gerufen hatte, ihn nun auf allen Wegen geleitete, bewahrte und segnete.

Kapitel 7

Am Ende des syrischen Berglandes steht majestätisch das Hermon-Massiv. Rund 3000 Meter hoch, kann man seine drei schneebedeckten Gipfel an klaren Tagen noch in 200 Kilometer Entfernung gut sehen. Das Hermongebirge liegt westlich von Damaskus und schirmt die prachtvolle Stadt vom Mittelmeer ab. Abrams Schar näherte sich der Stadt von Nordosten über die riesige Ebene der Steppe und Wüste.

Damaskus liegt am fruchtbaren Abanafluß und war der natürliche Kreuzungspunkt für allen Verkehr zwischen Osten und Westen. Drei große Handelsstraßen führten nach verschiedenen

Seiten, und die Stadt barst förmlich mit all ihren Handelsaktivitäten. Auf der breiten Ebene zwischen der östlichen Wüste und den westlichen Gebirgen gelegen, etwa 50 Kilometer vom Hermonmassiv entfernt, breitete sich Damaskus wie ein großer Garten aus, bewässert von den klaren und kühlen Bächen und Flüssen, die vom Gebirge kamen. Es war umgeben vom fruchtbarsten Weideland der östlichen Welt. Hier trafen sich die heißen Wüstenwinde mit der kühlen Brise vom Gebirge und machten das Klima warm, aber erträglich. Weite Felder, Olivenhaine und Weinberge sah man überall.

Die Gründer der Stadt waren aus dem Gebiet von Haran gekommen und hauptsächlich semitischen Ursprungs, und von daher auch sehr weit entfernt mit der Linie verwandt, zu der auch Tarah und seine Familie von alters her gehörten. Die Einwohner von Haran und von Damaskus führten ihr Herkommen auf einen gemeinsamen Stammvater zurück, der Aram hieß, deshalb nannten sie sich selbst Aramäer, obwohl Damaskus selbst mittlerweile schon von vielen verschiedenen Kulturen beeinflußt war. Die Amoriter aus der Gegend jenseits des Jordans, die Assyrer vom Osten und besonders die Phönizier und Kanaaniter aus den Küstengebieten des Mittelmeers hatten Religion, Kultur und Gesellschaft von Damaskus ihren Stempel aufgedrückt.

Ihr Gott und seine Nebengötter hatten viele Namen, wie zum Beispiel Schamach, Moloch, Milkom, Hadad und andere, doch der bekannteste war Baal, der Sohn von El, dem obersten der Götter. Die Baalreligion war aus alten Formen der Sonnenanbetung hervorgegangen, deren Ursprung sich in der Vergangenheit verlor. Baal wurde auch mit dem alten Gott des Getreides und der Fruchtbarkeit sowie seinem Gegenspieler, dem Sturmgott Hadad, in Verbindung gebracht.

Als sich Abrams Karawane Damaskus näherte, waren sie nicht überrascht, überall außerhalb und innerhalb der Stadt auf kleinen Hügeln und anderen „hohen“ Plätzen Altäre und andere Opferplätze und Bauten zu finden, die Baal geweiht waren.

An dem Tage, als Abrams Schar in Damaskus einzog, wurde dort gerade eines der vielen Feste Baals gefeiert, so daß sie in den Straßen Szenen begegneten, die in ihrer Rohheit, Wildheit und sexuellen Verderbtheit schlimmer waren als alles, was sie je bei den Nannarfesten in Ur oder Haran erlebt hatten. Ohrenbetäubende Musik, wildes Geschrei und aufreizendes Tanzen sowie scheinbar sinnloses Schlachten von riesigen Massen von Tieren, vermischt mit den wüstesten, sich offen auf der Straße abspielenden Szenen von Gewalt und Sexualität überfielen die Wanderer.

Viele der Bürger von Damaskus lagen, erschöpft von den Orgien, die schon vier Tage dauerten, halbnackt in den Straßen und schliefen ihren Rausch aus. Überall konnte man Verkaufsstände sehen, an denen man okkulte Gegenstände, Opfertiere oder Wein erwerben konnte. Hier und da sah man Gruppen von Priestern, die von dem Opferfleisch aßen und von dem Blut der Opfertiere tranken. In ihrer Nähe lungerten Scharen von Bettlern herum, die auf die Reste der Priestermahlzeiten hofften.

Zum Baalskult gehörte auch die offene Prostitution. Ringsum in den Hügeln, und auch in der Stadt selbst, gab es eine Anzahl Tempel, vor denen Reihen von Männern warteten, um zu den heiligen Huren, die Baal geweiht waren, eingelassen zu werden.

Abram, der dies alles bemerkte, überlegte besorgt, wie sie von all diesen Dingen Abstand halten konnten. Sarai klammerte sich an ihn und rief: „Mein Herr, mir wird schlecht, finde bitte einen Platz, wo wir ausruhen können." Abram fand diesen Platz unter einigen schattigen Bäumen neben einem Tempel. Dort rasteten sie und waren, ob der Orgien des Heidentums um sie herum, wie betäubt.

Abram beobachtete die Szenen, die um sie herum vor sich gingen, und wünschte, seine Frau hätte all dies nicht erleben müssen. Dabei fiel ihm eine Gruppe von Menschen auf, wahrscheinlich Aramäer, die abseits standen und mit ihrer ganzen Haltung bekundeten, daß sie mit all den wüsten Dingen nichts zu tun haben wollten. Er fragte sich, wer diese Leute waren.

„Abram", sagte Sarai, „Ur war nie so schlimm." Kopfnickend bestätigte er dies, obwohl er wußte, daß es auch dort schlimm genug gewesen war. Während Abram über all diese Dinge nachdachte, bemerkte er, daß Lot ganz anders auf die wilden Festlichkeiten reagierte, als er selbst. Ihn schien all das, was er sah, irgendwie anzuziehen. Gerade kam eine Schar nur spärlich bekleideter Frauen die Tempelstufen herab, um nach neuen Kunden zu suchen. Sie bemerkten Abrams Schar und den offensichtlichen Reichtum, der dort zu sehen war. Interessiert blickten sie herüber. Lot, der hübsche junge Mann, interessierte sie besonders, und einige von ihnen winkten ihm zu. Lot stand auf und ging zu ihnen.

Abram wollte es nicht glauben, als er es sah. „Mein Gott!" flüsterte er. „Nicht mein Neffe, bitte nicht." Ohne nachzudenken erhob er sich, rannte Lot nach, packte ihn am Arm und zog ihn zurück.

„Onkel!" rief Lot überrascht, „was ist los?"

„Nein, Lot, als Angehöriger meines Hauses kannst du das nicht tun!" rief Abram hart.

„Aber Onkel... warum?" Lot war erstaunt über Abrams Einstellung.

„Ha — warum? Als Angehöriger meines Hauses wirst du Gott dienen, nicht Baal!" forderte Abram mit zornig blitzenden Augen.

„Baal dienen? Das habe ich doch gar nicht vor", antwortete Lot. „Ich will nur mit einer der Priesterinnen in ihre Kammer gehen."

Abram erkannte, daß Lot ihn nicht begriff und hielt seinen Arm deshalb um so fester umklammert, während eine der Huren näherkam. „Gibt es hier Streit?" fragte sie hinterhältig. „Beruhigt euch, meine Herren, ihr könnt mich ja beide haben.“ Damit drehte sie sich um, ging die Stufen hinauf und erwartete, die Männer würden ihr folgen.

„Onkel, ich möchte mich nicht gegen deine Autorität auflehnen, aber ich werde mit ihr gehen“, beharrte Lot.

„Nein, Lot. Wenn du mit ihr gehst, mußt du uns verlassen.“

Lot zögerte. Mit etwas heiserer Stimme fragte er dann: „Aber Herr, hast du nie die Tempelpriesterinnen von Ur oder während deiner Reisen die in einer anderen Stadt besucht?“

Abram stutzte bei der Frage. Als er jetzt darüber nachdachte, kam es ihm selbst etwas seltsam vor, daß er trotz seiner vielen Reisen und der Besuche vieler Städte mit vielen Tempeln und Göttern nie zu diesen Huren gegangen war. In einer Zeit, in der man es als selbstverständlich betrachtete, die Tempelprostituierten zu besuchen, ja wo man dies sogar als eine Form des Gottesdienstes ansah, hatte er immer nur Verachtung dafür empfunden und war abgestoßen worden. An seiner Männlichkeit hatte es nicht gelegen, und auch nicht daran, daß die Prostituierten ihn etwa nicht gemocht hätten, der großgewachsene, ansehnliche und reiche Karawanenführer war ihnen durchaus begehrenswert erschienen. Aber was hatte ihn dann zurückgehalten?

Ein leichtes Lächeln erschien auf seinem Gesicht. Hatte sein Gott ihn schon in all den früheren Jahren, als er Ihn noch gar nicht kannte, vor diesen Gemeinheiten bewahrt? Gott hatte ihn erwählt und geführt, schon lange ehe er Ihm begegnet war. An Lots Frage denkend sagte er laut: „Dank sei Gott, nein.“

„Wirklich nicht?“ fragte Lot ungläubig.

Abram lockerte seinen Griff und antwortete: „Nein, Lot, in meinem ganzen Leben habe ich nicht getan, was du jetzt tun möchtest. Dafür danke ich Gott, Neffe. Und sicherlich wirst du jetzt meine Männlichkeit nicht bezweifeln, nur weil ich nie zu Huren gegangen bin?“

Lot schlug die Augen nieder. „Sicher nicht, Onkel. Aber ich kann immer noch nicht verstehen…“

„Der eine Gott hat mir gezeigt, daß Gerechtigkeit und wahres Glück Hand in Hand gehen“, drängte Abram. „Ich weiß nicht, ob du mich verstehst, Lot. Aber jeder von uns kann diese Wahrheit in seinem Gewissen hören, wenn er aufrichtig ist, daß nämlich der Schmutz des Götzendienstes und der wahre Gott nichts miteinander zu tun haben. Mein Gott hat allen von uns dieses Wissen in ihr Inneres gelegt.“

In Lots Augen schien ein Funke Verständnis aufzuglimmen. Doch in diesem Augenblick rief die Hure: „Kommt ihr nicht?“ Lot drehte sich der rufenden Priesterin zu, traf seine Entscheidung und folgte ihr.

Abram lief vor Ärger rot an, rannte dann seinem Neffen nach die Stufen hinauf, packte ihn bei der Schulter und rief: „Wenn du nicht weißt, was richtig ist, werde ich die Entscheidung für dich treffen!“ Damit gab er Lot einen heftigen Stoß, so daß dieser stürzte und die Stufen hinabrollte. Doch damit hatte Abram gleichzeitig die Aufmerksamkeit aller anderen Menschen auf sich gezogen. Sarai stand mit dem böse zugerichteten Lot am Fuße der Treppe und beobachtete ebenfalls atemlos, was Abram nun tun würde. Die Hure war stehengeblieben und schaute verständnislos zurück.

Abram wußte, daß die Menge, die nun näherdrängte, jetzt eine Erklärung erwartete. Wie sollte er den vielen Menschen aus den verschiedenen Kulturen, die alle zum Fest gekommen waren, die rechte Erklärung geben? Innerlich flehte er: „Gott, was soll ich sagen? Gib mir die richtigen Worte für diese Menschen.“

Abram richtete sich hoch auf. Er sah zuversichtlicher aus, als er sich fühlte. „Ich bin Abram, der Sohn Tarahs von Ur“, begann er. Erregtes Murmeln lief durch die Menge. Viele kannten diesen Namen. Manche hatten sogar schon mit Abram Handel getrieben und erinnerten sich jetzt an ihn. „Wir haben Ur verlassen. Mein Vater ist tot. Doch dies erklärt nicht, warum ich in eure Stadt gekommen bin und was ihr jetzt miterlebt habt."

Ihre Aufmerksamkeit machte ihm Mut. Er rief lauter: „Schaut euch um! Wer ist Baal, daß man ihm mit solchen Ausschweifungen und Liederlichkeiten dienen kann? Euer Gott, sagt ihr, ist ein Gott vieler Freuden, und er fordert die widernatürliche Entstellung aller echten Männlichkeit und Weiblichkeit, all dessen, was die wahre Würde des Menschen ausmacht. Was ist denn unser Körper, etwa nur ein Spielzeug für unsere Sinne? Was seid ihr? Ihr nennt euch selbst Männer und Frauen, aber warum lebt ihr, was ist der Sinn eurer Existenz? Geht es nur darum, eure sinnlichen Wünsche zu erfüllen, oder könnt ihr für euer Leben eine höhere Aufgabe sehen?"

Die Menge lauschte schweigend. Niemand schien ärgerlich zu werden. Abram fuhr fort mit Worten, die nicht mehr nur seine eigenen waren. „Ist all der Schmutz und die Gemeinheiten, die hier geschehen, etwa der Würde des Menschen angemessen? Ist der Mensch wirklich nicht mehr als das, ist er zu nichts Höherem berufen? Und wer ist Baal? Ist er denn nicht mehr als du oder ich? Aber wenn er an all dem, was hier an Gemeinem und Niedrigem geschieht, Gefallen hat und wenn man ihm damit dienen kann, dann muß er wohl ein Gott sein, der auch nicht höher ist als dies alles."

Abram ging noch einige Stufen hinauf und rief: „Ich nehme an, Baal ist nichts! Er ist nicht größer als du oder ich, denn er erwartet nichts Größeres und Höheres von uns." Die Menschen wurden unruhig. Abram bemerkte, daß sich auch hinter ihm auf den Stufen eine immer größer werdende Gruppe der Tempelpriesterinnen und auch männliche Prostituierte sammelten und ihm näherrückten. Er fühlte, wie ihm der Schweiß über das Gesicht und den Rücken lief.

„Gott, gib mir Kraft", seufzte Abram innerlich, zeigte dann auf die Priesterinnen und männlichen Prostituierten und fragte: „Sind es diese, die wir bewundern und nachahmen wollen?

Menschen, die ihre Körper immer wieder für Gold und Silber verkaufen? Wo ist in solch einem Leben ein großer Unterschied zu dem der Tiere zu sehen? Schaut euch die Symbole an, die überall in dieser Stadt und in den Hügeln rundum aufgestellt sind. Es seien »Symbole der Männlichkeit«, sagt ihr. Wo aber sind die Symbole wahrer Menschlichkeit? Und..." tief atemholend und alle Kraft zusammennehmend schrie er: „„...zeigt mir ein Symbol vom wahren Sinn des menschlichen Lebens!"

Die Zuhörer begannen ärgerlich zu werden. Das Murmeln unter ihnen wurde lauter. Etliche der männlichen Prostituierten drangen auf ihn ein. Abram wich zurück und drohte: „Verunreinigt mich nicht mit euren gepuderten rosa Händen." Die Zuhörer, welche diese offene Anspielung vernahmen, lachten laut und fielen wieder ihm zu. „Ruhe!" riefen sie, „laßt uns hören, was der Mann aus Ur noch zu sagen hat. Es geschieht nicht oft, daß jemand so redet wie er."

Schnell nahm Abram die Gelegenheit wahr und fuhr fort: „Nicht oft, sagt ihr? Das heißt doch, ab und zu hört ihr Ähnliches. Wahrscheinlich in eurem Gewissen, wenn ihr allein seid und der ewige Gott mit euch redet und euch zeigt, was gut und böse ist."

Abram wurde einen Augenblick still und schaute die Männer und Frauen aufmerksam an. In vielen Gesichtern fand er die Bestätigung seiner Worte. Mittlerweile hatte sich auch eine Gruppe von Priestern in leuchtend roten, reich mit Gold verzierten Gewändern hinzugesellt. Einer von ihnen trat nun lachend vor und rief: „Sag uns, Abram, wie kannst du sagen, Baal sei nichts, wenn doch der Gott deiner Heimatstadt einen ähnlichen Gottesdienst fordert?"

Abram antwortete eifrig: „Mein Gott ist der einzig wahre Gott!"

„Nannar?" schrien die Menschen fragend. „Er ist doch nur ein Gott unter vielen; und Baal ist der Sohn von El, dem obersten der Götter!"

,,Ich rede nicht von Nannar!" schrie Abram, um sich Gehör zu verschaffen. ,,Nannar meine ich nicht!" Erstaunt schwiegen die Zuhörer wieder.

Der Priester fragte erneut mit höhnischem Tonfall: ,,Dann, Abram, sag uns doch, wer ist dein Gott? Ist es etwa ein neuer Gott, den du in deiner Tasche mit zu uns gebracht hast?" Die Zuhörer klatschten Beifall. Doch Abram fuhr mit wachsender Zuversicht fort:

,,Mein Gott ist nicht neu. Er hat immer existiert. Er schuf die Sonne, die ihr El nennt; und den Mond, den meine Landsleute Nannar heißen; den Sturm, zu dem ihr Hodad sagt und all die anderen Elemente und Tiere, denen Menschen Namen gegeben haben und die sie anbeten. Auch uns alle hat er geschaffen und die ganze Schöpfung um uns herum. Und doch beten wir die Schöpfung an und nicht den Schöpfer!"

Man bemerkte nun deutlich, wie die Meinung in der Zuhörerschaft sich teilte. Einige gingen kopfschüttelnd davon, doch die meisten blieben; manche aus Interesse, manche aus Ärger. Unter den Zurückbleibenden bemerkte Abram auch jene Gruppe, die ihm schon früher auf dem Marktplatz aufgefallen war, weil sie sich an den Festlichkeiten nicht beteiligte; und sie schienen am interessiertesten zuzuhören. Abram war sich, als er ihre Kleidung jetzt mehr aus der Nähe betrachten konnte, ziemlich sicher, daß sie Aramäer waren.

Abram fuhr fort: ,,Ich bin vielleicht mehr gereist als jeder andere hier. Dabei habe ich viele Nationen und Kulturen mit ihren Göttern kennengelernt. Ohne Ausnahme sind ihre Götter Planeten, Monde, Sterne, die Sonne, Flüsse, Vögel oder auch andere Tiere — alles geschaffene Dinge. Und ihr alle wißt, daß ich die Wahrheit sage, denn auch Baal und Nannar sind nur zwei Götter unter vielen anderen. Als ich in Ägypten war, habe ich mit den Priestern dort zusammen die genauen Bahnen und Bewegungen der Himmelskörper studiert und habe mich gefragt: »Haben sie sich selbst all diese Ordnungen gegeben, oder steht dahinter ein überragender großer Geist?« Warum folgen sie alle genau vorgegebenen Bahnen, wenn jeder von ihnen eine eigene Persönlichkeit ist? Warum steigt die Flut und fällt wieder? Warum kehren die Jahreszeiten jeweils regelmäßig wieder, und warum nimmt der Mond regelmäßig zu und ab? »Weil all diese Dinge von der Hand eines überragenden und großen Schöpfers gemacht wurden«, habe ich mir selbst gesagt. Von Einem, der schon immer existiert und auch immer sein wird."

Tief holte Abram Atem und blickte seine jetzt gefesselt lauschende Zuhörerschaft an: „Ich kenne Ihn", sagte er mit ehrfürchtigem Ton. „Er hat mich gerufen, daß ich zu Ihm gehören soll. Und jeder Mensch sollte zu Ihm gehören. Er ist Anfang und Ende, und Er hat unserem Leben einen Sinn gegeben und auch ein Ziel bestimmt, was aber nichts zu tun hat mit den verderblichen Ausschweifungen, in denen ihr hier lebt. Er will nicht, daß wir zu Sklaven dieser gemeinen Lüste werden. Und dieser Gott, von dem ich spreche, hat zu mir, zu meinem Vater und auch zu meinem Bruder gesprochen. Und die Schuld, die ihr jetzt in eurem Herzen fühlt und die euch dazu treibt, auf mich zornig zu sein, zeigt sehr deutlich, daß dieser Gott auch zu euch redet."

Was hätte er noch mehr sagen sollen? Schweigend stieg er die Stufen hinunter. Die Menge machte ihm Platz, als er durch sie hindurchging auf das Stadttor zu und die Stadt verließ, um allein zu sein. Unter seiner Zuhörerschaft begannen heiße Debatten. Einige drohten, ihn zu steinigen, wenn er zurückkehren würde. Die Priester versuchten, allen ihren eigenen Haß auf Abram einzuflößen. Doch andere, vor allem die seltsame Gruppe derer, die sich immer schon abseits gehalten hatte, wollten noch mehr hören und folgten ihm, bis er die Stadt verließ.

Kapitel 8

Die Karawane von Ur war nun in Damaskus nicht mehr willkommen. Abram wußte, die Priester würden dafür sorgen, daß sie nicht lange bleiben konnten. Trotzdem wählte er den Lagerplatz für die Nacht sehr sorgfältig aus und führte seine Leute dahin. Nachdem sie die Zelte aufgeschlagen hatten, trat Lot sehr verlegen zu ihm und fragte: „Herr, darf ich mit dir reden?"

„Aber sicher, Neffe."

„Mir tun die Schwierigkeiten leid, die ich dir heute bereitet habe. Ich habe dir versprochen, mit dir zu ziehen, wo immer du hingehst, und nun habe ich dir und Sarai heute diesen Kummer gemacht." Er hätte gern noch viel mehr gesagt, fand aber nicht die richtigen Worte. „Deine Ansprache hat mich tief ergriffen", fuhr er endlich fort, „und ich habe verstanden, worum es dir geht. Kannst du mir vergeben?"

Abram legte ihm die Hand auf die Schulter. „Gewiß. Doch ich bin nicht der, welcher dir etwas zu vergeben hat. Aber ich liebe dich wie einen Sohn, und ich wollte nichts anderes, als dich zu bewahren. Verstehst du das?"

Spät in der Nacht wurden Abram und seine Leute durch Stimmen und andere Geräusche geweckt. „Dies muß sein Lager sein", sagte jemand.

„Dann weckt ihn", forderte ein anderer.

Abram war schon auf und angekleidet, als die erste Stimme rief: „Abram von Ur, komm heraus!"

„Wer kann das sein?" fragte Sarai ängstlich.

„Männer von Damaskus sicherlich."

„Herr Abram, Tarahs Sohn, du mußt herauskommen", riefen sie jetzt noch lauter. „Der Hohe Priester will dich sprechen."

„Aha, nicht einfach Männer von Damaskus, Sarai, sondern

die Priesterschaft des Königs will etwas von uns“, lächelte Abram unbeeindruckt. „Wir werden sehen.“ Damit warf er den Umhang um und trat hinaus. Aus den anderen Zelten ringsum traten die Frauen und Männer seiner Schar. Sie waren verschlafen und überrascht.

Eine ganze Anzahl von Priestern, die Fackeln trugen, begleitet von bewaffneten Sklaven, standen draußen. „Was verschafft uns die Ehre dieses Besuchs?“ fragte der Mann von Ur.

„Der Hohe Priester möchte dich sprechen, Abram. Wir sollen dich zu ihm bringen.“

„Hat euer Hoher Priester nicht den Mut, mich während des Tages zu rufen?“ lachte Abram. „Und warum kommt ihr mit so vielen Bewaffneten? Wir wollen euch doch gar nichts tun.“

Auf den Wink eines Priesters traten eine Anzahl Sklaven auf ihn zu, um ihn zu ergreifen. „Das ist nicht nötig“, rief Abram immer noch lachend, während er ihre Hände abschüttelte. „Ich komme gern mit euch.“

„Und ich auch“, sagte Lot und trat neben seinen Onkel.

Abram und sein Neffe wurden auf kürzestem Weg zum großen Tempel gebracht. Als sie mit den Priestern die Stufen hinaufstiegen, sah Abram einen kurzen Augenblick einen Fremden, der sich im Schatten einiger Säulen verbarg. Als der Mann Abram bemerkte, trat er kurz aus dem Schatten und gab ihm irgendein Zeichen, das Abram jedoch nicht verstand. Schon wurden sie in den Tempel geführt, und die Türen schlossen sich hinter ihnen.

Sie wurden so schnell durch mehrere Gänge und Räume geführt, daß Abram kaum etwas von dem Inneren erkennen konnte. Doch der Tempel schien prachtvoller zu sein als der Nannars. Sie wurden in einen langen, schmalen und nur matt erleuchteten Raum gebracht, an dessen Ende sich eine hohe Kanzel befand. Darunter stand ein goldener Altar, von dem Weihrauch aufstieg.

Hinter der tischähnlichen Kanzel saß ein Mann in farbenprächtigen Gewändern, mit schwarzem Haar und langem, fließendem Bart. Sein finsteres Gesicht mit der scharfen Nase und den stechenden Augen konnte Angst einflößen.

„Dies sind die Männer von Ur, Eure Heiligkeit", sagte einer der Priester.

Der Hohe Priester stand auf und verließ die Kanzel. „Ihr also seid die Männer, die heute unsere Festlichkeiten unterbrachen", stellte er fest.

„Ja", antwortete Abram einfach.

„Sei still!" fuhr ihn der Hohe Priester an. „Wir alle wissen genug von eurer Torheit. Das Volk ist verärgert und empört. Wir bitten —, nein, wir befehlen euch, Damaskus morgen mit all euren Leuten zu verlassen."

Abram antwortete: „Es war unsere Absicht morgen weiterzuziehen, da können Sie sicher sein. Im übrigen danke ich Gott dafür, daß das Volk durch meine Worte getroffen wurde."

Der Hohe Priester befahl ihm wieder, zu schweigen und trat jetzt direkt vor ihn. „Herr Abram, dieser neue Gott, von dem du sprichst, ist hier nicht erwünscht. Wer immer Er auch ist. Er kam mit dir und wird mit dir wieder gehen. Wir wollen nichts mehr von Ihm hören."

Er wandte sich um, um den Raum zu verlassen. Doch Abram rief ihm nach: „Ich möchte etwas fragen: Wovor haben Sie solche Angst, daß Sie uns mit bewaffneten Soldaten sogar mitten in der Nacht holen lassen, Eure Heiligkeit? Trotz Ihrer äußeren Würde zittern Sie innerlich vor der Wahrheit, die ich zu sagen habe. Sie kommen während der Nacht zu mir, weil Sie befürchten, das Volk könnte dieser Wahrheit folgen. Sie befürchten, die Leute könnten anfangen zu zweifeln, wenn sie Ihre Furcht sehen würden."

Doch der Hohe Priester wollte nichts mehr hören. „Schafft ihn fort!" schrie er, „ihn und seine Leute! Fort aus Damaskus, so schnell wie möglich!"

Die Soldaten zerrten Abram und Lot hinaus. In diesem Augenblick fiel Abram ein, daß der draußen vor dem Tempel im Schatten verborgene Mann einer der Aramäer war, die er schon am Tage gesehen hatte. Er drehte sich um und rief zurück: „Nicht alle Leute hier glauben Euch, Eure Heiligkeit! Es gab schon Unzufriedene ehe wir hierher kamen. Ist es nicht so?"

„Fort mit ihm!" schrie der Hohe Priester wütend und mit erhobener Faust.

Einige Priester und die Soldaten brachten Abram und Lot wieder vor die Stadtmauer. Dort stieß man sie so heftig in Richtung ihres Lagers, daß beide zu Boden stürzten. „Seht zu, daß ihr am Morgen verschwindet, sonst wird es euch allen schlecht gehen", warnte einer der Priester.

Als die beiden ins Lager zurückkamen, wurden sie von ihren Leuten erwartet. „Was wollten sie von euch?" fragte Sarai ängstlich.

„Wir sollen morgen früh das Stadtgebiet verlassen", antwortete Lot. „Werden wir das tun, Onkel, oder bleiben wir?"

„Wir haben keine Wahl, Sohn. Wir können ebensogut jetzt schon beginnen zu packen. Es wird doch keiner von uns mehr schlafen können."

Die Aufforderung Abrams wurde von allen befolgt, und ein eifriges Packen begann. Da bemerkte Lot jemand an der Mauer. „Man beobachtet uns, Herr." Er zeigte mit dem Finger zum Stadttor, wo ein Mann stand und ihnen zusah.

„Es ist der Aramäer", flüsterte Abram. „Ich sah ihn während des Tages unter dem Volk und heute nacht am Tempel. Er gab mir dort ein Zeichen. Ich verstand ihn aber nicht."

„Aber wer ist es?"

„Ich weiß es auch nicht. Aber er und seine Freunde nahmen nicht an den Festlichkeiten teil." Während sie noch über ihn redeten, kam der Mann vom Tor her langsam näher und hob dann die leere Hand zum Gruß.

„Dies ist doch ein Zeichen von Freundschaft, Onkel. Die Handfläche ist uns zugewandt."

„Ja, ich glaube schon."

Der Mann trat nun schnell heran. „Herr, wir sollten nicht zusammen gesehen werden", sagte er leise aber drängend, während er sich wiederholt umschaute. Er war jünger, als Abram geglaubt hatte und konnte wohl nicht viel älter sein als Lot, doch es umgab ihn eine bestimmte Würde, die ihn älter erscheinen ließ. Seine Kleidung war einfach, doch Sklave war er nicht, wie sein langes Haar und der Bart erkennen ließen. Mit wachen und intelligenten Augen blickte er Abram an.

„Herr Abram", begann er, „ich bin Elieser von Damaskus. Wir haben keine Zeit zu langen Erklärungen. Aber willst du mir vertrauen und mit mir kommen?"

Die Offenheit des jungen Mannes beeindruckte Abram. Doch immer noch vorsichtig, fragte er: „Wie soll ich wissen, daß du uns nicht schaden willst. Und wohin willst du uns bringen?"

„Ich kann jetzt keine Erklärungen weiter geben, weil ich nach hierher verfolgt wurde", sagte der junge Mann eifrig. „Doch soviel: Wir sind entfernte Verwandte, und ich meine es nur gut mit euch. Ich glaube auch, daß ihr uns helfen könnt. Komm mit, wir haben eine Unterkunft für euch."

Abram war überrascht. Verwandt? überlegte er. Wie denn? Er wußte von keiner familiären Beziehung nach Damaskus. Doch es schien wirklich keine lange Zeit für Überlegungen zu sein. „Ist diese Unterkunft in Damaskus?"

„Ja, Herr. Ich weiß, daß ihr die Stadt verlassen müßt. Aber glaube mir, bei uns seid ihr sicher. Und wir müssen uns unbedingt unterhalten."

Abram und Lot stimmten zu, mitzukommen, obwohl sie sich ernstlich fragten, ob dieser Entschluß richtig war.

Kapitel 9

Als Elieser die kleine Schar von Ur zum Stadttor führte, fragte Abram sich, wie sie unter den Augen der Wachen auf den Türmen am Tor ungesehen hineinkommen sollten. Alle waren überrascht, als der junge Aramäer zu den Wachen emporschaute und ihnen ein Signal gab. Die Wachen verschwanden einen Augenblick, kamen dann zurück, und einer rief gerade so laut, daß sie ihn hören konnten: „Alles in Ordnung." Wer war dieser junge Mann, daß seine Verbindung sogar bis zu den Soldaten der Torwache reichte? fragte sich Abram.

Einmal innerhalb der Mauern, führte Elieser die Leute Abrams durch enge, dunkle Hintergassen und Höfe, bis sie endlich ein großes Tor erreichten, das der Hintereingang eines ausgedehnten und reichen Anwesens war. Leise klopfte Elieser an das Tor und flüsterte: „Ich bin es, Elieser, und die Leute von Ur." Schnell wurden sie eingelassen und über einen Hof geführt. Dann öffnete sich eine weitere Tür, und sie standen vor einem großen, warm erleuchteten Raum, der mit großartigen Möbeln ausgestattet war, ähnlich dem Hause Tarahs in Ur.

„Wo sind wir?" fragte Sarai.

Elieser lud mit einer Handbewegung zum Sitzen ein. Er schien sehr erleichtert zu sein, als er sagte: „Herr Abram, mein Vater wird bald hier sein. Sein Name ist Juba, er ist der Herr dieses Hauses. Vielleicht hast du schon von ihm gehört."

„Wie? Ja — ich glaube, ich habe", rief Abram überrascht. „Ja, jetzt weiß ich, ich habe mit Männern dieses Hauses in früheren Jahren schon Handel getrieben. Aber... du bist sein Sohn?"

„Ich sehe, dich überrascht meine Kleidung. Ja, ich bin sein Sohn, obwohl er sich vielleicht manchmal gewünscht hat, es möge anders sein."

„Aber nicht doch", machte sich eine Stimme von einer Tür

her, die ins Innere des Hauses führte, bemerkbar. Der alte, unter der Last des Alters gebeugte Mann, der dort stand, war unbemerkt eingetreten. „Ich verstehe meinen Sohn zwar nicht immer, aber ich bin stolz auf ihn", lächelte er. Er begrüßte die Gäste und fügte hinzu: „Ich bin Juba, der Herr dieses Hauses und bin euch eine Erklärung schuldig, warum wir euch nach hier brachten."

Juba setzte sich und begann: „Mein Sohn, seine Freunde und ich sahen und hörten dich auf dem Marktplatz, Herr Abram. Deine Worte haben uns gepackt, deshalb baten wir dich, hierher zu kommen und uns nähere Erklärungen zu geben."

Abram begriff noch immer nicht alles und fragte: „Warum interessiert dich mein Glaube? Er ist dieser Stadt fremd, und ihr riskiert Bestrafung, wenn ihr Ausgestoßene bei euch aufnehmt."

„Das stimmt, aber wir stehen dem Götzendienst unserer Stadt ebenfalls fremd gegenüber", antwortete Elieser.

Juba nahm wieder das Wort und sagte: „Vielleicht hast du bemerkt, daß eine nicht gerade kleine Gruppe von Leuten sich nicht an den Festlichkeiten beteiligte?"

„Ja, und sie waren alle gekleidet wie Elieser."

„Richtig, das hat auch seinen Grund", antwortete dieser.

„Wir fühlen, daß der Baalsgottesdienst irgendwie..." Juba hielt inne und blickte seinen Sohn an. „Wie sagst du immer, Elieser?"

„Sinnlos", antwortete dieser. „Töricht sogar. Wir glauben an Baal, nehme ich an, obwohl ich auch daran zu zweifeln beginne. Doch wir meinen, diese Festlichkeiten sind keine gute Sache. Ich kann es nicht richtig erklären, weiß aber, daß hier etwas falsch ist."

Juba fuhr fort: „Wir können selbst nicht genau erklären, was wir meinen und sind schon einige Male aufgefordert worden, unser seltsames Benehmen und unsere Ansichten zu verteidigen."

„Von den Priestern?“ fragte Abram.

„Natürlich, sie machen sich Sorge. Der Hohe Priester befürchtet sogar einen Aufruhr.“

„Vielleicht bekommt er den auch“, sagte Elieser heftig.

„Ich fürchte, mein Sohn und ich haben manchmal verschiedene Ansichten“, meinte Juba lächelnd. „Doch ich bin ein alter Mann, und die Zukunft gehört den Jungen. Ich will alles berichten. Elieser sagte dir, wir seien Verwandte.“

„Schon, aber ich verstehe das nicht ganz“, meinte Abram und gab sich Mühe, nicht zu erstaunt auszusehen.

„Wir glauben dies, wenn du der Sohn Tarahs bist. Stimmt es, daß seine verwandtschaftlichen Beziehungen in die Gegend von Padan-Aram reichen?“

„Du meinst Haran?“ fragte Abram.

„Ja.“

„Von unseren Vorfahren her sind wir mit denen in Haran verwandt. Mein jüngerer Bruder wurde sogar nach dieser Stadt genannt.“

„Dann seid ihr Aramäer.“

„Schon, und dies ist mir nicht neu. Es scheint mir aber nur eine sehr schwache Verbindung zu deiner Familie zu sein.“

„Aber Abram, heute wurde diese Verbindung gestärkt. Es hat in Damaskus und in ganz Mesopotamien immer eine kleine Gruppe von Aramäern gegeben, die ihre Abstammung sogar über Aram hinaus zurückführen.“

Jetzt wurde die Sache klarer. Abram erinnerte sich, daß er hin und her immer wieder Menschen getroffen hatte, die sich „Semiten“ nannten und ihre Abstammung bis auf Sem zurückführten, von dem auch Aram herkam. Dies würde nicht sehr viel bedeutet haben, wenn diese Leute nicht darauf bestanden hätten, daß die Berichte von Sem Wirklichkeit seien und sie deshalb einen besonderen Platz in der menschlichen Geschichte einzunehmen hätten.

Sem wurde mit dem alten Bericht von der großen Flut, die

einmal die ganze Welt bedeckte, in Verbindung gebracht. Der Held dieses Berichts, er hatte viele Namen, meist aber wurde er Noah genannt, baute ein großes Schiff und entkam so dem immer mehr steigenden Wasser. Dieser Flutbericht war in der ganzen östlichen Welt immer wieder weitererzählt worden. Im Laufe der Zeit veränderte er sich dabei immer mehr. Abram hatte auf seinen Reisen so viele verschiedene Versionen davon gehört, daß er das Ganze schon mehr als Sage betrachtete. Doch die Semiten nahmen für sich in Anspruch, den wahren Bericht bewahrt zu haben. Danach sollte Sem der Lieblingssohn Noahs gewesen sein, und Noah hatte ihm eine große Erbschaft versprochen, wodurch die ganze Welt beeinflußt werden sollte.

„Ihr seid also Semiten?“ fragte Abram und versuchte, den Spott zu unterdrücken, der in seiner Stimme mitschwingen wollte.

„Ja.“

„Ich verstehe allerdings nicht, was das mit mir zu tun hat“, meinte er achselzuckend. „Vielleicht bin ich wirklich ganz entfernt mit denen verwandt, die soviel Wert auf die Geschichte von Sem legen. Aber es würde doch sicher zu weit führen, wenn man annehmen wollte, ich hätte etwas mit der Erfüllung dieser Geschichte zu tun.“

„Wirklich?“ fragte Juba lächelnd.

„Gewiß“, erwiderte Abram. „Mein Gott ist nicht der Gott von Geschichten.“

„Aber genau hier bist du im Irrtum. Vergib einem alten Mann, aber glaubst du, der Gott, von dem du sprichst, hat in der Vergangenheit nicht auch mit anderen Menschen geredet?“

Jetzt war Abram überrascht. Eine lange Zeit schwieg er. „Doch“, antwortete er endlich. „Ich halte mich nicht für so wichtig, daß ich glauben könnte, der einzig wahre Gott habe allein zu mir geredet. Doch ich war mit dem, was ich über meinen Gott zu lernen hatte, so beschäftigt, daß ich nie daran gedacht habe. Sicher muß mein Gott, der der einzig wahre ist, vorher schon mit anderen gesprochen haben. Doch was hat das mit der Geschichte von Sem zu tun?"

„Nun, es handelt sich hierbei eben nicht nur um einen Bericht von der Flut und wie ein Mann von den Göttern gerettet wurde, oder, wie die Phönizier glauben, um die Geschichte, wie die Götter den Menschen das Geheimnis des Bauens von Schiffen erklärten. Nein, Abram, der Bericht von Noah und Sem ist viel mehr als dies. Es ist die Geschichte eines Mannes, der... einem einzigen Gott nachfolgte."

„Einem Gott?" unterbrach Abram mit plötzlich erwachendem Interesse.

„Meine Leute glauben", fuhr Juba fort, „daß diese Geschichte viel wichtiger ist, als die meisten annehmen. Zu einer viel früheren Zeit kannte jeder den wahren Bericht. Doch dann ist er nach und nach so verfälscht worden, daß man ihn fast nicht mehr wiedererkennt. Doch wir Semiten haben ihn rein bewahrt. Klingt das, als würde ich aufschneiden, Abram?"

„Nein, Juba. Du sprichst so überzeugt. Aber was ist das mit dem Segen, der Sem verheißen wurde?"

„Wir haben für viele Generationen darüber nachgedacht. Viele Aramäer haben den Wert ihrer semitischen Abstammung nicht begriffen. Viele Nationen sind groß geworden und wieder zerfallen. Doch die Verheißung ist noch nicht erfüllt. Gerade in unserer Zeit bemühen sich die jüngeren Semiten wieder besonders. Auch mein Sohn ist dabei, das Geheimnis dieses Segens wieder zu verstehen."

„Deshalb hat auch der Baalsgottesdienst für uns seinen Sinn verloren — wenn er je einen gehabt hat", unterbrach Elieser. „Es muß mehr geben, als wir haben." Abram lächelte, denn Eliesers Worte waren ähnlich wie seine Gedanken, die er lange Jahre mit herumgetragen hatte, ehe Gott zu ihm sprach.

„Dies ist ein Grund, weshalb die Priester auf uns ärgerlich sind", fuhr Elieser fort. „Wir Semiten waren immer eine kleine Minderheit, doch in der letzten Zeit hören viele uns mit Interesse zu. Und wir halten uns nicht nur fern von ihren religiösen Gewohnheiten, sondern durchbrechen auch die gesellschaftlichen Unterschiede." Er zeigte auf seine Kleidung. „Deshalb kleiden wir uns auch alle gleich, was dir, Abram, ja gleich auffiel und dich überraschte." Abram nickte zustimmend.

„Dies alles verunsichert die königliche Familie und die Priester", fuhr Elieser ein wenig stolz fort.

„Sie fürchten diese Ideen?"

„Ja. Aber der Segen, der Sem verheißen wurde, muß doch erwerbbar sein", beharrte Elieser. „Und wir wollen einen Weg dazu finden. Sogar unter den Soldaten haben wir Verbündete, wie du an den Torwächtern gesehen hast."

Juba ergriff wieder das Wort. „Was nun diesen Segen betrifft, Abram, so muß er durch einen Semiten kommen. Und als wir gestern deine Worte hörten..."

Abram nickte nachdenklich. „Ich beginne zu begreifen, Juba. Es kommt nur alles so überraschend für mich. Aber ich sehe meine Aufgabe nicht in der eines politischen Revolutionärs."

Juba nickte Abram zu. „Wir nahmen an, daß du so denken würdest. Aber bitte, übereile nichts. Willst du nicht wenigstens einige Tage bei uns bleiben. Auch wir kennen den Sinn deines Rufes von Gott nicht. Wir wissen nur, daß deine Worte uns bewegten und manches in uns neu erweckt haben. Unsere Leute haben dadurch neue Hoffnung bekommen. Du bist unser Bruder, Abram — einer von uns."

Abram und seine Leute blieben drei Tage in Jubas Haus. Natürlich konnten sie nicht in die Öffentlichkeit gehen. Aber sie lernten Juba und seine Angehörigen sehr schätzen und lieben.

Außer von der Geschichte Sems, die von einem einzigen Gott berichtete, wußten Juba, Elieser und die anderen Semiten nichts von dem persönlichen Gott, den Abram kennengelernt hatte. Sie waren deshalb voller Eifer, mehr von Abram zu erfahren und saßen bis in die Nächte und hörten ihm zu. Endlich, am dritten Abend, als Abram sich gerade zurückziehen wollte, nahm Elieser ihn beiseite.

Abram fühlte große Zuneigung zu diesem jungen Eiferer, der ihn mit seinem aufrichtigen Suchen an seine eigene Jugend erinnerte. Mit ehrfurchtsvollem Blick sagte Elieser: „Herr, ich glaube, du bist der Auserwählte, durch den die Prophezeiung erfüllt wird."

Abram wußte nicht, was er antworten sollte, und verließ Elieser mit einem Gutenacht-Gruß. Doch als er dann im Bett lag, konnte er nicht schlafen. „Abram, du bist beunruhigt", sagte Sarai plötzlich.

„Ja, das stimmt. Ich glaube, diese Leute meinen, was sie sagen. Aber wie erkenne ich, daß es richtig ist? Der Bericht von Sem hat mir bisher nichts bedeutet, und plötzlich soll er für mich so wichtig sein. Wie erkenne ich, daß der Ruf und die Verheißungen, die ich empfangen habe, sich mit denen decken, die Sem gegeben wurden? Wenn diese Geschichte überhaupt wahr ist."

„Es gibt nur eine Möglichkeit, es zu erfahren. Du mußt deine Antwort bei Gott suchen, wie du es immer getan hast", antwortete Sarai.

„Das will ich", sagte er. Als Sarai eingeschlafen war, stand er auf und ging in den Flur hinaus. Es war schon ein gutes Stück nach Mitternacht. Er stellte sich an ein Fenster und schaute in die Dunkelheit hinaus. „Mein Gott", betete er, „ich glaube, Du hast mich hierhergeführt. Nun gib mir auch die Antwort, die ich brauche."

Plötzlich sah er in der Straße Fackeln auftauchen, die sich Jubas Haus näherten. Er erkannte bald, daß die Priester mit Soldaten kamen. Und schon pochten sie so laut an die Tür, daß es durch das ganze Haus hallte. Abram zog sich etwas vom Fenster zurück und beobachtete weiter. Sarai erwachte und kam zitternd zu ihm. „Mein Herr, was geht hier vor?"

Er zeigte nach draußen auf die Priester. „Hör zu", sagte er.

Ein Diener hatte gefragt, wer draußen sei. „Wir müssen Herrn Juba sprechen", forderten sie hart und schoben das spaltbreit geöffnete Tor mit Gewalt auf.

„Der Herr schläft."

„Dann wecke ihn."

„Ja, sofort." Doch Juba trat schon in den Hof. „Was soll das? Warum kommt ihr zu dieser Stunde", forderte er zu wissen.

„Es gibt Gerüchte, daß ihr die Ausgewiesenen beherbergt, die Leute aus Ur, die unser Fest gestört haben."

Juba lächelte und forderte sie mit einer Handbewegung auf, wieder zu gehen.

„Gerüchte!" sagte er verächtlich. „Wenn ihr so schnell allen Gerüchten glaubt, haben wir um so mehr Grund, eure Lehren in Zweifel zu ziehen."

Doch die Priester ließen sich nicht vertreiben, sondern forderten die Soldaten auf, das Haus zu durchsuchen. Sarai klammerte sich an Abram. „Was sollen wir tun?"

Plötzlich flüsterte jemand hinter ihnen leise: „Abram!"

Sie fuhren herum. „O, Elieser, du bist es."

„Ja, kommt schnell. Er führte sie eiligst zu einer Leiter, die auf das flache Dach des Hauses führte. Dort öffnete er eine schmale Klappe im Dach. Abram und Sarai kletterten hinauf, und schnell folgten auch Lot und die anderen aus ihrer Gruppe, die leise herbeigeführt wurden. Unter sich hörten sie die Soldaten und Priester, die das Haus durchsuchten.

Sie hatten eben die schmale Falltür geschlossen, als ein Soldat den Korridor entlang kam. Er hatte das Geräusch der sich schließenden Tür gehört und stand nun direkt darunter. Die Gesuchten auf dem Dach hielten den Atem an und erwarteten jeden Augenblick entdeckt zu werden.

Der Soldat hob die Hand, um die Falltür zu öffnen. Schon hatte er den Riegel ergriffen. Plötzlich ging ein seltsamer Ausdruck über sein Gesicht. Für einige Augenblicke stand er ganz still da, dann zog er die Hand zurück, drehte sich um und ging.

Ein anderer Soldat betrat den Korridor. Die Leute auf dem Dach hörten ihn fragen: „Hast du sie gefunden?"

„Nein, ich habe das Dach untersucht. Aber es gibt nicht die geringste Spur von ihnen."

Am nächsten Tag trafen Abram und die Seinen Vorbereitungen zur Weiterreise. Sie konnten nicht länger bleiben, wenn sie nicht Juba und alle anderen in Gefahr bringen wollten. Juba trat zu Abram und sagte: „Mein Sohn möchte mit dir gehen, Abram. Ich habe ihm die Erlaubnis gegeben, wenn es dir recht ist."

Abram freute sich darüber, fragte aber: „Wäre er hier in Damaskus nicht vielleicht nützlicher?"

„Ich kenne meinen Sohn, Abram", meinte der alte Mann. „Er meint es sehr ernst und möchte viel von dir lernen. Und ich glaube, es ist gut für ihn."

Abram nickte ernst. „Ich nehme ihn herzlich gern mit. Er ist mir mehr als willkommen", antwortete er. Dann schaute er Juba tief in die Augen. „Aber du, mein Freund, hast eine sehr selbstlose Entscheidung getroffen. Wir werden gut auf deinen Sohn achten."

Als es dunkel geworden war, verließen sie die Stadt unter Eliesers Führung ohne Schwierigkeiten. Unmittelbar außerhalb des Tores wartete eine große Gruppe Männer, Frauen und Kinder auf sie. Fast 75 Menschen.

„Semiten?" fragte Abram.

„Ja, Herr", antwortete Elieser seltsam bedrückt. „Aber Herr, ich habe nicht gewußt, daß es so viele sein würden."

„Nun, es ist doch sehr freundlich von ihnen, wenn sie kommen, um dir Lebewohl zu sagen."

Elieser blickte verlegen zu Boden. „Herr, sie sind nicht hier, um mich zu verabschieden. Sie möchten ebenfalls mit dir kommen."

Sarai trat ganz dicht neben Abram und flüsterte: „Dies muß die Antwort für dich sein, Abram.“

Der Mann aus Ur, Sohn der neunten Generation nach Sem, lächelte nur froh.

Kapitel 10

Von Anfang der Menschheit an haben Flüsse einen besonderen Platz in der Geschichte der menschlichen Entwicklung eingenommen. Der fruchtbare Boden, den sie ablagerten, und das Wasser waren nötig zur Entstehung und Erhaltung einer jeden Zivilisation. Große Städte entstanden immer nur da, wo es genügend Wasser durch natürliche Reservoire gab oder durch Kanäle zugeführt werden konnte.

Unter allen Flüssen und Strömen der alten Welt kommt dem Jordan eine besondere Bedeutung zu. Das Gebiet, welches von diesem Fluß im Osten abgegrenzt wird, war der Schauplatz besonders vieler Auseinandersetzungen, Besiedelungen und Kriege, da es sich nicht nur um ein für die östlichen Länder ungewöhnlich fruchtbares Gebiet handelte, sondern auch große strategische Bedeutung hat. Der Fluß trennt das Küstengebiet der Phönizier und Kanaaniter von den weiten Ebenen Syriens und den östlichen Wüsten und Steppen.

Von Damaskus aus zog Abrams nun auf das Vierfache der ursprünglichen Zahl angewachsene Karawane über die schwierigen und oft auch gefährlichen Hänge des Hermongebirges. Schon seit Generationen hatten Karawanen und Nomaden den einfachsten Weg von hier nach Kanaan gefunden, der in all dieser Zeit zu einer häufig benutzten Straße geworden war, die durch in vollem Grün stehende gebirgige Regionen führte.

Als Abram drei Tage nach der Abreise von Damaskus mit seiner Karawane auf dem Hermonpaß stand und in das Jordantal hinabschaute, war dem berufenen Mann Gottes noch nicht klar, wie eng durch alle Zeiten hindurch sein Name mit diesem Land, das er jetzt vor sich sah, verbunden bleiben würde. Doch das Panorama, das sich vor ihm auftat, begeisterte ihn und all seine Leute.

Zur Mittagszeit rasteten sie unter dem großen Blätterdach einer alten Eiche, die ihre riesigen Zweige nach allen Seiten ausbreitete. Ganz in der Nähe stürzte ein großer Wasserfall mit glasklarem und frischem Quellwasser aus den Gipfelregionen des Hermons ins Tal hinab. Sie befanden sich hier im Quellgebiet des Jordans, der aus vielen solchen Bächen und Rinnsalen entstand, die aus dem Hermongebirge südwärts flossen.

Von dem Platz aus, an dem die Karawane rastete, konnte man die in den Falten des Gebirges liegende Stadt Lais sehen, die später den Namen Dan erhielt. Die einzige andere Stadt, die sie gut erreichen konnten, war das südlich von Sibke gelegene Hazor. Abram entschloß sich, nach Hazor zu ziehen, da es in der Ebene lag und der Weg dahin leichter war. Also zogen sie an den Westhängen des Hermongebirges hinunter in südlicher Richtung und machten erst wieder Halt für den Abend, als sie das kleine Karawanenlager Sibke, nördlich von Hazor, erreichten.

Abrams Zug war jetzt ganz ansehnlich. Mit den 75 Semiten von Damaskus zählten sie fast 100 Menschen. Dies war schon eine beeindruckende Schar, obwohl sie sich in keiner Weise mit den großen Karawanen vergleichen ließ, die Abram in früheren Jahren geführt hatte. Die Leute von Damaskus waren jetzt mit ihren Tieren und all ihrem Besitz „Abrams Leute". Sie wußten das. Deshalb war ihre Entscheidung, mit ihm die Heimat zu verlassen, auch nicht einfach gewesen. Abram war der Herr des Stammes. Er hielt die Leute aus Damaskus natürlich nicht gegen ihren Willen fest, und wenn sie beschließen sollten, ihn zu verlassen, würde er ihnen auch ihr Eigentum mitgeben. Doch daran dachte niemand. Er war wie ein Vater in ihrer Mitte; ein echter Patriarch. Am Tage des Festes in Damaskus hatten sich ihre Herzen ihm zugewandt, und sie folgten ihm willig und gern. Die Freiheit, die er allen ließ, stärkte nur die Bande der Zusammengehörigkeit.

Wie Abram auf der einen Seite der Herr der ganzen Schar war, so trug er aber auch die Verantwortung für sie und mußte sich um ihr Wohlergehen Sorge machen. Seine Erfahrungen als Karawanenführer, aber noch mehr die ihm angeborene Fähigkeit zur Führerschaft, halfen ihm dabei.

Das Karawanenlager Sibke war kein besonders erfreulicher Platz. Nicht nur, daß hier die frischen Winde der Hermonhöhen fehlten und dafür eine dumpfe, stickige Luft herrschte, die voller Insekten war, es lagen außerdem auch noch die Abfälle und der Schmutz ganzer Generationen von Karawanen und Nomaden herum. An diesem Platze übernachteten die meisten auf ihrem Weg nach Hazor und den Städten weiter im Süden, wie Jericho, Salem und anderen. Seit Hunderten von Jahren lagerten hier Arme und Reiche. Es war wie eine internationale Kreuzung, an der immer wieder Menschen aller östlichen Kulturen vorüberzogen und zurückließen, was sie nicht mehr brauchen konnten.

Als Abrams Karawane in das Lager zog, brodelte dieses schon überall vor Aktivitäten verschiedener anderer Stämme und Karawanen, die hier ebenfalls rasten und übernachten wollten. Von überall schlug ihnen der Geruch von Lagerfeuern und geröstetem Fleisch entgegen.

Die Sitte erforderte, daß die Reisenden sich gegenseitig höflich begegneten, selbst dann, wenn sie einander mißtrauten. Man wußte ja nie, wen man unterwegs traf, deshalb mußte man immer wachsam sein. Doch die Sitte der Beduinen verlangte, daß man trotzdem Gastfreundschaft zeigte. Ein Nomade würde einem anderen Reisenden in Not immer helfen. Wurde er um Hilfe gebeten, war er verpflichtet, diese zu gewähren. Er mußte einen Fremden sogar eine bestimmte Anzahl von Tagen aufnehmen und für ihn sorgen. Nach dieser bestimmten Zeit hatte er keine Sorgepflichten mehr, nahm sie aber gewöhnlich trotzdem noch wahr.

Dieser Sitte gemäß wurde Abram deshalb vom nächsten Nachbarn im Lager, einem Kaufmann und Eigentümer einer phönizischen Karawane, begrüßt. „Ich bin Arphadad von Tyrus", stellte sich der große Mann höflich vor. „Eurer Sprache nach kommt ihr von Mesopotamien."

„Ja, Abram ist mein Name. Doch die meisten dieser Leute sind von Damaskus, wie du vielleicht bemerkt hast."

„Dann seid ihr Hebräer?"

Der Begriff „Hebräer" oder „Habiru" war für Abram nicht neu. Das Wort wurde gewöhnlich in der Bedeutung von Reisenden gebraucht, die immer unterwegs waren und keine feste Heimat hatten, aber doch nicht auf der niedrigen Stufe der Beduinen standen.

„So ist es", nickte Abram. „Wenigstens vorübergehend haben wir kein festes Zuhause."

Der Mann aus Tyrus machte, obwohl die Phönizier als harte Kaufleute bekannt waren, einen freundlichen und wohlwollenden Eindruck. „Meine Karawane wird nur heute nacht hier sein", sagte er, „aber wir haben reichlich zu essen. Wollt ihr unser Abendbrot mit uns teilen?"

Abram war dankbar, denn er und seine Leute waren von der Reise müde. Die schwere Wegstrecke vom Hermon bis hierher in einem Tag zurückzulegen, hatte sie doch sehr mitgenommen, und es war schon sehr spät. Die Frauen waren zu matt, um noch eine gute Mahlzeit zu bereiten. Dankbar gesellten sich Abrams Leute zu den Begleitern von Arphadads Karawane und wurden gastlich bewirtet.

Abram selbst aß mit Arphadad, der auch die Unterhaltung bei Tische fast allein bestritt. Abram erfuhr dabei viel über Tyrus und seine Nachbarstadt Sidon, über Arphadads Familie und seine Pläne. Als der Gastgeber nach etwa drei Stunden, müde geworden, schwieg, geleitete er seinen Gast noch höflich die halbe Wegstrecke bis zu dessen Lager. Nicht eine einzige weitere Frage hatte er in dieser Zeit an Abram nach dessen Woher und Wohin gestellt. Er hatte nur von sich und seinen Dingen geredet. Abram verbeugte sich zum Abschied und sagte: „Deine Gastfreundschaft war uns eine große Hilfe, und wir schätzen sie sehr. Mögen wir in der Lage sein, eines Tages Gleiches auch für dich zu tun."

„Die Unterhaltung war sehr anregend", antwortete Arphadad. „Es war mir eine Ehre, euch als unsere Gäste haben zu dürfen."

Abram erwachte am nächsten Morgen noch vor den Frauen, die in der Regel als erste aufstanden, um die Morgenmahlzeit zu bereiten. Er wollte mit seinen Leuten schon ein Stück vom Lager entfernt sein, ehe die Hitze des Tages zu drückend wurde.

Abram hatte am vergangenen Abend ein direkt neben dem Lager befindliches kleines Beduinendorf erspäht. Diese Beduinen hatten sich hier für einen etwas längeren Aufenthalt eingerichtet und deshalb auch einige feste Gebäude errichtet. Abram hoffte, bei ihnen einen Rat zu bekommen, wo er Weide für seine Herden finden könnte. Da man sie von den Weiden bei Damaskus vertrieben hatte, war dies nun am wichtigsten. Die schlimmsten drei Monate der Trockenzeit standen nahe vor ihnen, und schon jetzt machten sie sich mit täglich heißer werdenden Winden bemerkbar.

Das Beduinendorf war sehr schmutzig. Aus einer offenen Grube, gefüllt mit Abfall und Exkrementen, schlug ihm ein übler Geruch entgegen. Und auch die Beduinen selbst machten keinen besseren Eindruck als ihre Umgebung. Abram wandte sich an eine Gruppe von Jungen, welche Ziegen hüteten. Freundlich lächelnd erhoben sie zum Gruß ihre Hand, und Abram winkte zurück.

„Wo ist der Herr dieses Hauses?“ fragte er. „Ich wollte ihn um Rat fragen.“

Die Jungen betrachteten schweigend und ehrfürchtig den gut gekleideten und vornehmen Fremden. Es geschah nicht oft, daß solch ein Mann sie ansprach. Endlich antwortete einer: „Ich werde den Herrn rufen.“ Er drehte sich um, rannte zu einem Zelt am Rande des Lagers und rief laut: „Vater, komm und sieh selbst. Ein reicher Kaufmann ist gekommen, sehr reich, Vater, und er möchte mit dir reden.“

Aus dem Zelt hörte man eine ärgerliche Stimme: „Scher dich fort, Manata, und komme mir nicht immer mit deinen dummen Einfällen! Mutter, was sollen wir nur mit diesem Jungen machen?“

Doch etwas mußte in der Stimme des Jungen gelegen haben, das den Mann doch veranlaßte, herauszuschauen. Er rieb sich noch den Schlaf aus den Augen, als er aus dem Zelt stolperte. „Wo ist der Fremde?“ rief er. „Wer macht mich zu so früher Stunde wach?“ Als er jedoch Abram bemerkte und dessen vornehme Kleidung sah, wechselte er sofort den Ton, trat ein wenig schüchtern näher und verbeugte sich vor dem ansehnlichen Mann aus Ur tief. „Willkommen in unserem geringen Haus, Herr. Wie kann ich zu Diensten sein?“

Abram war daran gewöhnt, daß Beduinen sofort in eine demütige Haltung verfielen, wenn sie Reichen begegneten, weil sie einen Verdienst witterten. Doch das Benehmen des Beduinen erheiterte ihn, und er sagte lächelnd: „Vergib mir, daß ich dich geweckt habe.“

„Nicht doch, Herr, ich bin schon seit einigen Stunden wach und habe in meinem Zelt Geschirr für Zugtiere repariert."

„Auch gut", meinte Abram. „Ich wollte nur wissen, ob du mir einen Rat geben könntest, wo ich Weideland für meine Herden finden kann, und zwar sehr bald."

Der Beduine war überrascht. „Herden?" fragte er. Er konnte wohl nicht ganz verstehen, daß ein so vornehmer Herr mit Herden umherzog und nicht mit einer Karawane. Doch dann veränderte sich sein Gesichtsausdruck: „Ah!" rief er, „Herr, du bist ein Hebräer auf der Suche nach einer neuen Heimat, und ein sehr reicher obendrein."

„Wir wollen südwärts ziehen. Kannst du mir dort eine gute Weide empfehlen?" drängte Abram. Er wollte nicht erst am späten Vormittag aufbrechen.

„Du kommst von Mesopotamien, Herr. Vielleicht von Ur?" überlegte der Beduine. „Also wirst du wohl in der Nähe der Stadt sein wollen, nehme ich an."

„Vielleicht. Kennst du einen solchen Platz?"

Der Beduine nickte eifrig, weil er an seinen Gewinn dachte. „Würdest du einen Vertrag mit einem Kanaaniter machen?" fragte er.

„Wenn es nötig ist", nickte Abram.

„Mein Bruder hat gute Weiden etwa 45 Kilometer nördlich von Jericho. Hast du schon von Sichem gehört?"

„Ja", Abram wußte, wo der Ort war, obwohl er noch nie dort gewesen war.

„Dort ist gute Weide. Mein Bruder wird dir verpachten, was du brauchst."

Abram fragte nach dem Namen des Bruders und anderen notwendigen Dingen. „Vielen Dank", sagte er noch, als er den Beduinen für seine Auskunft belohnte, dann machte er sich schleunigst auf den Rückweg zu den Seinen.

Kapitel 11

Es war nun fast ein halbes Jahr, seit Abram Ur verlassen hatte, und Sarai hatte sich an ihre Rolle als Herrin der Karawane gewöhnt. Obwohl sie Abram gegenüber immer gehorsam war, entwickelte sie doch vor den Frauen viel Autorität. Sie traf weise Entscheidungen, nahm ihre Verantwortung ernst und behandelte alle freundlich und niemand ungerecht. Deshalb hatte die Herrin Sarai die Achtung und Liebe der Frauen und Dienerinnen gewonnen.

Zwischen den Leuten aus Damaskus und denen, die sie aus Ur oder Haran mitgebracht hatten, gab es doch bemerkbare Unterschiede. Außerdem waren die meisten von denen, die aus Haran mitgekommen waren, gekaufte Sklaven oder angeworbene Diener. Das Ergebnis davon war, daß es manchmal Auseinandersetzungen und Meinungsverschiedenheiten gab, die es nötig machten, daß Abram oder auch Sarai viel Festigkeit, aber auch viel diplomatisches Geschick beim Schlichten dieser Streitigkeiten bewiesen.

Der Mann aus Ur beobachtete mit Staunen, wie Sarai mit solchen Dingen fertig wurde und trotzdem ihm gegenüber immer dienstbereit und respektvoll blieb. Sarais Haltung gegenüber Abram erwuchs allerdings nicht aus ihrer Pflicht, sondern aus einer überwältigenden Liebe für ihn.

Abram seinerseits ging mit Sarai ebenfalls immer freundlich und zartfühlend um. Als Führer einer solchen Schar mußte er manchmal hart sein und Forderungen an seine Leute stellen. Sein Wort war hier Gesetz, als ob er ein König wäre. All seine Leute wußten und respektierten dies, hatten sie doch bald erkannt, daß er nie übertriebene Forderungen aufstellte oder sie ungerecht behandelte. Doch Sarai gegenüber war Abram nicht derselbe, der eine Karawane führte, Fremden Achtung einflößte und von den Stufen eines Tempels predigte. Sie behandelte er wärmer, freundlicher und ließ sich von ihr mehr beeinflussen, als von irgend etwas anderem, was ihm begegnete. Und Sarai bemerkte dies und freute sich darüber.

Als Abrams Schar Hazor erreichte, waren ihre Vorräte sehr gering geworden. Doch in dieser kanaanitischen Stadt gab es einen großen Markt. Also wurde schon am Mittag gelagert, damit Gelegenheit war, neue Vorräte und alle anderen nötigen Dinge einzukaufen.

Sarai ging mit einigen Frauen zum Stoffhändler, sie hätte gern einen neuen Ballen Seide gekauft. Ohne Abram einen Handel abzuschließen, war eine neue Erfahrung für sie. Daheim in Ur hatten Diener dies besorgt, und unterwegs hatte bisher Abram diese Aufgabe übernommen. Doch es war ihre Aufgabe als Frau und als Herrin des Zuges, ihre Kleidung selbst auszusuchen.

Auf dem Marktplatz hatten viele Kaufleute ihre Stände errichtet, und Sarai war zuerst ein wenig verwirrt. Doch da sie sehr gut lernte und einen wachen Verstand hatte, fand sie sich sehr schnell zurecht. Bald sah sie einen Stand, an dem sie einen guten Kauf zu machen glaubte. Es war unter ihrer Würde, den Handel selbst zu tätigen. Deshalb machte sie eine erfahrene Dienerin unauffällig auf einen prächtigen Ballen purpurroter Seide aufmerksam, den sie gern erstanden hätte.

Die Dienerin trat an den Stand und betrachtete möglichst uninteressiert die Stoffe, die der Kaufmann feilbot; darunter auch den Ballen roter Seide. Endlich begann sie den Handel. Sarai, die ganz in der Nähe stand, den beiden Handelnden aber den Rücken zudrehte, zeigte immer wieder durch versteckte Gesten, ob sie mit dem sich entwickelnden Handel zufrieden war. Erst nach längerem Feilschen einigten sich die beiden auf einen vernünftigen Preis. Nun trat Sarai selbst heran und nahm den Stoff prüfend in die Hand und legte dann eine aufgerollte Bahn über ihre Schulter. Sarai war eine Schönheit, und der purpurrote Seidenstoff unterstrich dies noch. Zufrieden mit dem Handel ließ sie die Dienerin bezahlen, und sie gingen davon.

Während der ganzen Zeit hatten viele Männeraugen die schöne chaldäische Frau, deren vornehme Haltung der einer Prinzessin glich, bewundernd beobachtet. Als Abram nach Beendigung seiner Geschäfte jetzt wieder zu ihr trat, wußte er, was für eine gute Lebensgefährtin er hatte.

Am nächsten Morgen verließen sie Hazor und zogen weiter südwärts, um am Abend des Tages ihr Lager unter Palmen am Ufer des Sees Kinneroth (später bekannt als See Genezareth) aufzuschlagen. Abram fühlte sich sehr zerschlagen. Die Verantwortung, die er trug, lag schwer auf ihm. Abram verließ das Zelt und sagte zu Sarai: „Ich mache einen Spaziergang, möchtest du mit mir kommen?"

Sarai konnte ihm die Müdigkeit ansehen. Sie wußte, daß er sie aus Liebe fragte, aber viel lieber mit seinen Gedanken allein gewesen wäre. „Nein, mein Herr", antwortete sie. „Gehe bitte allein, wenn es dir recht ist. Ich möchte ausruhen, denn ich bin müde."

Abram stieg vom Ufer aus einen Hügel hinan und fand einen einsamen Platz, wo er sich setzte. Von hier aus konnte er ihr Lager übersehen, das friedlich unter ihm lag. Zwischen den Zelten herrschte reges, fröhliches Treiben. Überall wurde Abendessen zubereitet. Die Herden wurden gleich neben dem Lager an einer geschützten Stelle von jüngeren Burschen bewacht, und die sanfte Musik von Daris Flöte schwang sich durch die Luft und war bis hier herauf zu hören. Abram fühlte sich einsam. Auch wenn Sarai mitgegangen wäre, hätte er für die Unterhaltung sorgen müssen, und Sarai hätte zugehört. Zum ersten Mal wünschte er sich, für seinen Glauben einen gleichwertigen Partner zu haben, mit dem er sich darüber unterhalten konnte. Er hatte auch in seinem Glauben Sarai und die anderen immer führen müssen, und sie waren ihm vertrauensvoll gefolgt.

Ein warmer Wind wehte vom Kinneroth herauf. Die Töne der Flöte nahmen unter seinem Wehen einen seltsam klagenden, ja heulenden Ton an, wie... Abram überlegte... ja wie das Heulen eines einsamen Wolfes. Wo hatte er es doch so ähnlich schon gehört. Dann fiel ihm ein, daß der einsame junge Wolf in jener Nacht so ähnlich geheult hatte, als Gott ihn rief.

Zehn Tage waren vergangen, seit sie von Damaskus geflohen waren. In dieser Zeit waren sie mit den Herden sehr schnell gezogen, meistens noch durch unwegsames Bergland. Abram wußte, daß dies auch noch so weitergehen mußte, damit sie vor Einbruch der Trockenzeit ein Lager mit guter Weide fanden, wo sie länger bleiben konnten. Die Eile gab ihm nur wenig Zeit, sich mehr um die einzelnen Menschen seiner Schar zu kümmern. Die Streitigkeiten zwischen denen aus Haran und Damaskus kosteten ihn schon genug Zeit.

Seine Gedanken wanderten nach Ur. Ihm schienen schon Jahre vergangen zu sein, seit sie ausgezogen waren. Wie konnten sechs Monate das Leben eines Menschen, seine Träume und seine Überzeugungen so sehr verändern? War wirklich alles so geschehen? Waren die Gutäer wirklich gekommen? Hatte sein Vater ihn geschlagen? Und hatte er Tarah innerlich zerbrochen auf den Tempelstufen niederfallen sehen? War sein Bruder Haran gestorben? Und sein Vater auch? Und was war mit ihm, Abram, selbst? War er einst ein angesehener Bürger von Ur, ein bekannter Karawanenführer, ein Anbeter Nannars gewesen? All dies schien zu einem anderen Leben zu gehören, so weit entfernt schien es zu sein.

Wie seltsam und fremd wären ihm noch vor einem Jahr seine gegenwärtigen Lebensverhältnisse erschienen. Doch wenn er nun auf seine Leute hinabschaute, fühlte er sich wie einer, der einen Schritt in einen großen leeren Raum hinaus getan hatte und unter sich keinen Grund mehr spürte. Die Leute dort unten verließen sich auf ihn. Aber wer war er, daß er so viel Vertrauen und willige Bereitschaft verdiente?

Langsam senkte sich die Sonne den westlichen Hügeln zu. Im Südwesten stand der Tabor wie eine große Schildwache. Der See begann sich goldrot zu färben. Abram wußte, daß er das Gefühl der Einsamkeit und Niedergeschlagenheit überwinden mußte. „Herr", flüsterte er, „ich bin so einsam und fürchte mich vor der Zukunft. Wenn ich an meine Heimat und meine Verwandtschaft zurückdenke, fühle ich mich so verlassen. Ich danke Dir für Sarai, ohne sie würde ich kaum noch weiterkommen. Aber auch sie versteht meine Haltung zu Dir nicht recht. Sie verläßt sich auf meinen Glauben. Wenn sie Dich doch so kennen würde wie ich Dich kenne."

Wieder überlegte er eine Weile und sagte dann: „Herr, wie kann ich mich nur so einsam fühlen, wo Du doch Wirklichkeit bist? Hier bin ich, Herr, und beginne wieder zu zweifeln. O, hilf meinem Glauben, Herr!"

Mit diesem letzten Satz schien eine plötzliche Verwandlung vorzugehen. Es war, als würde Abram wieder durch die vergangenen sechs Monate geführt. Aber nun zeigte der Herr ihm alle Bewahrungen und Segnungen. Wie waren sie doch vor den Gutäern entkommen? Und wie hatte sein Gott zu seinem Vater und zu seinem Bruder Nahor geredet? Er dachte an seine Predigt auf den Tempelstufen von Damaskus und an die 75 Semiten, die sich dort ihm und seiner Schar vertrauensvoll angeschlossen hatten. Abram entspannte sich.

„Herr", sagte er, „Du warst gut zu mir und hast uns auf der Reise bewahrt und gesegnet." Doch eines beunruhigte ihn immer noch: Er wußte nicht, wohin seine Reise endgültig gehen sollte.

„Gott", seufzte er, „daher kommt auch das Gefühl der Einsamkeit; es ist das Gefühl des Wanderers, der keine Heimat hat. Soll ich immer nur unterwegs bleiben, Herr?" Das genau war es. Er hatte einen Sinn für sein Leben gefunden, und er ahnte, wenn auch noch verschwommen, den Zweck seines Rufes — doch er wußte nicht, wo er zu Hause sein konnte. „Der

Mensch braucht eine Heimat, Gott“, seufzte er. „Sogar ein Hebräer braucht eine Heimat.“

Abram fühlte, wie sich die große warme Persönlichkeit, der er schon einige Male begegnet war, wieder über ihn lagert. Ihm war, als ob sein Gott lächelnd flüsterte: „Ich weiß, Abram von Ur. Ich weiß es und werde es nicht vergessen.“

Kapitel 12

Als Abrams Schar den See Kinneroth verließ, mußten sie mehr als 60 Kilometer durch hügeliges Gelände ziehen, ehe sie Sichem erreichten. Drei Tage wanderten sie, ehe die Stadt vor ihnen auftauchte. Aus dem einstigen Nomadenlager war eine ansehnliche Stadt geworden, die etwa halbwegs zwischen dem See Kinneroth und dem Toten Meer lag, in dem der Jordan endete. Der Fluß war hier sumpfig, und an seinen Ufern wuchs dichtes Unterholz. Doch es erstreckte sich hier rechts und links das beste Weideland von ganz Kanaan.

Abram fand den Bruder des Beduinen und konnte mit ihm einen guten Vertrag aushandeln. In den Tagen, nachdem der Vertrag unterzeichnet war, gab es viel zu tun. Die Herden mußten auf die neuen Weiden getrieben werden, und es galt ein Lager aufzuschlagen, das nun für längere Zeit ihre „Heimat“ sein sollte.

Direkt südwestlich, nicht mehr als etwa zwei Kilometer von

Abrams Lager entfernt, erhob sich der Berg Gerizim. Nachdem das Lager, das nun für viele Monate ihre Wohnstatt sein sollte, richtig eingerichtet war, trieben die Hirten das Vieh in die sanften Vorhügel des Berges, wo es für die nächste Zeit weiden sollte.

Am Tage nachdem die notwendigen Arbeiten beendet waren, fühlte Abram, daß nun alles so geordnet war, daß er einmal auf den Berg Gerizim hinaufsteigen konnte, um die ganze Umgebung zu betrachten. Gegen Mittag überließ er Lot, Sarai und Elieser die weitere Aufsicht über alle Arbeit, nahm einen langen Stock und begann seine Wanderung. Unterwegs kam er bei den Herden vorbei, die ein friedliches Bild boten. Jeder Kenner konnte sehen, daß es sich um ausgesucht feine Tiere handelte, die einem reichen Mann gehörten. Niedrige Büsche, die überall wuchsen, spendeten reichlich Futter, denn die Schafe und Ziegen bevorzugten oft die Blätter derselben vor den harten Grashalmen.

Abrams Hirten waren von Hunden begleitet, bei denen zwar kein besonderer Wert auf Reinrassigkeit gelegt wurde, die aber für ihre Aufgabe sehr gut dressiert waren. Auf dem gepachteten Feld gab es sogar eine Schafhürde, die groß genug war, alle Herden abends hineinzutreiben. Vor dem engen Tor schlief nachts einer der Hirten. Unter den Hirten befanden sich Männer allen Alters, die meisten waren aber noch sehr jung. Als Abram an einer Gruppe vorüberschritt, winkten sie ihm fröhlich zu. In der Nähe der Gruppe stand auf einem kleinen Hügel Dari, der aufmerksam die Gegend beobachtete. Abram hatte ihn wegen seiner Zuverlässigkeit und Erfahrung zum Führer aller jüngeren Hirten gemacht, worauf Dari mächtig stolz war.

„Es ist gut, daß wir endlich für längere Zeit bleiben können, wie?" rief er den Hirten zu. Alle nickten lächelnd. Abram war heute in einer ruhigen und ausgeglichenen Stimmung. Seit jenem Abend am See Kinneroth war eine ruhige Zuversicht in sein Herz gekommen. Zwar hatte sein Gott nicht direkt mit ihm geredet, aber Er hatte ihm neuen inneren Frieden geschenkt. Deshalb stieg er ganz ruhig, ohne zu hasten, den Gerizim hinauf und freute sich über den schönen Tag.

Als er einen Platz nicht weit unterhalb des Gipfels erreichte, von dem aus er eine gute Aussicht hatte und wo es sich gut ausruhen ließ, setzte sich Abram auf einen Stein und ließ seine Augen über das unter ihm liegende Land schweifen. Eine ganze Zeit saß er schweigend und betrachtete die Schönheiten der Schöpfung Gottes. Doch plötzlich war ihm, als sei er nicht mehr allein. Und einige Augenblicke später hörte er ein Geräusch, als würde sich jemand irgendwo vorsichtig bewegen. Ein Schauer lief ihm den Rücken hinunter. Vorsichtig richtete er sich auf und blickte sich um.

„Abram!“ sagte da eine ruhige Stimme.

Einbildung konnte es nicht gewesen sein. Abram sprang auf. „Wer ist da?“ rief er heiser. Zunächst konnte er niemand sehen. Doch die Stimme und das Geräusch kamen von weiter oben. Als er längere Zeit aufmerksam aufwärts spähte, erblickte er einen Fremden, der einen großen und starken Eindruck machte. Abram konnte auf die Entfernung nur die Umrisse verschwommen wahrnehmen. „Wer bist du?“ rief er. „Hast du meinen Namen genannt?“

Der Fremde kam ein Stück weiter herunter und schien durch eine Handbewegung Abram auffordern zu wollen, näher zu kommen. „Nicht, ehe du nicht sagst, wer du bist und was du willst“, rief Abram.

Der Fremde stand einige Augenblicke ganz still, kam aber dann, während Abram ihn weiter aufmerksam beobachtete, noch näher. Plötzlich hob er den Arm und schwang ihn mit einer weiten Bewegung über das ganze Land unter ihnen. „Abram“, sagte er, „dir will Ich dieses ganze Land geben!“

Abram konnte vor Aufregung einige Augenblicke nichts mehr klar erkennen. Hatte er richtig gehört? Wer war dieser Fremde? Wer allein konnte so mit ihm reden? Als er wieder klarer blicken konnte, war der andere verschwunden. Der Platz, an dem Er eben noch gestanden hatte, war leer, ohne daß es eine Möglichkeit gab, daß Er hätte verschwinden können. Wieder liefen Schauer Abrams Rücken hinunter, aber diesmal aus Ehrfurcht, die ihn gepackt hatte. Eine lange Zeit stand er wie erstarrt und schaute immer noch auf den jetzt leeren Platz.

Und dann überwältigte es ihn. „Herr!" flüsterte er fast unhörbar, und Tränen begannen über seine Wangen zu laufen. Flehend streckte er seine Arme in die Richtung aus, wo sein Herr gestanden hatte. „Wenn ich doch... nein, es kann nicht sein", argumentierte er mit sich selbst, begann aber dann wieder: „Wäre ich doch zu Ihm gerannt, als Er mich rief, dann hätte ich Ihn deutlicher sehen können. Ich hätte...", er hielt inne, „... ja, ich hätte Ihn vielleicht sogar berühren können."

Er fühlte, wie sein Herz laut pochte und er jetzt am ganzen Körper zitterte. Dann begann er langsam und ehrfürchtig, große Steine aufzuheben und einen auf den anderen zu legen. Während der ganzen Zeit flossen weiter Tränen der Freude über sein Gesicht. Aber er schämte sich nicht deshalb.

Als er den Altar beendet hatte, blieb er noch eine ganze Weile betend davor stehen. Doch dann wurde aus der stillen Ehrfurcht plötzlich übersprudelnde Freude. Ein Gefühl packte ihn, als wolle seine Brust zerspringen. Er mußte es sagen, die ganze Welt sollte es hören. Laut schrie er: „Ich habe meinen Gott gesehen!"

Und dann hielt ihn nichts mehr. Als ob er Flügel hätte, rannte er den Berg hinunter, sprang wie ein Junge über Felsen und Wurzeln. Unter seinen Füßen lösten sich kleine Steine, die hinter ihm hergerollt kamen. Und mit jedem seiner Herzschläge jubelte es im Takt: „Ich habe Ihn gesehen! Ich habe meinen Herrn gesehen!"

Die Hirten im Tal entdeckten ihn und schauten erstaunt empor: „Schaut, da kommt Herr Abram!" rief Dari. „Seht, wie er rennt!"

„Was kann das bedeuten", fragte ein anderer, „ob er verfolgt wird?"

„Ich kann aber niemand hinter ihm sehen", warf ein dritter ein, „aber er schwenkt die Arme wie wild in der Luft."

Abram hielt nicht an, als er an ihnen vorbeilief, sondern rannte lachend und schreiend unaufhaltsam weiter. Die Hirten vernahmen: „Preis sei Gott! Preist ihn alle, ihr meine Leute, denn uns gehört dieses Land!"

Niemand hielt es mehr bei den Herden, alle folgten in wilder Jagd ihrem Herrn, und alle anderen, die sie dahinlaufen sahen, schlossen sich ihnen an. Es ging zu schnell vorwärts, um Fragen zu stellen, aber keiner wollte dahinten bleiben.

Als sie sich lärmend dem Lager näherten, sprangen Lot und Elieser von ihrer Arbeit auf. Panik wollte sie fast ergreifen, als sie ihren geliebten Onkel und Herrn so daherrennen sahen. „Was ist los?" riefen sie. „Herr Abram, was ist geschehen?" Besorgt rannte Lot neben Abram her. „Onkel", rief er ihm zu, „ist etwas nicht in Ordnung?" Und Elieser hängte sich an den anderen Ärmel: „Herr, was ist?" flehte er.

Sie erkannten jetzt, daß in Abrams Gesicht nicht Sorge, sondern Freude stand. Doch er hielt noch immer nicht an, obwohl sich jetzt immer mehr seiner Leute um ihn drängten. Endlich sah er sein Ziel. Sarai stand ein Stück vor ihrem Zelt und blickte ihm erwartungsvoll entgegen. Als die anderen merkten, daß Abram erst reden würde, wenn er Sarai erreicht hatte, ließen sie ihn durch und drängten näher heran.

Mit strahlendem Gesicht und jubilierend vor Freude legte Abram einen Arm um Sarais Schulter, sah ihr tief in die Augen und rief: „Sarai, ich habe Ihn gesehen!" Dann drehte er sich um, schaute seine Leute an und rief noch lauter: „Hört es alle: Ich habe den Herrn gesehen!"

III. Buch

HUNGERSNOT

„Wenn aber jemand von euch Weisheit mangelt,
so bitte er Gott ... Er bitte aber im Glauben,
ohne zu zweifeln, denn der Zweifler gleicht einer Meereswoge,
die vom Wind bewegt und hin und her getrieben wird“
(Jakobus 1, 5.6).

Kapitel 1

Nach etwa drei Monaten auf der gepachteten Weide gab es nahezu kein Gras mehr. Es schien in diesem Jahr besonders heiß und trocken zu sein, viel mehr als in anderen Jahren.

Als der Pachtvertrag zu Ende ging, entschloß sich Abram, noch weiter südwärts zum Toten Meer zu ziehen. In der Nähe desselben würde es vielleicht noch Bäche und Wasserlöcher geben. Auch hatte er gehört, daß es dort noch freies Land geben sollte. Wenn Gott ihm das Land versprochen hatte, wollte er nicht länger Pachtverträge dafür unterschreiben.

Als sie ihr Lager abbrachen, herrschte unter Abrams Leuten freudige Zuversicht. Sein Erlebnis auf dem Berge Gerizim hatte den Seinen viel Mut und Hoffnung gemacht. Auch der Bericht über Sem und die Verheißung, die er empfangen hatte, war ihnen dadurch neu wichtig geworden.

Als sie durch Sichem zogen, um dort noch Vorräte einzukaufen, kamen sie an einem großen und sehr bunten Zelt vorbei, das am Rande der Ortschaft stand. In diesem Zelt wohnte der bekannte Zauberer von Sichem. Abram hatte von seiner Zauberei und Wahrsagerei schon seit vielen Jahren gehört, war aber auf seinen Reisen bisher noch nie hier gewesen. Der alte Mann war berühmt für seine Fähgigkeit, in die Zukunft zu schauen.

Vielleicht wären Abrams Leute auch zu ihm gegangen, wenn

sie sich nicht durch den Einfluß ihres Herrn vom Baalsdienst und all den Kräften der Finsternis, denen die Kanaaniter dienten, losgesagt hätten. So zogen sie an dem Zelt vorbei, ohne ihre Reise zu verlangsamen. Nur einige der Diener aus Haran blieben ein wenig zurück und zögerten aus Neugier, weil sie hofften, den Zauberer zu sehen.

Das Zelt war ein Prunkstück. Überall mit bunten Bahnen abgesetzt, waren an den Seiten die Symbole der verschiedenen Götter und astrologische Zeichen aufgenäht. Als Abrams Karawane fast vorbei war, trat der Zauberer, der die Vorüberziehenden gehört hatte, heraus. Er sah furchterregend aus, war sehr, sehr alt und ganz schwarz gekleidet. Einigen der zögernden Diener blickte er direkt in die Augen. Diese blieben stehen und starrten ihn an. Da die anderen merkten, daß einige der Ihren zurückblieben, kam der ganze Zug langsam zum Halten. Doch es war schon zu spät. Auch Abram konnte die Diener nicht mehr zurückhalten. Sie folgten der Einladung des Zauberers und betraten das Zelt.

Dieser lächelte die Diener an und nickte ihnen ermutigend zu. Dann beugte er sich zu einem von ihnen und flüsterte ihm etwas zu. Der Diener wurde weiß vor Furcht und begann zu zittern. Das war alles, was geschah. Der Zauberer Baals verschwand in dem dunklen hinteren Teil seines Zeltes, und der Diener gesellte sich wieder zu den anderen. Als sie gemeinsam zur Karawane zurückgingen, bedrängten sie ihn, er solle erzählen, was er vom Zauberer erfahren hatte.

Abram schaute ihnen zornig entgegen. „Jetzt ist es genug", rief er. „In dieser Karawane hört niemand auf falsche Götter, und für Baal haben wir nichts übrig."

Doch der Diener hatte seinen Gefährten mittlerweile die Botschaft des Zauberers erzählt. Bleich und bedrückt sahen sie sich gegenseitig an, bis einer endlich Mut faßte und fragte: „Aber Herr, willst du nicht hören, was dieser Zauberer gesagt hat?"

Abram sah ihren Gesichtern an, daß sie sich Sorgen machten. Für einen Augenblick zögerte er, weil er selbst neugierig war. Es gab Grund genug zu glauben, daß der Zauberer über unbekannte Kräfte verfügte. Viele Geschichten darüber waren im Umlauf. Und auch Abram, der an den einen Gott glaubte, mußte zugeben, daß es sicherlich im Universum noch andere Mächte gab, zwar nicht so mächtig wie sein Gott, aber doch keinesfalls machtlos.

Doch er antwortete: „Ich will nicht auf die Stimme des Dämons Baal hören, der von sich behauptet, er sei Gott. Es gibt nur einen Gott, und wenn es noch andere Mächte gibt, so müssen sie sich doch meinem Gott unterordnen."

Abram drehte sich um, weil er wieder zur Spitze der Karawane gehen wollte. Da hörte er eine besorgte Stimme hinter sich: „Herr, darf ich fragen, ob wir noch sehr weit südwärts ziehen?"

Abram schaute zurück. „Sprich, Mann, was soll die Frage?"

„Der Kanaaniter..." Der Diener schwieg aus Angst, getadelt zu werden.

„Nun rede endlich und erzähl den Unsinn, damit wir es hinter uns bekommen", forderte Abram. „Was hat der Kanaaniter gesagt?"

„Er sagte, Herr, wenn wir Abram folgen würden — er wußte deinen Namen, Herr —, wie konnte er deinen Namen wissen?"

„Weiter!" forderte Abram.

„Er sagte, Abram zu folgen sei der Weg in den Tod." Wieder zitterte der Diener sichtbar.

Abram überlegte einen Augenblick. Zwar war Gott sein Führer, doch der Zauberer hatte großen Einfluß. Doch dann richtete er sich hoch auf und rief: „Leute, hört zu: Mein Gott führt uns. Wir werden unsere Knie nicht vor Baal beugen und auch nicht seinen Worten lauschen. Unser Gott kann für sich selbst reden. Er braucht Baal nicht, wenn Er uns etwas zu sagen hat."

Zustimmendes Murmeln war ringsum zu hören. Alle Augen waren auf den Mann aus Ur gerichtet, der sich nun zur Spitze der Karawane begab und festen Schrittes südwärts ging.

Kapitel 2

Das Land der Kanaaniter zog sich am ganzen Westufer des Toten Meeres entlang. Es würde nicht einfach sein, Land zu finden, das noch frei war. Erst eine Woche nachdem sie Sichem verlassen hatten, erfuhr Abram, daß westlich einer kleinen Stadt mit Namen Ai noch freies Land läge.

Ai war fast noch ein Dorf. In den Bergen westlich über dem Toten Meer gelegen war einer ihrer entfernteren Nachbarn das berühmte Jericho, in dem man, obwohl das ganze Land Baal diente, seltsamerweise den Mondgott anbetete. Abram und seine Leute hatten keinen Grund, sich um Jericho zu kümmern, wenn sie ihr eigenes Auskommen finden konnten. Und sie fanden es.

Westlich von Ai befand sich schönes Grasland, das sich in die Hänge der Berge schmiegte und in dem sich tiefeingeschnittene Wadis fanden, die noch genug Wasser führten. Nachdem er das Land ausgiebig in Augenschein genommen hatte, führte Abram seine Karawane dahin und erklärte es zu seinem Eigentum.

Das Recht dessen, der als erster Anspruch auf ein Stück

Land erhob, galt so lange, bis ein Stärkerer kam und es ihm streitig machte. Es mußte allerdings schon ein recht starker Stamm sein, der Abram und seiner Schar, die ja rund 100 Köpfe zählte, das Land hätte abnehmen können.

Als Abrams Schar begann das Lager aufzurichten, verblaßte die Furcht vor den Worten des Zauberers langsam. Es war ein freundliches Stück Land, das sie gefunden hatten. Ein seichter, aber klarer Bach floß durch felsiges Gelände, und in den Schluchten und an Hängen fand sich überall saftiges Gras. Auch kleine Gruppen von Eichen und viele dicht belaubte Büsche standen herum. Als Weideland konnte es kaum besser sein.

Am Abend des ersten Tages führte Abram seine ganze Schar auf einen Hügel in der Nähe des Lagers. Dankbar für ihr eigenes Land und die schöne Weide folgten die 100 Menschen ihm alle gern und schauten zu, wie er dem Herrn einen Altar baute und sie dann aufforderte, dem Herrn, ihrem Gott, zu danken.

Seit Gott Abram auf dem Berge Gerizim begegnet war, war dies für sie alle schon zur Gewohnheit geworden. So oft es ging, versammelte Abram seine Leute um sich, wie damals auf den Tempelstufen von Damaskus, und sprach zu ihnen von dem einen wahren Gott. Die ersten Male waren sie noch ein wenig zurückhaltend Abrams Beispiel gefolgt, wenn er die Arme anbetend emporhob und ausrief: „Der Herr, unser Gott, ist der einzige Gott, es gibt keinen anderen neben Ihm!" Es hatte noch sehr zaghaft und holprig geklungen, als sie die ersten Male diese Worte wiederholten. Aber nun stimmten sie schon alle laut und freudig mit ein. Und in ihren Herzen begann durch Abrams Beispiel ein kindlicher Glaube zu wachsen, der diesem einen ewigen Gott für alle Fragen und Probleme des Lebens vertrauen lernte.

Vier Monate war es nun her, daß sie Damaskus verlassen hatten. Abram wurde immer mehr für seine Leute der Patriarch, den sie liebten und verehrten. Und auch er liebte jeden einzelnen dieser Menschen, die ihm folgten, und lebte für sie. Es gab unter seiner Schar nur wenige ältere Menschen. Die meisten waren junge eifrige Nachfolger des einen Gottes, die ihre Heimat verlassen hatten, weil Abrams Verkündigung sie überzeugte, und weil sich wegen der alten Berichte über Sem und die Verheißungen, die er von Gott empfangen hatte, ihre Herzen schon lange nach einer solchen Offenbarung gesehnt hatten.

Lot und Elieser waren unter denen, die sich Abram am engsten anschlossen und auch am offensten waren für seine Verkündigung über den einen wahren Gott. Abram fühlte sich ihnen gegenüber wie ein Vater. Wenn er sie manchmal betrachtete, freute er sich schon darauf, eines Tages auch Söhne zu haben, die er selbst gezeugt haben würde.

Sarai nahm natürlich einen besonderen Platz in Gottes Plan ein. Wenn Gott dieses Land dazu bestimmt hatte, die Erbschaft für Abrams Nachkommen zu sein, dann würde Sarai die Mutter eines großen Volkes werden. Vor Damaskus hatte Abram einmal mit ihr über die Kinder gesprochen, die Gott ihnen schenken würde. Sie hatte nie vergessen, wie er damals zu ihr sagte: „Du bist eins mit mir.“ Seit seiner Gottesbegegnung auf dem Gerizim war ihr Glaube noch mehr gewachsen als je zuvor. Eines Abends kam sie mit strahlendem Gesicht zu Abram.

„Was hast du?“ fragte er lächelnd.

„O Herr, ich habe allein am Bach gesessen und über vieles nachgedacht.“

„Worüber?“

„Ich habe die Frauen bei der Arbeit beobachtet und mußte an die Söhne und Töchter denken, die wir eines Tages haben werden. Erinnerst du dich noch an die Worte, die du mir einmal darüber gesagt hast?“

Abram nickte wieder versonnen und wunderte sich, daß Sarai alle Worte so fest in ihrem Herzen behalten hatte.

„Abram“, fuhr Sarai fort, „der Herr hat mich heute besonders gesegnet, als ich über unsere Kinder, die Er uns schenken wird, nachdachte.“ Kinder waren für jene Zeit ein besonders kostbarer Besitz. Ein Mann ohne Kinder und eine Frau, die keine Kinder gebar, waren verachtet und wurden verdächtigt, den Zorn der Götter erregt zu haben. Denn in den Kindern lag die Zukunft der Familie, der Sippe, des Stammes. Das Leben eines Mannes, ganz gleich, wie schlecht es auch sonst sein mochte, hatte einen gewissen Wert, wenn er Söhne hatte, durch die der Faden des Lebens sich fortsetzen konnte.

„Kinder ...“, flüsterte Sarai nochmals. „Mein Herr, ich habe deine Gefühle für Gott nie ganz verstehen können. Doch ich glaube, ich fühle jetzt fast so wie du in jener Nacht, als Gott das erste Mal zu dir sprach. Ich glaube, Er hat jetzt auch zu mir gesprochen.“

Abram legte froh den Arm um Sarais Schulter. Innerlich betete er: „Danke, Herr, daß Du auch Sarai immer mehr zeigst, wie groß und wie gütig Du bist.“

Kapitel 3

So schön auch äußerlich jetzt alles aussah. Tief im Herzen mancher verborgen gab es noch Kleinglaube und Zweifel. Trotz aller Liebe und allen Vertrauens, die seine Leute Abram gegenüber bewiesen, waren bei einigen die Worte des Zauberers von Sichem noch nicht vergessen, und es würde nur einiger Anzeichen von Not bedürfen, um das Vertrauen mancher wieder zu erschüttern.

Sogar der Glaube ihres Führers in Gott war mehr auf immer neue besondere Offenbarungen angewiesen, als er selbst wußte. Der Glaube dieser Schar war der eines neugeborenen, noch von der Milch abhängigen Kindes, der noch nicht durch die schwere Speise der Prüfungen bewährt und erprobt worden war. Noch lebten sie in ihrem neuen Lande Beth-El, wie sie es nannten, ruhig und zufrieden. Aber diese schwere Speise sollte bald kommen.

Die ungewöhnliche Trockenheit wollte nicht weichen, obwohl es eigentlich schon längst hätte regnen sollen. Es schien, als ob die Dürre, die sie gezwungen hatte, die Gegend von Sichem zu verlassen und nach hier zu kommen, auch dieses Land austrocknen sollte. Kam jetzt die Zeit, in der sich zeigen mußte, wer wirklich treu war, und in der die Schwächlinge davonliefen?

Tag für Tag trieben die Hirten ihre Tiere zum Bach, in dem immer weniger Wasser floß. Wie ein dahinsiechender Invalide nahm der Bach immer mehr ab, und das Land vertrocknete. Abram beobachtete mit tiefer Sorge den Verfall seines Besitzes. Jeden Morgen stand er zeitig auf und wanderte durch das Land, um noch Weideplätze zu finden für die hungrigen Herden und nach dem lang ersehnten Regen Ausschau zu halten. Doch jedesmal kehrte er niedergeschlagen zu seinen immer mehr verzagenden Leuten zurück.

Eines Morgens gesellte sich Lot zu ihm. Er hatte die wachsende Sorge seines Onkels bemerkt und wußte, daß Abram trotzdem immer noch auf eine Änderung des Wetters und den langersehnten Regen hoffte. Obwohl Abram über seine Sorgen und Ängste noch nicht gesprochen hatte, um seine Leute nicht noch mehr zu entmutigen, wußte Lot, daß der Ernst der Lage nicht mehr zu verbergen war. Es wurde nicht davon besser, daß man nicht darüber sprach.

Lot sah Abram am frühen Morgen wieder davongehen und folgte ihm. An einem Hang blieb Abram stehen, beugte sich nieder und prüfte die harten Halme des vertrockneten Grases.

Er hatte noch nicht bemerkt, daß Lot sich ihm näherte. „Mein Gott“, hörte Lot ihn beten, „was sollen wir tun?“

Lot, der Abram nicht zu sehr erschrecken wollte, trat noch näher und sagte ruhig: „Guten Morgen, Onkel.“

Abram drehte sich überrascht um. „O Lot“, sagte er lächelnd, um seine Gedanken zu verbergen, „so früh schon unterwegs? Hast du gut geschlafen?“

Lot antwortete humorvoll: „Du sprichst von einem Frühaufsteher, als würdest du bis Mittag schlafen. Welch ein schöner Morgen, Onkel. Ich glaube, ich sollte dich jeden Morgen begleiten, um die Welt zu sehen, ehe sie aufwacht. Ich nehme an, du bist aufgestanden, um den Sonnenaufgang zu beobachten?“

„Natürlich!“ antwortete Abram.

„Onkel“, fuhr Lot fort, „ich sah, wie du das Gras untersuchtest. Machst du dir Sorgen um den Zustand der Weide?“

Abram zögerte einige Augenblicke. Endlich antwortete er: „Es ist nicht gut, meine Sorgen länger für mich zu behalten, Lot. Du bist unter Nomaden aufgewachsen und kennst das Unheil, das von einer Dürre angerichtet wird. Du weißt sicher, daß unser Land hier sehr leidet.“

„Ja, Herr“, seufzte Lot.

„Siehst du irgendwelche Hoffnung?“ forschte Abram.

„Herr, ich habe schon miterlebt, wie eine lange Dürre plötzlich von einer wahren Regenflut abgelöst wurde. Vielleicht ...“

„Darauf habe ich gehofft, Lot. Gehofft und dafür gebetet, lange Wochen nun schon. Aber ... du siehst selbst.“

Lot suchte nach Worten der Ermutigung. „Herr, könnte es sein, daß wir weiterziehen sollten?“

„Südwärts?“

„Ja, Herr.“

Abram lächelte. „Fürchtest du die Worte des Zauberers nicht?“

Jetzt grinste Lot breit. „Ich glaube, daß unser Gott mächtiger ist als alle Worte dieses falschen Propheten der kanaanitischen Götter."

Abram schob seinen Arm unter den seines Neffen und ging mit ihm zum Lager zurück. „Wir wollen hoffen, daß auch die anderen unseren festen Glauben teilen, Lot", meinte er lächelnd.

Doch diese Hoffnung wurde nicht sehr reichlich belohnt. Als Abram am Abend seine Leute zusammenrief und ihnen von seinen Plänen sagte, nach Ägypten zu ziehen, erhob sich unter ihnen furchtsames Gemurmel. „Wollt ihr etwa den Worten Baals Glauben schenken?" fragte er.

Seine verwirrten Zuhörer schwiegen zunächst. Endlich faßte sich einer ein Herz, trat vor und sagte: „Herr Abram, wir vertrauen dem einen Gott. Aber hat Er dich beauftragt, in das Südland zu ziehen? Wenn Er dies getan hat, dann sage es uns bitte, und wir werden keine weiteren Fragen mehr stellen."

Abram fühlte sich plötzlich wieder sehr einsam. Er blickte auf Elieser, Lot und Sarai, die seitlich beieinander standen. Dann faßte er neuen Mut und antwortete: „Die nördlichen Gebiete sind schon ausgetrocknet, und auch dieses Land stirbt unter der Dürre, wie ihr alle sehen könnt. Ich wäre ein schlechter Patriarch meiner Leute, wenn ich sie einfach hier umkommen ließe. Ich glaube, mein Gott kann im Schweigen manchmal genauso laut reden wie im Donner."

Seine Zuhörer waren sprachlos, und der Sprecher trat schweigend zurück zu den anderen. Tapfer sagte Abram: „Wir brechen morgen früh auf und ziehen nach Ägypten. Gott ist mit uns!"

Kapitel 4

Der erste Schritt auf der 400 Kilometer langen Reise in das Nilland war Beerseba. Seit vier Tagen waren sie nun unterwegs und waren noch einige Kilometer von der Stadt entfernt. Abram war entschlossen, sie noch vor Einbruch der Nacht zu erreichen. Unterwegs hatten sie schon manch andere getroffen, die ebenfalls vor der Dürre nach Ägypten flohen. Als jetzt Beerseba vor ihnen auftauchte, wuchs die Erwartung der Schar. Dies war der letzte ständig bewohnte Platz auf dem Weg nach Ägypten. Dahinter kamen nur noch knapp 400 Kilometer dürre Steppe und Wüste, wo es in normalen Zeiten nur wenig Futter für die Tiere und kärglich Wasser gab. Bei der jetzigen Trockenheit würde man vielleicht kaum noch etwas finden.

Wenn sie hier in Beerseba nicht genügend Vorräte für die Reise kaufen konnten, standen ihre Chancen sehr schlecht. Doch vor ihnen waren in den vergangenen Wochen schon viele andere Karawanen vorbeigezogen, die Vorräte gekauft hatten. Die Kaufleute in Beerseba profitierten nicht schlecht von der Dürre.

Der Markt war ein Durcheinander von Menschen aus der gesamten östlichen Welt, und von allen Seiten hörte man viele verschiedene Sprachen und Dialekte. Beim Abschluß aller Geschäfte konnte man überall einen Ton von Besorgnis heraushören. Sogar Abrams Reichtum brachte ihnen nur knappe Vorräte ein. Die Diener hatten ihr Bestes getan, und auch er selbst und Lot hatten nicht mehr auftreiben können als etwa die Hälfte von dem, was sie gebraucht hätten, um ganz ohne Sorgen weiterzuziehen. Am Abend saßen Lot, Elieser und Abram noch lange zusammen, um die Tagesrationen für die Reise einzuteilen. Als sie sich dann Gute Nacht wünschten, lächelten sie mit mühsam aufrecht erhaltenem Glauben: „Gott ist mit uns."

Abram ging in Sarais Zelt.

Sie fragte: „Mein Herr, die Dinge stehen nicht allzu gut?“ Er schüttelte nur mit dem Kopf.

Der erhoffte Regen kam nicht. An dem Tag, an dem Gott Abram vor einem Jahr in Ur gerufen hatte, befand sich sein Zug irgendwo in dem Ödland, das sich zwischen Kanaan und Ägypten erstreckte. Seit Wochen waren sie unterwegs und hatten alle immer nur soviel an Nahrung und Wasser bekommen, um sie und die Tiere am Leben zu halten. Neben den in Beerseba gekauften Vorräten waren die kargen Früchte der trockenen Steppe und Wüste ihre einzige Nahrung.

Der Lagerplatz dieses Abends lag auf einer weiten baumlosen Ebene, die mit größeren und kleineren Steinen übersät war. Abram ging, in Gedanken versunken, nochmals allein durch das Lager, um überall nach dem Rechten zu sehen. Ein in den herumliegenden größeren Felsbrocken leise wimmernder Wind strich durch die Nacht. Abram zog sein Gewand enger um sich, obwohl es nicht kalt war. Immer wieder gingen ihm die noch vorhandenen Vorräte durch den Kopf, obwohl er schon hundert Mal und mehr darüber nachgedacht hatte. Die Rationen, die er täglich austeilen konnte, waren so gering, daß ihm sein Herz vor Mitleid schmerzte. Seine armen Leute. Ägypten war immer noch rund 150 Kilometer entfernt, und sie konnten mit ihren immer schwächer werdenden Herden jeden Tag nur einige Kilometer weit ziehen.

Als er am Zelt einer jungen Familie vorüberkam, hörte er von dort Stimmen. Er war es nicht gewöhnt, seine Leute zu belauschen, da er aber seinen Namen hörte, zog es ihn doch näher. Die junge Frau weinte, und ihr Mann, der einer der treuesten und tapfersten Anhänger Abrams war, suchte sie zu trösten. „Marla, so höre doch, Gott ist mit uns“, sagte er immer und immer wieder.

„Vielleicht war Er früher einmal mit uns“, antwortete sie. „Sieh dir doch unsere Kinder an, sie sind so hungrig. Heute abend hat mich eines von ihnen gefragt, wann wir unsere Heimat wiedersehen werden."

„Ich weiß, Marla. Aber Abram tut alles, was er kann, um..."

„Abram hat uns doch hierher gebracht", murrte sie. „Ist er denn der einzige weise Mann in der Welt. Wir wurden doch vorher deutlich genug gewarnt."

„Die Warnung kam aber von einem Propheten Baals, Marla."

„Aber es war trotzdem eine Warnung", weinte sie und setzte bitter hinzu: „Wozu soll es gut sein, wenn wir einem Gott dienen, der Seine Nachfolger verhungern läßt? Tote werden Ihm auch nichts nützen, denke ich. Wäre ich nur in Damaskus geblieben. Vielleicht bestraft Baal uns jetzt dafür, weil wir fortgegangen sind. Vielleicht ist Abrams Gott der falsche."

Abram ging weiter. Er war erschüttert über das, was er gehört hatte. Auch in ihm nagte der Hunger. Er hatte den ganzen Tag nur zwei dünne Brotfladen gegessen und einen Becher Wasser getrunken, und er fühlte bei jedem Schritt, wie ausgelaugt er war. Doch die Worte der Frau schmerzten ihn mehr als der Hunger. Er hatte geahnt, daß dies kommen würde, wenn die Dürre und damit die Hungersnot nicht bald endeten. Es war nicht verwunderlich, wenn sich die Leute von ihm abwandten. Was hatte er ihnen schon gegeben? „Nur leere Phrasen?" fragte er sich. „Was nützen große Worte über Glaube und Religion, wenn man einen leeren Magen hat?"

Er hatte den Rand des Lagers erreicht. Verzweifelt hob er seine Hände im Gebet. „Mein Gott, gib uns mehr als Worte und Offenbarungen, gib uns Nahrung für unsere Leiber! Was soll ich für meine Leute tun?" Doch nichts — nichts als der Wüstenwind, der wie ein verhungernder Kojote winselte, beantwortete sein Gebet.

Langsam vergingen die Tage. Kilometer um Kilometer schleppten sie sich dahin. Die Rationen reichten nicht so, wie die drei Männer gehofft hatten. Sie waren alle schon so schwach, daß der Zug immer nur mehrere hundert Meter voran kam, bis sie wieder ausruhen mußten.

Die ausgetrocknete Erde gab kaum noch einige wenige Früchte und etwas Gras, und die Frauen verloren das Interesse, aus dem, was sie fanden, noch eine karge Mahlzeit zu bereiten. Zur Zubereitung mancher Früchte hätten sie mehr Ziegenmilch gebraucht, um davon nicht krank zu werden. Doch die schwachen Ziegen gaben kaum noch genug Milch; und was sie gaben wurde unter der brennenden Sonne schnell sauer. Fleisch gab es nur noch jeden zweiten Tag ein klein wenig. Sie hatten schon einige ihrer besten Zuchtböcke dafür schlachten müssen.

An jedem neuen Morgen wurden die Verhältnisse verzweifelter. Abram war früher diese Strecke schon oft gereist. Doch er hatte aufgegeben zu überlegen, wie viele Wüstenkilometer sie noch von Ägypten trennten. Hier und da kamen sie an eine Stelle, die ihm vertraut erschien und ihm die ungefähre Entfernung zum Niltal anzeigte, doch was nützte dies seinen Leuten, die mit viel Mühe einen Fuß vor den anderen setzten, um weiterzukommen?

Die Kamele und Esel weigerten sich an jedem neuen heißen Morgen mehr, aufzustehen und ihre Lasten zu tragen. Unendlich viel Geduld war jedes Mal nötig, sie vorwärts zu bringen.

Zuerst hatte sein Glaube Abram noch aufrecht gehalten, doch jetzt begann auch dieser zu schwanken. Die Verantwortung für seine Leute, die rund um ihn litten, lastete genauso auf ihm, wie die Lasten auf den Tieren, und er wußte nicht, wie lange er sie noch würde tragen können.

Sie hatten immer noch zwölf Tagereisen bis nach Ägypten

vor sich, wenn die Vorräte noch so lange reichen würden; was nicht sehr wahrscheinlich war. Abram ging wieder, wie jeden Abend, durch das Lager, um hier und da mit seinen hungernden Leuten zu sprechen. Wie konnte er sie immer wieder ermutigen weiterzuziehen? Woher sollten sie noch die Kräfte nehmen für die letzte Strecke des Weges? In den Augen aller, die einmal so begeistert und voller Zuversicht gewesen waren, sah er jetzt Verzagtheit und Hoffnungslosigkeit. Einige hofften zwar immer noch gegen alle Umstände, daß Gott sie sicher ans Ziel bringen würde, aber die meisten hatten alle Hoffnung aufgegeben. Nur der Wille zum Überleben hielt sie noch aufrecht.

Als Abram wieder in seinem Zelt war, fand er keinen Schlaf. Die meisten seiner Leute konnten vor Hunger kaum mehr einschlafen. Plötzlich war ein Schrei zu hören. Einer der jungen Hirten rief nach Abram. Gegen alle Sitte kam er voller Angst in Abrams Zelt gerannt: „Herr Abram, komm schnell. Es ist Dari. Dari, der Flötenspieler."

In der Mitte des Lagers versammelten sich immer mehr seiner Leute. Alle liebten den jungen Dari, der sie mit seinem fröhlichen Lachen und seinem Flötenspiel oft erheitert hatte. „Was war geschehen?"

„Vor wenigen Minuten wurde unsere Wache abgelöst, Herr", erklärte der Hirtenjunge. „Als ich in mein Zelt kam, hörte ich in der Dunkelheit jemand weinen." Alle folgten Abram und dem Jungen zu den Schafen draußen vor dem Lager. „Ich glaubte", fuhr der Junge fort, als sie bei dem Zelt ankamen, „niemand anders könnte jetzt im Zelt sein. Deshalb habe ich eine Lampe angezündet, um zu sehen, was geschehen war. Und da sah ich Dari in der Ecke liegen. Sieh selbst, Herr", er zeigte in eine Ecke des Zeltes.

Da lag der Junge, den alle so gut kannten. Die anderen drängten so heftig in das Zelt, daß Abram sie wieder nach draußen schicken mußte. Dann kniete er neben Dari nieder. Der Anblick des eingefallenen und blassen Gesichts des früher immer so lebendigen Jungen schnitt ihm ins Herz. „Junge", flüsterte er, „ich bin es, dein guter Freund."

Dari öffnete mühsam die Augen und lächelte schwach. Mühsam versuchte er zu sprechen. „Herr, ich war in den Hügeln. Meine Schafe verhungern..."

Abram beugte sich über ihn und antwortete: „Sei ruhig jetzt, Sohn, und schlafe. Wenn es Morgen wird, wirst du dich wieder besser fühlen." Doch seinen Worten fehlte die Zuversicht. Er blieb neben Daris Lager sitzen, während dieser einschlief. Seine Gedanken wanderten zu der Zeit zurück, da er den tapferen kleinen Boten aus Hebrons Stamm kennengelernt hatte. „Kämpfe jetzt genauso mutig wie damals", dachte er.

Als der Morgen dämmerte, kam Abram aus dem Zelt. Mit einem seltsamen und entschlossenen Gesichtsausdruck ging er an all seinen Leuten vorbei. Mit langen Schritten wanderte er ein ganzes Stück in die Wüste. Als er so weit gegangen war, daß seine Leute ihn nicht mehr sehen konnten, hob er seine Arme zum Himmel empor und schrie: „Mein Gott, wo bist Du? Warum entziehst Du Dich mir und redest nicht mit mir?"

Lange stand er so, als würde er auf die Antwort einer Donnerstimme warten, auf eine Vision oder vielleicht auf einen leuchtenden Lichtstrahl oder Blitz. Doch solange er auch wartete — nur die Stille antwortete ihm.

Wieder vergingen drei Tage. Ägypten kam langsam näher, doch Daris Zustand schien sich nicht bessern zu wollen. Er lag in einer schnell gefertigten Trage, die zwischen zwei Esel gehängt wurde. Immer wieder kam auch Abram zu ihm, konnte aber kein Hoffnungszeichen der Besserung erkennen.

Ein Mann im Zug beobachtete Abram besonders genau. Lots Glaube, der Abram in Beth-El, als das Gras starb und das Wasser versiegte, noch ermutigt hatte, war ganz besonders von dem Mut und der Zuversicht seines Onkels abhängig. Abram war für ihn die Vaterfigur und die Verbindung zu dem allmächtigen Gott. Wenn Abram wuchs, wuchs auch Lot mit ihm; und wankte Abram, würde Lot noch schneller wanken und fallen, wie an jenem Tag in Damaskus, als er bald in die Netze der Hure gefallen wäre, hätte Abram ihn nicht mit starkem Arm gehalten. Lot sah, wie Abram sich um Dari mühte und ihm Mut machte. Er beobachtete seinen Onkel, wenn dieser Abend für Abend allein in die Wüste hinausging, um zu beten und mit seinem Gott zu reden, wie Lot annahm. Und das hielt seinen Glauben aufrecht, obwohl auch ihm wegen der fast hoffnungslosen Verhältnisse oft Zweifel kamen.

Wenig wußte Lot von den Zweifeln, die auch seinen starken Onkel quälten. Hätte er in den Augenblicken, wenn Abram Gott suchte und um Antwort schrie, in dessen Herz schauen können, wäre all sein Glaube in nichts zerfallen. Doch Abram, nicht der glaubensstarke Patriarch, sondern der von Zweifeln und Fragen geplagte Mensch, ging weiter jeden Abend allein in die Wüste und rief nach seinem Gott. Er stand dort und wartete auf Antwort. Und wenn keine Stimme und keine Vision und keine Antwort kam, kehrte er ins Lager zurück, unsicherer und zweifelnder als je zuvor — doch das wußte Lot nicht.

Dari spielte nie wieder für Abram und die Seinen auf der Flöte. Eine Woche nach Beginn seiner Krankheit wurde sein lebloser Leib in der Steppe begraben. Knapp 50 Kilometer vor der Grenze Ägyptens.

Als Abram mit versteinertem Gesicht aus dem Zelt trat, wußten alle, daß Dari gestorben war. Lot, der sich nicht länger zurückhalten konnte, rannte zu seinem geliebten Onkel und klammerte sich an seinem Arm fest, als könne ihm dadurch neue Kraft und Zuversicht zufließen. Doch Abram ging steif weiter in Richtung der Wüste. Lot folgte ihm und sagte weinend: „Onkel, was könnte ich sagen? Was kann ich tun, um dir zu helfen?“

Abram drehte sich um und sah den an, den er wie einen

Sohn liebte. Doch er sagte nur: „Du solltest mir schon viel früher geholfen haben, Lot, und zwar, als ich begann, für diesen, meinen Gott zu leben. Damals hättest du mir zeigen müssen, daß ich im Irrtum bin und hättest helfen sollen, meine fiebrigen Ideen zu zähmen. Du solltest mir gesagt haben, was für ein Narr ich bin."

Sprachlos und wie vom Donner gerührt blieb Lot stehen und sah seinem Herrn nach, der in die Dunkelheit der hereingebrochenen Nacht hinausging. Er wollte es nicht glauben, als er Abrams Gelächter hörte.

Kapitel 6

Irgendwie reichten die Vorräte doch, bis sie die Grenze Ägyptens erreichten, dieses „Geschenk des Nils", der isolierte 800 Kilometer lange Streifen fruchtbarer schwarzer Erde, der sich vom Sudan bis zum Mittelmeer hinzieht und im Durchschnitt nur etwa 30 Kilometer breit war. Das mächtige ägyptische Weltreich, das zu jener Zeit schon mehr als 700 Jahre alt war, lag in einer strategisch äußerst sicheren Position zwischen den Wüsten Libyens und des Sinai sowie dem Roten Meer. Nur der schmale Gazastreifen an der Nordostecke machte einen Zutritt in das Land ohne größere Schwierigkeiten möglich.

Unter normalen Umständen wäre es für Abrams Stamm vielleicht schwierig gewesen, durch dieses Land zwischen Kanaan und Ägypten zu ziehen, ohne von Beduinen und anderen Wüstenräubern belästigt oder gar überfallen zu werden. Doch die Dürre hatte auch den wilden Bewohnern der Wüste so übel mitgespielt, daß von ihnen im Augenblick nichts zu befürchten war.

Je näher die Karawane der Grenze kam, um so mehr anderen Reisenden begegneten sie. Größere und kleinere Gruppen, einzelne Familien und nomadisierende Beduinen, alle hatten das gleiche Ziel und strömten in das Niltal. Manche von ihnen kamen von so weit nördlich wie Phönizien und Damaskus. Alle ergriff neue Hoffnung, als sie das Land erreichten, in dem es keine Hungersnot und Dürre gab.

Doch Abram plagten noch andere Gedanken, als sie nun Ägypten erreichten. Da er sich nicht mehr sicher war, ob Gott diesen Weg wirklich von ihm gefordert hatte, plagten ihn Zweifel und innere Anklagen. War er wie ein Narr irgendwelchen Phantasien gefolgt, und hatte er seine Leute sinnlos in diese großen Schwierigkeiten geführt? Bilder ihrer hinter ihnen liegenden Leiden standen vor ihm. Er mußte an Dari denken, den Tapferen, dessen Grab nun irgendwo dort draußen in der Steppe lag. War all dies notwendig gewesen?

Die Schatten wurden schon länger, als sie an der Fürstenmauer, dem Befestigungsring, der sich an der östlichen Grenze Ägyptens entlangzog, ankamen. Die Befestigungen waren schon vor Jahrhunderten gebaut worden, ständig erneuert und verstärkt waren sie ein Bollwerk gegen Angriffe aus dem Osten. Durch das Tor, welches sie jetzt erreichten, mochten im Laufe der langen Zeit schon Millionen von Menschen gezogen sein.

Sarai zog ihre Kleider enger um ihren schlanken Körper, um sich vor dem kalten Nachtwind zu schützen. Sie wäre gern neben Abram geritten, hielt ihr Kamel aber in korrekter Entfernung vom Führer der Karawane, der zugleich ihr Gatte war, als sie am ersten Kontrollpunkt der Grenzwachen ankamen. Die Hirten hielten auch das Vieh eng beieinander, damit es im Gedränge hier am Tor kein unnötiges Durcheinander gab. Lot und Elieser hatten alle Hände voll zu tun, um den ganzen Zug in Ordnung zu halten.

Das Tor und die Straße hinter der Fürstenmauer waren hell erleuchtet durch viele Fackeln und Lampen. Rechts und links der Straße standen die Büros der Beamten, welche die Einwanderer kontrollierten und registrierten, sowie der Steuereinnehmer. Weiter hinunter die Straße entlang hatten Händler ihre Stände aufgebaut und verkauften Lebensmittel und allerlei andere Dinge, die für Menschen, die von einer langen und beschwerlichen Reise kamen, notwendig sind.

Überall in der Menge saßen Bettler herum, teils blind oder lahm, die ihre Bettelschalen emporhoben und darauf warteten, daß mildtätige Reisende ihnen eine Münze schenkten. Doch die Mildtätigen waren selten geworden unter den Ankommenden. Wer noch Geld aus der Dürre und Hungersnot gerettet hatte, mußte jetzt hohe Steuern bezahlen, um Aufenthaltsrecht in Ägypten zu erhalten. Da war kaum jemand bereit, das letzte Geld zu verschenken.

Für jeden einzelnen der Ankommenden mußte bezahlt werden, auch die kleinsten Kinder waren nicht ausgenommen. Solche, die nicht bezahlen konnten, wurden zur Fronarbeit auf die Plantagen oder die Bauplätze des Pharaos geschickt. Die großen Pyramiden, die Sphinx, die Tempel und Paläste Ägyptens waren alle durch die Arbeit der Sklaven und Einwanderer errichtet worden. In früheren Zeiten waren die Einwanderer sogar oft direkt in Sklaverei verkauft worden, wenn sie nicht bezahlen konnten. Da jeder Pharao unumschränkter Herrscher war, konnte dies auch jetzt wieder geschehen, wenn es ihm so einfiel. Der jetzige Pharao aus der achten Dynastie stand zwar nicht in dem Ruf, ein großer Sklavenhändler zu sein, deshalb hatte Abram auch keine allzu große Besorgnis in dieser Hinsicht. Außerdem kannte er von seinen früheren Karawanenreisen nach Ägypten her den Pharao persönlich. Vielleicht würde es ihm helfen, daß die Namen Tarah, Nahor und Abram von Ur hier sehr geachtet waren.

Sein früherer Reichtum allerdings würde nicht mehr viel nützen. Abram hatte sein Vermögen zum großen Teil ausgeben müssen, um für 100 Leute die nötigen Vorräte für die Reise nach Ägypten einzukaufen. Sein guter Name würde wahrscheinlich nicht mehr bewirken, als daß er vielleicht ein besonders gutes Stück Weideland zugeteilt bekam.

An der Mauer oberhalb der Einwanderungs- und Steuerbüros waren Balkone angebracht, auf denen Soldaten standen, die aufmerksam beobachteten, daß niemand unregistriert nach Ägypten hineinschlüpfte. Zwischen diesen Soldaten konnte man hier und da besonders vornehm und reich gekleidete Männer sehen, deren Kopfbedeckung anzeigte, daß sie zur Familie oder zum Haushalt Pharaos gehörten. Unter den ägyptischen Fürsten gab es eine Unzahl von Titel, die mit dem Hof zusammenhingen, da war zum Beispiel der königliche Mundschenk, oder der Verwalter der königlichen Wagen oder der Pferde usw. Pharao hatte viele solche „Fürsten", die häufig die Kinder seiner vielen Frauen aus seinem Harem waren. Pharaos Harem war berühmt und unübertroffen in der ganzen östlichen Welt. Nahezu 500 der schönsten Frauen bevölkerten ihn, und seit seiner frühen Jugendzeit hatte er von ihnen Gebrauch gemacht.

Eine der wichtigsten Positionen am Hofe Pharaos war die des Aufsehers über den Harem. Etliche jüngere Männer, die ihm untergeordnet waren, hatten nur die Aufgabe, laufend durch das Land zu reisen und nach besonders schönen jungen Mädchen Ausschau zu halten, die Pharao gefallen könnten.

Diese Frauen konnten aus allen Schichten der Bevölkerung kommen. Aus Adelsfamilien genauso wie von bäuerlichen; und sogar Sklavinnen waren nicht ausgeschlossen, wenn es sich um besondere Schönheiten handelte. Gleichermaßen wurden oft Frauen aus anderen Ländern zu Pharao gebracht oder ihm von anderen Herrschern als Geschenk übergeben. Es kam letztlich nur darauf an, daß Pharao Gefallen an diesen Frauen fand, alles andere war nebensächlich.

Es war der Traum jeder ägyptischen Familie, daß einem ihrer Mädchen eines Tages die Gnade zuteil werden möchte, für Pharao ausgewählt zu werden, denn diese Frauen lebten nachher in unbeschreiblichem Luxus. Oft jedoch geschah es, daß dieser Traum noch zerstört wurde, wenn Pharaos Beauftragte ein Mädchen schon von seiner Familie weggeholt und in den Palast gebracht hatten. Denn die endgültige Wahl stand allein Pharao zu. Dann mußten diese Mädchen und ihre Familien die Schande über sich ergehen lassen, daß Pharao sie wieder zurücksandte.

Auch an diesem Abend befanden sich einige dieser „Fürsten" bei den Wachsoldaten auf den Balkonen und beobachteten, was unten auf den Straßen vor sich ging. Besonders aber hielten sie danach Ausschau, ob unter den Ankommenden ein Mädchen oder eine junge Frau zu finden wäre, die Pharao gefallen könnte.

Als Abram sich mit den Seinen dem Registrationsbüro näherte, sah er diese „Fürsten" auf den Balkonen stehen. Von seinen früheren Besuchen her wußte er, wonach sie Ausschau hielten. Er sah, wie sich einige von ihnen eifrig unterhielten und ungefähr in ihre Richtung deuteten. Als er dahin schaute, wohin sie zeigten, bemerkte er, daß sie Sarai beobachteten. Furcht packte ihn. Er hätte daran denken müssen, sie vielleicht im Inneren eines kleinen Zeltes auf dem Rücken des Kamels vor ihren Blicken zu verbergen, aber nun war es zu spät. Seine Gedanken waren in vollem Aufruhr, er durfte ihnen nicht erlauben, sie mitzunehmen.

Abram überlegte: „Sie ist doch meine Frau, das sollte Schutz genug sein." Doch als er wieder zu Sarai blickte, erinnerte er sich daran, daß er gehört hatte, Pharao habe schon oft Männer töten lassen, um ihre Frauen zu bekommen. Nun begann er für sein eigenes Leben zu fürchten. Da durch die vorangegangenen üblen Erlebnisse auf ihrer Reise sein Glaube an die Hilfe seines Gottes schon sehr schwach geworden war, brauchte es jetzt nur noch diesen kleinen Anstoß, um allen Mut zu verlieren. Er sah sich schon als unschuldiges Opfer der Vergnügungen Pharaos.

Sarai, die nichts von dem Drama, das hier begann, ahnte, erschauerte ein wenig unter der kalten Abendluft. Ihr Gesicht war durch einen dünnen Schleier leicht verhüllt. Als sie sich jetzt der Registration näherte, hob sie die Hand, um ihn abzunehmen. Abram ahnte: Würden die Männer auf dem Balkon ihr Gesicht sehen, war ihre Entscheidung wohl endgültig. Weil er nicht mehr Aufsehen erregen wollte als nötig, drängte er sich mit klopfendem Herzen durch die Menge und rief lauter als er gewollt hatte: „Sarai! Sarai, halt, tu es nicht!“

Überrascht blickte Sarai zu ihrem Gatten. Was sollte sie nicht tun? Was war geschehen? Sie hatte noch nie soviel Furcht in seinen Augen gesehen. Das ängstigte sie.

„Laß dein Gesicht bedeckt!“ rief er so verzweifelt, daß sie nur noch unruhiger wurde. Noch nie hatte Abram so mit ihr gesprochen.

Sie lehnte sich ein wenig zu ihm herab und fragte: „Was ist geschehen, mein Herr? Was macht dir Sorgen?“

Abram merkte, daß er sich falsch benahm. Um sie zu beruhigen, sagte er lächelnd und viel ruhiger: „Du bist zu schön für all die Menschen hier herum. Es würde zuviel Aufsehen erregen, wenn du den Schleier abnimmst.“

Sarai lächelte schwach. Zwar wurde ihre weibliche Eitelkeit geschmeichelt, aber sie merkte, daß irgend etwas nicht stimmte, und deshalb bat sie: „Abram, bitte, ist etwas mit mir?“

Abram war nie in der Lage gewesen, seine Gedanken vor ihr zu verbergen, so war es auch jetzt. Sanft hob er sie vom Kamel, um sie so den Augen der wachsamen Beobachter zu entziehen. „Sarai“, begann er, „siehst du jene Männer dort auf dem Balkon, die so vornehm gekleidet sind?“

„Ich bemerke sie erst jetzt, mein Herr, da du von ihnen sprichst. Bisher waren sie mir noch gar nicht aufgefallen."

„Aber sie haben dich bemerkt, Sarai, und beobachten dich. Weißt du auch, warum?"

„Nein", ihre erstaunten Augen verrieten ihre Ahnungslosigkeit.

Sorgfältig, aber schnell erklärte er ihr, in welchem Dilemma sie steckten. Sarai wurde bleich und drängte sich eng an ihn. „Abram, ich fürchte mich", flüsterte sie. Zuversichtlicher fügte sie hinzu. „Aber, mein Herr, bu bist mein Mann, das werden sie sicherlich respektieren."

„Du kennst diese Männer nicht, Sarai", bemerkte Abram, „und auch Pharaos Entschlossenheit nicht. Will er etwas erreichen, räumt er jeden beiseite, der ihm im Wege steht."

„Aber du hast mir erzählt, Pharao kennt und schätzt dich. Sicherlich..."

„Niemand kann Pharao aufhalten, Sarai, nicht einmal die, welche ihm am nächsten stehen. Vornehmere Männer als ich sind schon seine Opfer geworden."

Mit neuer Furcht sagte sie: „Mein Herr, du kannst doch nicht meinen, daß er dich töten ließe, wenn..."

„Doch, Sarai, dies wäre möglich."

Als Sarai Abrams Furcht bemerkte, fragte sie sich, ob dies noch derselbe Mann war, der sie mutig aus Ur geführt hatte und in Damaskus auf den Tempelstufen im Vertrauen auf Gott einer ganzen verdorbenen Stadt und ihrer Priesterschaft Trotz bot. War dies der Mann, der behauptete, Gott habe mit ihm gesprochen? Sie fragte: „Aber mein Herr, wird Gott dich nicht bewahren?"

Abram wandte sich ab, er konnte ihren Blick und die Frage nicht ertragen. Wie sehr war sein Glaube gesunken. Von der Höhe des Berges Gerizim aus war er durch das Tal der Hungersnot gegangen und er schien darin seinen Glauben verloren zu haben. Wieder fühlte er sich in dieser drängenden Menschenmenge so allein. In seinem Herzen schrie er: „Gott, mein Gott, hilf mir aus diesen Nöten!“ Doch da war keine Antwort. Da erinnerte er sich an all die anderen scheinbar vergeblichen Gebete der letzten Wochen, und sein Herz wurde schwer wie Stein.

Mit erstarrtem Gesicht wandte er sich an Sarai, die furchtsam auf seine Antwort wartete. Mit ihr völlig fremder Stimme sagte er: „Sarai, ich bitte dich, sage jetzt an der Registration, du seist meine Schwester, damit ich keinen Schaden nehme und vielleicht um deinetwillen sterben muß.“ Ihr hübsches Gesicht verlor alle Farbe. Mit hängenden Schultern gingen sie zu den Beamten.

Kapitel 7

Da Abrams Leute als Hebräer lebten, wurden sie durch ihre Herden, mit denen sie umherzogen, vor weiteren Schwierigkeiten bewahrt. Da sie ihren Lebensunterhalt selbst verdienen und sich selbst ernähren konnten, brauchten sie keine Arbeit bei den Ägyptern anzunehmen. Einwanderer, die sich als billige Arbeitskräfte verdingen mußten, lebten gewöhnlich unter den härtesten Umständen.

Doch Abram war mit seinem Stamm unabhängig. Als sie erst registriert waren und ihre Steuern bezahlt hatten, durften sie in das fruchtbare Niltal ziehen. Sie pachteten von der ägyptischen Regierung ein großes Stück Weideland, das dem Pharao gehörte, und begannen unter den wachsamen Augen der Beamten des Königs auf diesem Land ihr Lager aufzuschlagen und die Herden zu weiden. Abrams Ansehen hatte es vermocht, daß ihnen ein besonders gutes Stück Weideland verpachtet wurde. Als sie erst zur Ruhe kamen und Menschen und Tiere wieder genug Nahrung zu sich nehmen konnten, kehrte bald die alte Kraft zurück.

Mehrere Tage nachdem sie ihr Lager eingerichtet hatten, machte sich Abram eines Morgens auf den Weg, um das Land näher zu beschauen. Elieser begleitete ihn. Es war ein ungewöhnlich heißer Tag. Sie wanderten ein ganzes Stück bis zu einem Hügel, von dem aus sie die Weide weit übersehen konnten, die sich wie ein grüner Teppich nach allen Seiten ausstreckte.

Am späten Nachmittag machten sie sich wieder auf den Heimweg. Als sie die letzte Bodenwelle vor dem Lager überschritten, hörten sie laute Stimmen von dort her. Sie waren noch zu weit entfernt, um verstehen zu können, worum es ging, doch der ganze Stamm schien in Aufruhr zu sein. Sie beeilten sich und sahen bald eine große Gruppe Ägypter auf Kamelen. Sie hatten einen ganzen Zug von Wagen mitgebracht, die mit vielerlei Gütern beladen waren, außerdem eine Schafherde und eine Herde feiner Rinder.

Der gesamte Stamm schien sich um das große Zelt in der Mitte des Lagers versammelt zu haben. Abram wollte fast das Herz stehen bleiben, als er vom Zelt her jemand laut schreien hörte: „Abram! Abram!"

Wild blickte er Elieser an. „Das war Sarai!" schrie er und rannte wie ein Pfeil davon. Sein junger Gefährte konnte ihm kaum folgen. „Sarai!" schrie er mit aller Kraft. Er war noch nie so schnell gerannt. Auf die herumliegenden Steine und die kleinen Büsche nahm er keinerlei Rücksicht. Er mußte verhindern, daß sie Sarai mitnahmen. Wollte der Himmel denn gar nicht eingreifen? „Gott!" schrie er, und „Sarai! Sarai!"

Doch er erreichte das Lager nicht mehr rechtzeitig. Wegen

des Lärms im Lager hörte man auch sein Schreien nicht und bemerkte ihn nicht. Der Führer des Zuges zerrte Sarai, die sich mit aller Kraft wehrte, gerade aus dem Zelt. Die Männer des Stammes konnten nicht mehr helfen, denn die ägyptischen Soldaten hatten ihre gespannten Bogen auf sie gerichtet. „Was hast du nur?“ lachte der große Offizier. „Dein Bruder ist überreichlich bezahlt, und du wirst es bei Pharao gut haben. Es sollte eine Ehre für dich sein.“

Sarai wurde fast ohnmächtig, so sehr hatte sie sich gewehrt. Mit letzter Kraft schrie sie nochmals: „Abram, hilf mir!“ Heiße Tränen liefen ihr über das Gesicht, als der Offizier sie zu einem seiner Reiter hochhob, der sie grob vor sich in den Kamelsattel zerrte.

„Gehe vorsichtig mit ihr um, du Narr!“ schrie der Offizier. „Vergiß nicht, daß Pharao sie verlangt. Er wird sehr zornig auf dich sein, wenn sie auch nur den geringsten Kratzer abbekommt.“ Damit schwang er sich auf sein eigenes Kamel, ließ es aufstehen, und sie ritten davon.

Abram war nun schon nahe heran.

„Sarai!“ schrie er so laut, daß nun alle es hörten. Er rannte hinter den abreitenden Ägyptern her. „Sarai! Sarai!“ schrie er immer wieder.

Die vor Angst im Sattel zusammengesunkene junge Frau hörte ihren Gatten rufen, bäumte sich auf, begann aufs neue zu kämpfen und schrie: „Abram! Hilf mir, Abram! Um deines Gottes willen, hilf mir!“ Wie ein in die Enge getriebenes Tier kämpfte sie mit dem Soldaten, während die Kamele im stetigen Trab weiterliefen.

Immer noch rannte Abram hinter ihnen her, obwohl seine Lunge zu explodieren drohte und sich alle Muskeln seines Körpers vor großer Anstrengung zusammenziehen wollten. „Mein Gott!“ schrie er.

Sarais Wächter hielt die Gefangene eisern fest und rief lachend dem neben ihm reitenden Offizier zu: „Ich habe noch nie einen Bruder gesehen, der sich soviel Sorge um seine Schwester gemacht hätte.“

Dieser antwortete: „Dabei ist Abram doch wirklich über die Maßen gut bezahlt worden. Ich denke, er wird sich wieder beruhigen, wenn er erst sieht, was wir alles als Preis für seine Schwester mitgebracht haben. Das geht doch bei allen so. Ich hörte, er sei ein reicher Kaufmann gewesen, und sogar Pharao habe ihn sehr geschätzt. Ich verstehe nicht, wie ein solcher Mann auf einmal Schafe hüten kann.“

Die Ägypter lachten laut und zeigten damit ihre Verachtung für Menschen, die umherzogen und fast wie Beduinen lebten. Abram, der nun so nahe war, daß er ihr Lachen hörte, strauchelte plötzlich, die Kräfte verließen ihn, er stürzte. Mühsam erhob er sich wieder, rannte noch ein Stück weiter und stürzte von neuem. „Mein Gott!“ schrie er, zu kraftlos, um sich wieder zu erheben. Auf den Knien liegend schaute er den davonreitenden Ägyptern nach. Tränen trübten seinen Blick, und bald verschwanden die Ägypter hinter der nächsten Bodenwelle.

„Mein Gott...“, stöhnte er wieder, während er, immer noch auf den Knien liegend, über das jetzt leere Grasland hinstarrte. Er bot ein nur zu eindringliches Bild seiner eigenen Torheit.

Kapitel 8

Die Tore von Memphis, der Hauptstadt Pharaos, waren fast so hoch wie der Ziggurat in Ur. Gewaltige Türme dienten zu ihrem Schutz, und entlang der mächtigen Mauern sah man überall Wachposten, die von der Höhe aus das flache Land aufmerksam beobachteten. Von den Zinnen der Mauern aus konnten sie im Westen die drei mächtigen Pyramiden von Giseh und das eindrucksvolle Bild der Sphinx sehen. Im Osten der Stadt floß der ewige Nil.

Eine breite, mit Palmen bestandene Straße von fast zwei Kilometern Länge führte schnurgerade in das Herz der Stadt. Im genau rechten Winkel von dieser Straße gingen rechts und links andere Straßen ab, nicht ganz so breit wie diese, aber ebenfalls mit den schönsten Bäumen bepflanzt. Überall an den Straßen standen großartige Häuser, von denen man viele schon als Paläste bezeichnen konnte. Es gab wohl keine beeindruckendere Stadt in der ganzen damaligen Welt, als Memphis, die Hauptstadt des mächtigen Pharaos Ägyptens.

Doch Sarai nahm nichts wahr von all der Pracht um sie herum. Zusammengesunken hing sie mit geschlossenen Augen vor ihrem Bewacher auf dem Kamel. Als die Ägypter den zentralen Platz der Stadt erreichten, stiegen sie ab und führten Sarai in den Palast. An allen vier Seiten des Platzes standen riesige, von Säulen getragene Gebäude, an denen überall Standbilder angebracht waren, welche die Götter und die verstorbenen Könige und Königinnen darstellten. Sie sah menschliche Leiber mit Krokodilsköpfen und anderen Tierhäuptern, oder Tierleiber, auf die Menschenköpfe gesetzt worden waren. Vielfältig und verwirrend waren die Abbilder der ägyptischen Götter.

Hätte Sarai unter anderen Umständen hierher kommen können, so wäre sie wohl von all der Größe und Schönheit um sie herum tief beeindruckt gewesen. Doch so war sie immer noch von tiefer Furcht gepackt und wurde nur noch verwirrter von all dem Neuen, das sie sah, während sie durch viele Säulengänge, Hallen und Gebäude gingen.

Endlich erreichten sie ein großes Gebäude, das vier Etagen hatte und ebenfalls von gewaltigen Säulen getragen wurde. Es stand unmittelbar neben Pharaos Palast. An den Ecken des Gebäudes standen goldene Bilder des Stiergottes Osiris, und im großen Hof zwischen den Gebäuden stand eine riesige Statue des Königs aller ägyptischen Götter, des Sonnengottes Ra. Vierzig Brunnen verschiedener Größe standen um dieses Götterbild herum.

Zu dem Götterbild selbst führten lange Reihen breiter Stufen hinauf, es mußten wohl mehr als 100 sein, die unmittelbar an dem Altar zu Füßen des Gottes endeten. Sarai wurde schnell daran vorbei und in ein etwas kleineres Haus hineingeführt. Bald erfuhr sie, daß dies der Harem des Pharaos war.

Sie zitterte, als sich das Tor öffnete und eine kräftige, in Seide gekleidete Frau erschien. „Hier ist sie", sagte der Offizier, schob Sarai in das Innere und verließ das Haus wieder. Hinter ihr schloß sich die Tür.

Sarai starrte dumpf in den langen Flur. Sie weinte nicht, aber ihre Gesichtszüge zeigten ihre innere Verzweiflung. Die Frau stellte sich freundlich vor: „Ich bin Atrischa, die Kammerfrau Pharaos. Du mußt müde sein von der Reise, und heiß ist dir sicherlich auch. Aber du bist nun wenigstens am Ziel angekommen. Du mußt nun nur noch gründlich auf den großen Tag vorbereitet werden, an dem du zu Pharao gehst, damit er zufrieden ist." Sie schaute Sarai an und war verwundert über deren Schweigen. „Du bist nervös, wie? Aber wenn du diese Nacht erst gut geschlafen hast, wirst du dich über die Ehre, auserwählt worden zu sein, freuen. Und ich glaube — und das sage ich nicht von jeder, die hierher kommt —, der Pharao wird dich annehmen."

Sanft legte sie die Hand auf Sarais Arm und führte sie in den großen Saal des Harems. In dem großen Raum schwirrte es nur so von weiblichen Stimmen. Überall standen niedrige, fein gepolsterte Diwane oder weiche Sitzkissen herum. Auf den meisten saßen oder lagen ausgesucht hübsche Frauen in prachtvollen Kleidern, die lachten, klatschten, diskutierten oder einander neckten. Es schienen mehr als 50 Frauen zu sein, die sich allein in diesem Raum aufhielten, doch Sarai wußte, es gab in dem Palast ungefähr 500 von ihnen. Es schien eine gelöste Atmosphäre zu herrschen, und niemand nahm zunächst von Sarai Notiz. Es schien nicht ungewöhnlich zu sein, daß neue Frauen gebracht oder weggeschickt wurden.

An den Wänden des Saales hingen viele blankpolierte Metallspiegel. An der offenen Seite konnte man durch Säulenreihen hindurch in den Garten und auf die Badebecken blicken.

Die Kammerfrau führte Sarai in die Mitte des Saales und blieb dort mit ihr stehen. Nach und nach wurden die anderen aufmerksam und schwiegen. Flüsternd fragten sie sich: „Wer ist sie? Kann es sein, daß ...?"

Die Kammerfrau hob die Hand. Schweigen kehrte ein. „Frauen des Königs, dies ist Sarai, die Prinzessin aus Chaldäa. Sie ist die Schwester Abrams, des Sohnes von Tarah. Ihr habt mittlerweile sicher alle schon von ihr gehört."

Das zustimmende Gemurmel bewies, daß dies stimmte. Die Frauen betrachteten Sarai mit Neid oder Bewunderung. „Sie ist wirklich sehr schön", seufzte eine noch sehr junge Frau. Die anderen lachten.

„Natürlich", lächelte die Kammerfrau. „Wir werden uns alle Mühe geben, es ihr angenehm zu machen. Zunächst braucht sie Ruhe, weil sie müde ist und sich dann auch vorbereiten muß für die Vorstellung bei unserem Herrn."

Sarai lächelte den Frauen schwach zu. Sie gab sich Mühe, ihre Tränen zurückzuhalten, die bei jedem Gedanken an ihren Gatten aufsteigen wollten. Sie dachte nicht daran, daß er sie durch seine Schwachheit zu der Lüge verführt und in diese Lage gebracht hatte, sondern erinnerte sich nur an seine Liebe und seinen notvollen Schrei, als man sie fortschleppte. Sie fragte sich, ob sie ihn je wiedersehen würde. Und nun begannen ihr die Tränen doch über die Wangen zu laufen. „Was ist los mit ihr?" fragte eine der anderen verwundert.

Die Kammerfrau führte Sarai schnell in den für sie vorgesehenen Wohnraum und befahl, kühles Wasser zu bringen. „Hier, meine Liebe, mache dich frisch. Manche Frauen haben so reagiert wie du. Doch das ist nur die Erregung des ersten Augenblicks. Ruhe dich aus und schlafe, am Morgen werden wir dich wecken."

Sarai hob bekümmert den Kopf. „Woher kennen die Frauen mich?" fragte sie.

Lächelnd antwortete die Kammerfrau: „Du bist hier das Tagesgespräch, seit du mit deinem Bruder in Ägypten ankamst. Der arme Mann, früher war er einmal ein Günstling des Pharaos, und nun... na egal, so geht es im Leben. Die Männer, welche dich an der Fürstenmauer gesehen haben, berichteten, daß seit Jahren keine so schöne Frau nach Ägypten gekommen sei und daß Pharao dich unbedingt sehen muß." Sie lachte jetzt. „Die anderen Frauen beneiden dich jetzt schon. Es würde mich nicht überraschen, wenn der Pharao dich zu seiner Hauptfrau neben sich auf dem Thron macht."

Als eine Dienerin kam, um bei der Zubereitung des Bades zu helfen, flehte Sarai: „Laßt mich jetzt bitte allein! Bitte, jetzt sofort!"

Erstaunt verließen die Kammerfrau und die Dienerin den Raum. Sarai warf sich auf das Ruhelager und schluchzte unaufhörlich: „O Abram! Abram!" So weinte sie, bis ein mildtätiger Schlaf sie einhüllte.

Die Tatsache, daß Abram Sarai verraten hatte, sprach sich schnell im Lager herum. Als die Ägypter Abrams Schwester gefordert hatten und der Wachhabende im Lager behauptete: „Sie ist Abrams Frau", hatten die Ägypter nur gelacht und geglaubt, es sei eine Ausrede, um Sarai zurückhalten zu können.

Elieser schien zu verstehen, in welch verzweifelter Lage Abram gewesen war, als er Sarai als seine Frau verleugnete. Für Lot allerdings schien es der endgültige Schlag für seinen schon sehr schwach gewordenen Glauben zu sein. Es war Elieser, der seinem Herrn entgegenging, nachdem dieser, als man Sarai fortgeführt hatte, nach langen Stunden der Einsamkeit draußen im Weideland, in das Lager zurückkehrte. „Was sollen wir tun, Herr?" fragte Elieser. „Können wir dir irgendwie helfen?"

Abram antwortete mit bitterem Unterton: „Wir werden den Himmel mit unseren Hilfeschreien bestürmen, das ist alles, was wir tun können." Als Abram dann durchs Lager ging, vermieden seine Leute, ihn anzusehen oder gingen ihm aus dem Weg. Lot, der vor seinem Zelt stand und den bittenden Blick bemerkte, mit dem Abram ihn anschaute, konnte den Blick seines gefallenen Helden nicht mehr ertragen und ging schweigend in sein Zelt zurück.

Abram verließ das Lager wieder und setzte sich an einen kleinen Bach, der in einem nahegelegenen Wadi floß. Was sollte er tun? Wenn er zu Pharao ging und die Wahrheit sagte, würde man ihn und wahrscheinlich auch Sarai sicherlich töten. Der König würde solchen Betrug nicht vergeben. Aber was sonst? Seine Entscheidung, die all diese Schwierigkeiten hervorgerufen hatte, kam daher, daß sein Glaube nicht stark genug gewesen war, der Hilfe Gottes zu vertrauen. Ironischerweise blieb die Hoffnung auf die Hilfe Gottes jetzt aber seine einzige Möglichkeit, er wußte sonst keine andere mehr.

Er verachtete sich selbst, als er über seine Lüge und den Verrat an Sarai nachdachte. Schuldgefühle und Ärger über sein Versagen drohten ihn zu überwältigen. All die Fragen, die ihn während der Hungersnot und seither so oft bedrängt hatten, schienen nicht mehr wichtig zu sein. Ob Gott sich nun um ihn kümmerte oder nicht, ihm, Abram, blieb nichts anderes übrig, als in seiner Verzweiflung zu Ihm zu schreien. Und so flehte er: „Gott, ich habe zu lange ohne Dich gelebt und habe zu lange aus dem Becher des Kummers getrunken. Leben ohne Dich ist wie der Tod, mein Gott. Obwohl ich nicht alles verstehen kann, möchte ich lieber mit Dir ein Narr sein, als ohne Dich ein kluger Mann. O Gott, wenn es im Himmel Barmherzigkeit gibt, dann erhöre mich, denn ich vergehe in meinen Sünden."

Kapitel 9

Nach einem unruhigen Schlaf erwachte Sarai am nächsten Morgen zeitig. Die Kammerfrau hatte Dienerinnen gesandt, um sie für den König vorzubereiten. Nach einem Bad in Wasser, in das man die feinsten Essenzen hineingegeben hatte, wurde ihr Haar gekämmt, und sie wurde in das feinste weiße Leinen gekleidet, das ihre, von allen angenommene, Jungfrauenschaft symbolisieren sollte. Zum Schluß wurde sie mit Juwelen und anderen Kleinodien reich geschmückt.

Der fürstliche Stolz, mit dem sie alles über sich ergehen ließ, konnte ihre wahren Gefühle nur unvollkommen verbergen. Sie verachtete alles, was mit ihr geschah. Die Schönheiten des Palastes und der Prunk der Kleidung, sicherlich die Jugendträume vieler junger Frauen, bedeuteten ihr nichts. Doch da sie keine Wahl hatte, mußte sie alles durchstehen so gut es eben ging.

Der Pharao saß am äußersten Ende eines riesigen Raumes, der eher schon eine große Halle war. Sarai fühlte sich klein und unbedeutend neben den gewaltigen Säulen, die das Dach trugen und in zwei langen Reihen bis zu Pharaos Thron führten.

Die Kammerfrau führte Sarai langsam an den Säulenreihen vorbei, so daß sie den Mann, der dort auf dem Thron saß und sie erwartete, bald besser erkennen konnte. Er war groß, schlank und doch kräftig und wohl gebaut. Seine ganze Haltung zeigte den Fürsten. Die dunkle Farbe seiner Haut wies auf die nubische Abstammung der Königsfamilie hin. Er war fürstlich gekleidet und trug die königliche Kopfbedeckung in Scharlach und Weiß, die von dem Symbol seiner Göttlichkeit, der Pythonschlange, umgeben war. In seinem Gesicht regte sich nichts, als er die beiden Frauen mit einer Handbewegung aufforderte, näherzutreten.

Die Kammerfrau trat vorwärts und übergab Sarai dem obersten Kämmerer und Herrn über Pharaos Harem, einem der höchsten Fürsten Ägyptens. Unbewegt blickte Pharao auf diesen, als er nach einer tiefen Verbeugung rief: „Pharao, mächtiger Ra, Gott der ganzen Erde, Vater von Osiris und des Nils, wir bringen dir hier die Frau Sarai, Tochter Tarahs und Schwester Abrams von Ur aus Chaldäa, eine Prinzessin von Ur und adeliger Herkunft. Möge sie dir wohlgefallen."

Nach dieser Rede verbeugte der Fürst sich wiederum tief. Der Pharao verabschiedete alle Anwesenden durch eine Handbewegung. Wenige Augenblicke später war Sarai mit ihm allein. Spannung erfüllte den Raum. Sarai stand wie erstarrt. Bedeutete die Verabschiedung der anderen, daß der Pharao sie akzeptiert hatte? Jetzt winkte er sie heran. Sie trat näher. „So, so, eine Frau aus Chaldäa", sagte er endlich. Sarai schwieg.

Der Pharao stand auf, ging zu einem kleinen Raum hinter dem Thronsaal und winkte Sarai, ihm zu folgen. „Setz dich dahin", deutete er auf einen weich gepolsterten Stuhl, der neben einem Diwan stand. Dann ging er zu einem Marmortisch, goß in eine Schale Wein aus einer dort stehenden Karaffe und reichte die Schale Sarai.

„Nein, Herr, danke", sagte sie und wandte ihre Augen ab.

Pharao blieb mit der Schale in der Hand einen Augenblick überrascht stehen. Als er sie wieder auf den Tisch stellte, sagte er: „Von einer so schönen Frau können wir auch diese Zurückweisung ertragen."

Wieder trat Stille ein. Pharao schien doch leicht verärgert zu sein, weil sie in offensichtlicher Gleichgültigkeit verharrte. Endlich meinte er: „Wie schade, daß Abram uns nie von seiner lieblichen Schwester erzählt hat." Bei dem Wort „Schwester" war es Sarai, als habe man ihr einen Stich ins Herz versetzt. „Wir hätten uns eigentlich schon lange kennenlernen sollen", fuhr er fort in Erwartung einer Antwort, die nicht kam. „Ich nehme doch an, Abram hat dir oft von mir erzählt", fuhr er zuversichtlich fort.

Doch Sarai antwortete nur ziemlich unbeeindruckt: „Herr, er hat mir von seinen Besuchen hier berichtet."

„Na, siehst du", lächelte er befriedigt. „Abram stand sehr in der Gunst des Hofes und in unserer eigenen, obwohl er manchmal ein wenig seltsam war. Er hat viele Stunden mit den Priestern verbracht und mit ihnen über alles mögliche diskutiert. Aber man sieht Leuten, die man mag, ja ihre Eigenarten nach."

„Ja, Herr, ich glaube, das tut man", stimmte Sarai zu, um ihn nicht zu erzürnen.

Pharao schüttelte bekümmert den Kopf. „Was ist nur aus Abram geworden", meinte er. „Es ist schon eine traurige Sache. Wie konnte es nur kommen, daß er seine hohe Stellung eingebüßt hat?"

„Ich weiß nicht, was du meinst, Herr", antwortete Sarai.

„Aha!" rief er, „da sieht man den Stolz des wahren Adels, der auch im Unglück den Kopf oben behält. Ich bewundere den Stolz einer Frau, besonders den einer so schönen", setzte er mit einer Verbeugung hinzu. Das Thema wechselnd fragte er: „Erzähle mir doch, mußtet ihr Chaldäa verlassen wegen des Gutäer-Einfalls?"

Sarai zögerte erst und antwortete dann: „Teilweise, Herr."

„Nur teilweise? Also gibt es hier noch ein Geheimnis!" rief er interessiert. „Habt ihr euren Reichtum an die Gutäer verloren?"

„Nein, Herr."

„Wo denn?"

Sarai nahm sich zusammen. Sie wußte, daß es gefährlich war, den Pharao zu erzürnen. „In der Hungersnot und Dürre, Herr", antwortete sie bedächtig.

„Aber die Hungersnot hat Mesopotamien doch gar nicht erreicht", bohrte er.

Sarai wurde es bei dem Verhör ungemütlich. Sie wollte nicht länger über Abram reden, um diesen nicht doch noch durch ein unbedachtes Wort zu verraten. Also sagte sie: „Herr, die Sache ist zu gering, als daß sie dich interessieren könnte. Ich möchte dich nicht langweilen."

Dies befriedigte ihn offensichtlich nicht. Doch da er ihre wachsende Unruhe bemerkte, antwortete er: „Für jetzt wollen wir die Antwort akzeptieren. Doch es bleibt ein Geheimnis, daß ein Mann wie Abram ..."

„Herr, mein Bruder ist wirklich ein guter Mann", unterbrach Sarai, „ich trage die allergrößte Achtung vor ihm in meinem Herzen."

„Natürlich", stimmte er zu. „Und so sollte es auch sein." Damit setzte er sich auf den Diwan neben ihrem Stuhl. „Weißt du", fuhr er fort, „nicht jede meiner Frauen darf dieses Zimmer hier betreten." Er erhob sich wieder, trat neben sie und legte ihr die Hand auf ihre bloße Schulter. Unwillkürlich zuckte Sarai bei dieser Berührung zusammen.

Pharaos Augen blitzten zornig. „Sarai", warnte er, „ich bin mit Frauen, die mir gegenüber so reagiert haben wie du heute abend, schon sehr hart umgegangen."

Doch sie blieb nur unbeweglich auf dem Stuhl sitzen und antwortete: ,,Ja, Herr, ich bin sicher, daß du dies getan hast.“

Pharao starrte sie ärgerlich an. Man konnte ihm die Enttäuschung und den verletzten Stolz ansehen. Langsam ging er zum Ausgang. ,,Morgen werden deine drei Tage der Reinigung beginnen“, sagte er ungeduldig, ,,ich hoffe, dich hinterher in einer besseren Laune zu finden.“

Sarai erhob sich. ,,Darf ich jetzt gehen, Herr?“

Wütend fuhr der Pharao herum. Seine Augen sprühten Zornfunken. ,,Um alles in der Welt, geh!“ schrie er, ,,geh, ehe ich mich vergesse!“

Sarai verließ schnell den Raum. Sie konnte ihre Tränen nicht mehr zurückhalten und rannte fast den endlos langen Gang an den Säulen vorbei.

Pharao trat auf eine überdachte Veranda und blickte auf die im hellen Mondlicht unter ihm liegende Stadt. Langsam legte sich sein Zorn. Sicherlich würde er die Frau besitzen, und zwar nicht nur, weil er es befahl, sondern weil sie lernen würde, ihn zu schätzen und zu bewundern. Sein Stolz sagte ihm, daß dies unausbleiblich sei.

Kapitel 10

Sarai erfuhr, daß die Tage der Reinigung auch eine strenge Isolation erforderten. Nur zwei Dienerinnen blieben bei ihr und verließen ihre Räume während dieser langen drei Tage nicht. Lange Stunden der Meditation und täglich eine ganze Anzahl Bäder waren die Hauptpunkte, die für das Reinigungsritual erforderlich waren. Unter all diesen Dingen litt sie unsagbar, denn ihre Seele schrie fortwährend nach Abram. Wo waren die großartigen Verheißungen für ihr gemeinsames Leben, von denen sie so oft geträumt hatte. Sollten sie nun im Bett des Pharaos enden? Sie weinte viele Stunden lang.

Täglich wurde sie in eine Gebetskammer geführt, wo sie vor den Standbildern der ägyptischen Götter um den Segen für ihre bevorstehende Ehe mit dem Pharao beten sollte. Sobald die Tür hinter ihr geschlossen wurde und sie allein war, schrie sie zu einem ganz anderen Gott — dem Gott Abrams. Sie hörte aber auch nicht auf, innerlich weiterzuflehen, wenn sie wieder aus der Gebetskammer heraus durfte.

Ihre Gebete vereinigten sich mit denen Abrams, der in dieser ganzen Zeit weder schlief noch aß noch sich im Lager bei seinen Leuten sehen ließ, sondern in der Einsamkeit, in der Nähe des Lagers, blieb.

Am vierten Tag wurde Sarai mit großartiger Zeremonie in die Brautkammer gebracht und dort großartig eingekleidet. Anschließend wurde sie Offizieren der königlichen Wache übergeben, die sie zu den nahegelegenen Räumen des Pharaos führten. Weit öffneten die Soldaten die großartigen Flügeltüren und warteten darauf, daß Sarai eintreten würde. Doch sie stand mit bleichem Gesicht wie versteinert an der Schwelle. Endlich nahm sie einer der Offiziere leicht beim Arm und sagte: „Unser Herr, der Pharao, wird ungeduldig. Zögere besser nicht länger.“

Pharao saß mit dem Rücken zu ihr in einem breiten Sessel.

Die gedämpften Lichter gaben den warmen Rot- und Goldtönen des Raumes eine warme Atmosphäre. Sarai stand schweigend einige Schritte hinter ihm und fragte sich, was nun zu geschehen habe. Endlich sagte er: „Tritt näher, wir sind doch kein bissiger Hund.“

Sarai trat näher, stellte sich aber nicht vor ihn. Endlich erhob er sich und drehte sich um. Als er sie ansah, wurden seine harten Augen plötzlich weich. „Ich sehe in deiner Haltung die Schüchternheit einer Jungfrau“, sagte er mild. „Obwohl es mich überrascht, Sarai, denn du bist kein Kind mehr, sondern eine reife Frau. Aber vielleicht hast du immer auf einen Mann von so rarer Qualität gewartet, wie ich einer bin. Auch ich halte immer nach einer Frau von solchen Qualitäten Ausschau, wie du sie hast, Sarai.“

Pharao legte einen Arm um sie und zog sie an sich. Dabei fühlte er, wie sie sich steif machte. Er schob sie wieder auf Armeslänge zurück. „Du fühlst dich so kalt an, Sarai, ich lasse dir einen Schal holen.“

„Herr“, antwortete sie, „mir ist nicht kalt, nur...“

„Ah, du bist ein furchtsames Lamm“, schmeichelte er. „Ich werde dich nicht zu sehr drängen. Halte mich aber nicht zu lange hin, damit ich nicht ungeduldig werde.“ Die Milde in Pharaos Blick überraschte Sarai, da er in einem ganz anderen Ruf stand. Sie setzte sich auf einen Polsterstuhl, während er im Raum hin und her ging. „Was denkst du von mir, Sarai? Bin ich so hart, wie man mir nachsagt?“

Sarais Gesicht brannte. „Ich bin überrascht, Herr, daß du gerade mich danach fragst.“

„Wieso?“

„Nun, ich bin doch nur eine Frau, etwas, das du gekauft hast. Es überrascht mich, daß du meine Meinung hören willst.“ Ihr Ton war scharf, fast feindselig.

Pharao war überrascht. Für einen Augenblick wollte sich wieder Ärger in seine Augen stehlen. Doch schon blickte er wieder liebevoll. „Ah, wie mich das freut. Endlich einmal eine Frau, die offene Worte spricht. Mich langweilt dieses tägliche Geschnatter der anderen. Doch du bist anders, Sarai, eine Frau mit Mut und Geist. Weißt du, das ist eine echte Herausforderung für mich."

Sarai wurde jetzt zornig. Wütend sagte sie: „Ich verachte deine egoistische Einstellung, Herr, als würden alle Frauen und auch Männer dieser Welt nur für dein Vergnügen leben müssen. Mir ist es auch gleich, ob dir gefällt was ich sage oder nicht." Tränen der Erleichterung traten jetzt in ihre Augen. Sie hatte endlich ihrem Herzen Luft gemacht.

Pharao schwieg, als sie ihr Gesicht trocknete. Als sie zu ihm aufblickte, bemerkte sie, daß er nur amüsiert lächelte. „Wiederum wohl gesprochen, meine Schöne", bemerkte er. „Ich habe mir das selbst schon oft gesagt. Allerdings würde ich keinem anderen solche Worte erlauben, aber von deinen Lippen sind sie wie kostbare Perlen."

Er lächelte siegessicher, ging auf den Balkon und winkte sie zu sich. Sarai wußte nicht, was sie denken sollte. Wäre er zornig geworden und hätte sie geschlagen, würde sie es verstanden haben. Aber diese Haltung? Unter ihnen lagen die prachtvollen Gärten und dahinter breitete sich die Stadt aus. Jenseits der Stadtmauer glänzte der Nil im Mondlicht. „Sieh, da fließt der Nil, Sarai. Man nennt mich seinen Bewahrer, weißt du. Ich werde »Ra« genannt, die göttliche Inkarnation der ewigen Götter. Meine Königin, Sarai, wäre die Herrscherin all dessen, was du hier siehst." Wieder legte er ihr den Arm sanft um die Schulter. Doch sie riß sich los und rannte in das Zimmer zurück.

Pharao wurde jetzt langsam ärgerlich. Er konnte ihre Hartnäckigkeit nicht verstehen. Zornig wollte er sie anschreien. Doch sein Herz war dieser chaldäischen Schönheit schon zu sehr verfallen. „Sarai", seufzte er, „ich kann dich einfach nicht erreichen. Was ist mit dir? Bin ich nicht freundlich zu dir gewesen? Oder hat man dich hier in meinem Palast nicht gut behandelt?"

Sarais Gesicht war tränennaß. Verständnislos blickte der Pharao sie an. „Sicher, Herr", schluchzte sie, „du bist auf deine Weise gut zu mir gewesen. Aber verstehst du denn nicht... ich meine... du solltest eine Frau nicht wegreißen von...", erschreckt hielt sie inne.

„Von ihrer Familie?" fragte er. „Aber Sarai, ich habe Abram wegen dir sehr reich gemacht. Er hat jetzt mehr, als er vor der Tragödie von Ur besaß. Versteh doch bitte: Deine Familie, dein Bruder hat den Nutzen von all dem. Seit du in meinen Palast gebracht worden bist, habe ich ihm täglich königliche Geschenke gesandt."

Sarai hätte am liebsten hinausgeschrien: „Abram ist nicht mein Bruder, sondern mein Gatte, und zwanzig Mal mehr ein Mann als der Pharao." Doch sie hielt sich mit Gewalt zurück. Wie töricht wäre es gewesen, Abram dem Zorn des Pharaos auszuliefern.

„Abram braucht deine Geschenke nicht", rief sie. „Wir brauchen nichts, außer der Freiheit, selbst zu bestimmen, was wir wollen oder nicht."

Zornig trat Pharao zurück. „Übertreib es nicht, Weib!" schrie er.

Sarai zitterte, gab aber nicht nach. „Schlag mich doch, oder laß mich töten, wenn du mußt, mächtiger Pharao! Ich will lieber sterben, als deine Sklavin sein."

„Nichts davon werde ich tun", erwiderte er verdächtig ruhig. „Du magst Pharaos Willen herausfordern, mein Mädchen, aber ich werde dir nichts tun, denn das würde uns beide um unser Vergnügen bringen. Ich jedenfalls will mein Vergnügen haben, Sarai, egal, wie sehr du dich auflehnst." Damit ergriff er sie blitzschnell und warf sie aufs Bett. Sarai wollte wieder herunterspringen, doch er war zu schnell für sie.

„Mein Gott!" schrie sie, „errette mich!"

Im selben Augenblick war von draußen ein lauter Schrei zu hören. Wütend blickte der Pharao auf. „Was war das? Bei allen

Göttern, wer wagt es, mich zu stören? — Da, wieder! Was ist das?“ Mit einem wütenden Blick auf Sarai sprang er auf, rannte zur Tür, riß sie auf und schrie: „Wachen, was ist los?“

„Herr, wir wissen es nicht, es kam aus den Räumen der Prinzen.“

„Dann bewegt euch und seht nach!“ schrie er zornig.

Die Schreie hielten an, und Angst klang in ihnen mit. Es waren männliche Stimmen, und sie schienen aus vielen Räumen zu kommen. Sarai trat auch aus dem Zimmer. Sie zitterte vor Angst.

„Beim Blut des Nils!“ schrie eine der Wachen.

Der Pharao lief den Gang hinunter und wollte wissen: „Was geschieht dort?“ Plötzlich blieb er stehen und starrte in einen der Wohnräume seiner Söhne. Sarai kam auch herbeigelaufen, um zu sehen, was geschehen war. Da standen die jungen Männer. Einige krümmten sich vor Schmerzen, andere waren blaß vor Furcht, doch alle hatten große rote Wunden in ihren Gesichtern, im Nacken und an ihren Körpern. Es waren aufgeplatzte heiße Beulen, die sie so plötzlich und geheimnisvoll überfallen hatten, wie ein Steppenbrand an einem trockenen Tag.

Sarai ging zurück in ihre eigenen Räume, konnte aber lange keinen Schlaf finden. Die Beulenplage hielt die ganze Nacht und den folgenden Tag an und griff immer weiter um sich. Aber seltsamerweise wurde nur der Hof Pharaos davon betroffen.

Zuerst hatte es die Söhne Pharaos gepackt, dann seine Frauen im Harem. Die Diener, Sklaven, Priester, Beamten und Soldaten des Hofes, alle wurden davon befallen — nur Sarai nicht! Als einer nach dem anderen um sie herum krank wurde und sich vor Schmerzen wandt, ihre Haut aber fleckenlos blieb und sie nicht die geringsten Anzeichen einer Krankheit spürte, begriff sie, daß hier die Hand Gottes an der Arbeit war.

Endlich konnte sie es nicht mehr aushalten. Sie machte sich auf, um Pharao zu suchen. In viele Räume schaute sie und fragte überall, doch niemand schien zu wissen, wo er sich befand. Endlich kam sie zu einem abgelegenen Gang in einem Seitenflügel. Am Ende des Ganges sah sie zwei Wachen stehen. Sie lief zu ihnen und bat sie, in das Zimmer eintreten zu dürfen. „Nein, gnädige Frau, der Pharao ist krank, er will niemand sehen", sagten sie. Obwohl auch ihre Körper mit Wunden bedeckt waren, hielten sie doch an ihrem Platz aus.

Sarai ließ sich nicht abweisen. Mit einer schnellen Bewegung war sie an ihnen vorbei, hatte die Tür geöffnet und betrat den verdunkelten Raum. Im Dämmerlicht sah sie den mächtigen Pharao sitzen. Dieser schrie: „Wer ist da? Wachen, jagt den Eindringling fort!"

„Ich bin es, Sarai", flüsterte sie, ehe die Wachen sie ergreifen konnten.

Einen Augenblick war Stille. Sarai bemerkte, wie der Pharao mit seinem Stolz kämpfte. Dann bat er: „Sarai, bitte, geh fort."

Sie trat näher zu ihm. „Bitte, Sarai, komm nicht näher",

stöhnte er. Man merkte seiner Stimme an, wie tief er diese Demütigung empfand.

Sarai betrachtete den noch kürzlich so stolzen Mann, der nun, in sich zusammengesunken, elend und fast hilflos im Sessel saß. Sie empfand keinen Zorn mehr, sondern nur noch Mitleid. Sie kniete neben ihm nieder und schaute in sein Gesicht, das von tiefen Wunden entstellt war. ,,Bist du gekommen, um mich zu trösten, Sarai?" fragte er bekümmert.

,,Ach, Herr", bemerkte sie traurig, ,,ich wünschte, ich könnte dich trösten."

Bei diesen Worten bemühte sich der halbblinde Herrscher, sie anzusehen. ,,Ist es Liebe oder Mitleid, was ich da in deiner Stimme höre, Sarai?"

Sarai weinte, als sie ihn so betrachtete. ,,Beides, Herr", antwortete sie. ,,Ich bedauere dich für die Krankheit und die Demütigung, die dich getroffen hat; und ich liebe dich, wie ein Mensch seinen Mitmenschen lieben soll."

Pharao seufzte. ,,Wahrscheinlich bin ich tatsächlich nicht mehr als das. Obwohl man sagt, ich, der Pharao, sei göttlicher Abstammung, habe ich keine Macht über diese Krankheit. Nicht einmal meine Zauberer können mir helfen."

Sarai suchte nach Worten, mit denen sie dem Pharao davon erzählen konnte, daß sie gesund war und daß sie sicher war, daß Gott ihr geholfen hatte. ,,Verläßt du mich, Sarai?" rief er. ,,Wer wird mich dann trösten? Ein Pharao hat keine echten Freunde, mußt du wissen."

,,Ich verlasse dich nicht, Herr", sagte sie beruhigend, ,,aber wenn ich dir sage, was ich denke, wirst du den Tag bereuen, an dem du mich zu dir bringen ließest."

,,Nein!" rief er.

,,Herr, hör mir zu", fuhr sie fort und bemühte sich, die rechten Worte zu finden. ,,Deine Krankheit, mein Herr, kann durch die Zauberer von Ra oder Osiris oder eines anderen deiner Götter nicht geheilt werden, denn sie kommt von einem

Gott, den du nicht kennst. Es ist der Gott Abrams, der einzig wahre Gott, dessen Namen niemand kennt.“

Der Pharao bemühte sich, ihr aufmerksam zuzuhören. „Abram lebt nicht deshalb in Zelten, weil die Gutäer unsere Heimatstadt Ur erobert haben, sondern weil dieser Gott sich ihm offenbart hat und ihn aufforderte, Ur zu verlassen.“

Jetzt breitete sich Unglaube auf Pharaos Gesicht aus. „Sarai, ich bin kein sehr religiöser oder gar abergläubischer Mensch. Meine eigenen Götter erscheinen mir manchmal ziemlich unglaubwürdig. Deshalb sehe ich nicht ...“

„Herr, habe bitte Geduld“, bat sie. „Meine Worte sind die Wahrheit, ob du es nun glaubst oder nicht. Die Plage ist auf dich und dein Haus gekommen, weil du mich hier festhältst gegen den Willen meines Gottes, meiner Familie und meines Mannes.“

Schmerzvoll fuhr der Pharao hoch. „Sarai ...!“

„Ja, mein Herr, ich bin Abrams Frau. Vergib meinem Gatten, und vergib mir. Doch bitte, verstehe, du selbst bist schuld daran, daß alles so gekommen ist. Abram kennt dich und hat sich vor dir gefürchtet. Er weiß, daß du imstande bist, einen Mann töten zu lassen, wenn du seine Frau haben möchtest.“

Sarai schwieg. Sie bemerkte, daß ihre Worte Pharao wie Keulenschläge trafen. „Du hast mich jetzt hart getroffen, Sarai“, flüsterte er.

Sarai zitterte, weil sie seinen Zorn erwartete, sagte aber ruhig: „Ich fürchte mich nicht, mein Herr. Welche Maßnahmen du auch immer gegen mich und meinen Gatten ergreifen willst, unser Gott ist unser Schutz.“

Pharao schien noch mehr in sich zusammenzusinken. Mit einer resignierenden Handbewegung seufzte er: „Verlaß mich jetzt ... bitte.“

Der Gesang einer Lerche weckte Abram. Die vergangenen fünf Tage hatte er allein verbracht und gebetet. Er wusch sein Gesicht im Wasser des Baches. Als er wieder aufschaute, erblickte er Elieser, der auf ihn zugerannt kam. „Herr Abram", rief er, „im Lager sind Männer von Pharaos Hof, sie fragen nach dir."

Abram warf den Umhang um die Schulter und stieg aus dem Wadi herauf. „Was wollen sie?"

„Sie sagen, Pharao möchte dich sprechen, und sie wollen dich sofort zu ihm bringen."

„Haben sie etwas von Sarai berichtet?"

„Herr, das ist eine seltsame Sache. Sie erzählen, daß der gesamte Hof, außer Sarai, von einer schrecklichen Beulenplage betroffen ist, wie man eine solche vorher noch nie erlebt hat. Aber niemand außerhalb des Hofes von Pharao sei krank geworden."

Abram dachte über diese erstaunliche Neuigkeit nach. „Elieser, Gott ist gut!" rief er dann und lief mit neuer Energie los, so schnell er konnte. „Gott ist sehr gut!" rief er nochmals.

„Herr?" lächelte Elieser verwirrt, zuckte dann mit den Schultern und folgte Abram.

Sarai wurde in den Empfangssaal gerufen. Als sie eintrat, erblickte sie den Pharao. Sein Gesicht war dick angeschwollen und hatte große Wunden. Überall an den bloßen Armen wurden die Wunden mit leinenen Verbänden bedeckt. Doch er bewahrte seine königliche Würde. Sarai konnte nicht anders, sie mußte ihn bewundern, obwohl er ihr Feind gewesen war.

Der Pharao sagte nichts, sondern hob nur den Arm und deutete in Richtung der großen Außentür. Dort stand Abram. Pharao beobachtete aufmerksam, wie sich Sarais Gesichtszüge von Kummer in strahlende Freude verwandelten. Dann forderte er Abram auf, näherzutreten. Mit ein wenig Sorge, doch ohne Furcht, kam Abram heran.

Eine Weile saß der Pharao schweigend. In seinen Augen war, soweit man dies erkennen konnte, Respekt für Abram zu lesen. Der Mann, der das größte Reich der Welt regierte, war ein

Bild des Jammers. Doch als er Abram jetzt fest in die Augen schaute, sprach er ungebrochen und in königlicher Würde:

„Warum hast du mir das angetan? Warum hast du mir nicht gesagt, daß sie deine Frau ist? Warum hast du gesagt, sie sei deine Schwester, so daß ich sie zur Frau nehmen wollte? Nun..." er stockte und betrachtete mit bekümmerten Augen Sarai. Sein Gesichtsausdruck wurde sanfter, und er schien ein wenig zu zittern. Doch schnell gewann er seine Würde wieder. „...Nun sieh, da ist deine Frau. Nimm sie und ziehe davon."

IV. Buch

UNGESTILLTES SEHNEN

„Denn Ausharren habt ihr nötig,
damit ihr, nachdem ihr den Willen Gottes getan habt,
die Verheißung davontragt."
„Das Ausharren aber soll ein vollkommenes Werk haben,
damit ihr vollkommen und vollendet seid
und in nichts Mangel habt"
(Hebräer 10, 36 und Jakobus 1, 4).

Kapitel 1

Abram war, als er Ägypten verließ, reicher, als er in Haran gewesen war, nachdem er sein Drittel vom Erbteil seines Vaters empfangen hatte. Zum Teil als Brautpreis und teilweise auch, um Abrams zornigen Gott zu versöhnen, hatte der Pharao reichlich Gold, Silber, Rinder, Schafe, Ziegen und allerlei andere Güter an Abram gegeben, und dazu auch noch Menschen — Diener, Dienerinnen und Sklaven in großer Zahl. Etwa 300 Menschen kamen in Ägypten zu seiner Schar dazu, so daß sein Stamm, mit den 100, die ihm seit Damaskus folgten, nun etwa 400 Personen zählte. Doch das hatte nicht nur gute Seiten.

Von Abrams Nachfolgern wurde selbstverständlich erwartet, daß sie seinen Gott auch als den ihren annahmen. Doch war dies leichter gesagt als getan. Die Ägypter hielten zäh an ihrem Glauben fest. Als Abrams Leibeigene waren sie verpflichtet, ihrem Herrn zu gefallen. Doch ihre Verehrung für den einen Gott war mehr eine äußere Form und nicht Herzenssache. Da auch etliche der ursprünglichen 100 Gefolgsleute sich während der Hungersnot innerlich von Abram abgewandt hatten, lagen hier verborgene Keime für künftige Konflikte.

Dürre und Hungersnot waren vorbei, als Abram mit seinen Leuten sich wieder auf den Weg nach Kanaan machte. Ägyptische Beamte und Soldaten geleiteten ihn mit all seinem Reichtum bis zur Grenze und erklärten ihm, daß er nie zurückkommen dürfe.

Die Reise nach Kanaan verlief ohne Zwischenfälle. Doch obwohl Gott in Ägypten mit der Krankheit, die das Haus Pharaos schlug, in aufsehenerregender Weise Seine Macht bewiesen hatte, gab es unter Abrams ursprünglichen Gefolgsleuten eine ganze Reihe, die noch an die Kräfte und Worte des Zauberers von Sichem glaubten. Und selbst, als sie erfuhren, daß der Zauberer während der Dürre an Hunger gestorben war, wandten sich einige von ihnen wieder dem Baalsdienst zu.

Anderen von Abrams Leuten gefiel das stetige Wandern und das Hirten- und Nomadenleben nicht mehr. Welche Gründe es auch immer sein mochten, jedenfalls hatten sich eine ganze Anzahl seiner Leute innerlich von Abram abgewandt. Da wurde durch die nun mit ihnen ziehenden Ägypter, die zu ihren vielen Göttern beteten, nur noch Öl ins Feuer geschüttet.

Sie brauchten mehrere Wochen, bis sie ihre alte Weide bei Beth-El wieder erreichten. Doch als sie dort eintrafen, nahm Abram seine Leute und ging mit ihnen auf den Hügel, auf dem er damals den Altar errichtet hatte. Vielerlei Gefühle durchzogen seine Seele, als sie den Hang hinaufgingen. Freude über die Rückkehr und Erleichterung, daß die Prüfung nun vorüber zu sein schien, doch auch Reue und Scham wegen der Torheiten, Irrtümer und Zweifel, denen er unterwegs nachgegeben hatte.

In gewohnter Weise errichtete er den Altar neu vor seiner versammelten Schar. Viele derer, die ihm die Treue hielten, waren genau wie er innerlich ergriffen. Doch als er die Arme in Anbetung und Lobpreis zu seinem Gott erhob, schauten auch viele mit glaubenslosen und trübseligen Augen zu.

Als die Monate vergingen, wurden Abrams Reichtum und sein Ruf in ganz Kanaan berühmt. Obwohl er auf der einen Seite immer noch das Leben eines Nomaden führte und sich in keiner

Stadt niederließ, nahm er doch die früheren Karawanenreisen wieder auf.

Sein Stamm nahm weiter zu, so daß es immer schwieriger wurde, ihn zu führen, besonders wenn man an die Interessen und unterschiedlichen Meinungen der verschiedenen Gruppen dachte. Abram brauchte dringend einen Partner, und die ganz natürliche Wahl fiel auf Lot. Sein Neffe hatte sich immer wieder als fähiger Mann erwiesen, und was noch wichtiger war, er war sein nächster Verwandter.

Nur eines hielt Abram zurück, in dieser Richtung eine sofortige Entscheidung zu treffen. Seit der Enttäuschung in Ägypten hatte sich Lots Verhältnis zu seinem Onkel noch kaum gebessert. Immer wieder spürte Abram, mit wieviel Ablehnung ihm Lot gegenüberstand. Doch nach und nach kam er zu der Überzeugung, daß die Teilung seines Reichtums hier vielleicht helfen konnte. Deshalb rief er eines Tages, mehrere Monate nachdem sie sich in Beth-El wieder niedergelassen hatten, Lot in sein Zelt.

Widerwillig trat Lot ein. „Du wolltest mich sprechen, Onkel."

„Setz dich", lächelte Abram. „Ich möchte, daß du mir hilfst."

Sein Neffe starrte auf den Fußboden. „Ja, Herr."

„Ich möchte ein Drittel des Stammes und ein Drittel meines Vermögens dir übertragen", erklärte Abram großzügig. „Ich werde natürlich der eigentliche Eigentümer bleiben, verstehst du, doch du sollst damit frei schalten und walten können, und aller Gewinn, den du damit erzielst, soll ganz allein dir gehören."

Lot war sprachlos.

„Wäre das etwa so, wie du es dir auch wünschen würdest, Sohn?" fragte Abram.

„O Onkel! Ja, Herr! Es wäre so, Herr! Wirklich!"

Bis lange in die Nacht saßen die beiden Männer zusammen und besprachen alle Einzelheiten ihres Abkommens. Als Abram schlafen ging, tat er es mit dem Bewußtsein, eine gute Entscheidung getroffen zu haben.

Zu dem Drittel, das Abram in Lots Verwaltung übertrug, gehörten auch 400 Gefolgsleute, so schnell war Abrams Stamm gewachsen. Innerhalb eines Jahres nach der Rückkehr aus Ägypten zählten weit über 1000 Leute zu ihm. Eine ganze Reihe Sklaven und Leibeigene hatte er noch gekauft oder in Dienst genommen, doch viele andere einzelne Menschen oder kleine Gruppen hatten sich ihm freiwillig angeschlossen, um in der Sicherheit einer so großen Schar zu leben. So wurde Abrams Stamm bald zu einem der größten in Kanaan, und Lot hatte es gut getroffen, Abrams jüngerer Partner zu sein.

Durch die Verantwortung, die Abram und Lot trugen, sahen sie sich nicht sehr oft. Tage vergingen und manchmal sogar Wochen, ehe sie sich vielleicht mehr zufällig abends am Feuer des Hauptzeltes begegneten. Einträglicher Handel erforderte, daß man gute Beziehungen zu den Nachbarn und auch zu Stämmen und Völkern pflegte, die weiter entfernt waren, und daß man sie und ihre Kulturen verstehen lernte. Lot lernte schnell. Doch Abram machte sich Sorgen, als er bemerkte, daß sich sein Neffe immer mehr in einigen der nahe gelegenen Städte daheim fühlte.

Jericho, etwa 25 Kilometer von Beth-El gelegen, war mit seinem Reichtum und seinen großen Wasservorräten ein lohnender Handelspartner. Doch da es das kanaanitische Zentrum der Mondverehrung war, mied Abram die Stadt so sehr wie möglich. Doch Sodom und seine Schwesterstädte Gomorra, Adama, Zeboim und Zoar machten ihm noch mehr Sorge.

Das Tal Siddim, in dem diese Städte lagen, etwa 80 Kilometer von Abrams Lager entfernt, war das schönste und fruchtbarste am Toten Meer. Lot zog es sehr oft nach dort, zu oft nach Abrams Meinung. Sodom und Gomorra waren die sündigsten und gemeinsten Städte der ganzen östlichen Welt. Unbeschreibliche Orgien der Verworfenheit wurden dort gefeiert; und

Abram bemerkte mit großer Sorge, daß es Lot immer häufiger nach dort zog. Eine Reise nach Sodom, der größten der fünf Städte, dauerte mindestens eine Woche, doch Lot blieb oft mehrere Wochen aus.

Abram stand eines Morgens bei einer seiner großen Herden auf einem Hügel und beobachtete, wie Lot mit einer riesigen Karawane Beth-El in Richtung Sodom verließ. Oft hatte Abram selbst für seinen Vater früher solche Züge durch Mesopotamien geführt. Obwohl sein Reichtum in letzter Zeit immer mehr gewachsen war, fragte er sich, als er über seine Herden und Zelte hinwegblickte, ob er immer so leben sollte, wo er doch im Herzen ein Stadtbewohner war.

Doch dann fielen ihm die Sünden Urs und die noch größeren Verderbtheiten Sodoms und Gomorras ein, und er dachte daran, daß sein Gott ihm und seinen Nachkommen dieses Land als Erbschaft verheißen hatte. „Gott", flüsterte er, „vergib mir meine Torheit. Dein Wille soll mein einziges Verlangen sein. Doch, Herr, hilf auch meinem Neffen, dies zu erkennen."

An dem Abend, als Lot von Sodom zurückkehrte, aß er mit Abram gemeinsam im großen Zelt. Abram suchte nach den rechten Worten, um mit Lot über seine Sorgen zu sprechen. Lot, der dies fühlte, bereitete sich auf die Verteidigung vor. „Was treibt dich so oft nach Sodom, Sohn?" fragte Abram.

„Geschäfte, Herr."

„Ja, ich bemerkte, daß deine Geschäfte gut gehen", fuhr Abram fort, „aber wie kommt es, daß du gerade mit den Sodomitern soviel Handel treibst?"

„Zuerst habe ich einmal erfahren, daß Wolle dort einen guten Preis bringt", meinte Lot vorsichtig, „und dann kam eins zum anderen und ..."

„Und jetzt findest du es nötig, alle paar Wochen einmal nach dort zu gehen?" unterbrach Abram ihn.

„Ich sehe, daß dir dies nicht gefällt, Onkel", sagte Lot gespannt.

„Ich tadle deinen Handel nicht, Lot. Ich handele auch mit den Städten im Tale Siddim, und sogar mit Sodom ab und zu. Es ist nicht der Handel, der mir nicht gefällt."

„Dann verstehe ich dich nicht, Herr", antwortete Lot schwach.

Abram mußte plötzlich daran denken, wie er Lot damals in Damaskus zurückgehalten hatte, mit der Tempelhure zu gehen. Schärfer als gewollt sagte er: „Lot, du weißt sehr wohl wovon ich rede. Deine Unwissenheit ist nur vorgetäuscht."

Lot überlegte lange. „Du hast gesagt, ich solle da Geschäfte machen, wo ich glaube, daß es am besten möglich sein würde. Und das habe ich getan, Onkel. Wenn du das nicht mehr willst, kannst du jederzeit deinen Anteil zurückfordern."

Abram schüttelte den Kopf.

„Du weißt, daß ich nicht davon rede, Lot, doch du entfremdest dich mir immer mehr. Ich verstehe dich nicht mehr. Du bist mit mir von Haran gegangen, um dem Gott zu folgen, von dem ich hoffte, daß Er auch dein Gott sein würde. Ich erinnere mich noch gut an den Tag, an dem wir uns zum ersten Mal begegneten. Du kamst über das Schlachtfeld zu mir gelaufen, um mir zu helfen, meinen Bruder, den die Gutäer verwundet hatten, in Sicherheit zu bringen. Vor dem Hohen Priester in Damaskus hast du an meiner Seite gestanden und seither noch oft. Doch jetzt wächst etwas zwischen uns, Neffe. Ein Abgrund scheint sich aufzutun, der immer breiter wird. Ich kann ihn nicht überbrücken, obwohl ich es versucht habe. Gott weiß, wie sehr ich mich bemüht habe."

Abram wartete auf Antwort, doch Lot schwieg. „Bitte, vergib einem alten Mann, daß er predigt", begann Abram wieder. „Doch du hast gewußt, daß mein Weg manche Opfer fordern wird. Allerdings", lächelte er jetzt, „können wir uns kaum beklagen. Obwohl wir keinen festen Wohnort haben, sind wir doch durch den Segen Gottes reicher geworden als die meisten anderen."

Doch Lot schien unruhig zu werden. Nach einer Zeit des Schweigens sagte er: „Ist das alles, Onkel?“

Abram erkannte, daß er auch diesmal, trotz allen Bemühens, seinen Neffen nicht erreicht hatte. Er sagte nur noch: „Suche nach Weisheit, denn sie wird dich immer gut führen.“

Diese Worte schienen einen wunden Punkt zu treffen, und die Verbitterung, die Lot schon seit Ägypten in sich trug, quoll jetzt aus ihm hervor. „Onkel Abram“, schrie er, „rede mir nicht von Weisheit. Es gab eine Zeit, da dachte ich, sie in dir gefunden zu haben, doch du bist nicht immer das beste Beispiel dieser köstlichen Gabe gewesen.“

Damit sprang er auf und rannte aus Abrams Zelt. Sprachlos blieb der Mann Gottes allein zurück. Die Worte Lots hatten die Torheit seines Versagens in Ägypten wieder frisch in seinen Erinnerungen erstehen lassen.

Die Saat der Entfremdung zwischen den beiden Männern fiel auch auf das Feld, wo sich die Hirten und Herden der beiden begegneten. Lots Herden waren sehr gewachsen, und das Land schien nicht mehr groß genug, die Herden Abrams und die Lots zu ernähren. Obwohl Abrams Landbesitz mittlerweile ebenfalls viel größer geworden war, war nie genug davon vorhanden, so daß die Rivalität zwischen den Hirten Abrams und denen Lots immer stärker wurde. Vor allem während der trockenen Zeit gerieten sie oft aneinander, wenn es um die besten Wasserstellen ging.

Seit fünf Jahren ging dies nun schon so, und je mehr die Herden wuchsen, um so größer wurde der Streit. Abram hätte Lots Hilfe benötigt, um die Zankereien der Hirten zu dämpfen, doch dieser verbrachte immer mehr seiner Zeit auf seinen Reisen nach Sodom.

Abram, der reich gewordene Mann Gottes, stand vor einem Problem. Natürlich hätte er die Hirten Lots mit Gewalt zur Vernunft bringen können, wenn er dies gewollt hätte. Doch das eigentliche Problem lag ja nicht bei den Hirten, sondern bei Lot selbst, seinem geliebten Neffen. Lots Leute erkannten die Bitterkeit zwischen ihm und Abram, und das schürte nur noch ihre aufrührerische Haltung. Abram wußte, würde Lot sich mit ihm versöhnen, würden seine Leute gern und leicht folgen.

Im Frühling erreichten die Dinge einen kritischen Höhepunkt. Obwohl die Bäche reichlich Wasser führten und die Weiden von frischem grünem Gras nur so strotzten, wurden die Streitigkeiten immer ernster. Elieser, der Abram unter der Last dieser Probleme zunehmend altern sah und mit ihm gemeinsam schwer daran trug, ging eines Tages mit seinem Herrn durch die Hügel, die das Lager umgaben. „Ich bin sehr müde, mein Freund", bemerkte Abram.

„Ja, Herr, ich kann es sehen. Gibt es etwas, das ich tun könnte, um dir zu helfen?"

„Ja, Elieser. Du kannst mir einmal ganz ehrlich sagen, bin ich wirklich schon ein alter Mann, so alt, wie ich mich fühle?"

Der treue Diener lächelte und betrachtete anerkennend seinen kräftigen und muskulösen Herrn. „O nein, Herr, du bist in deinen besten Jahren und bist ein Beispiel für alle, die noch jünger sind als du."

Abram seufzte. „Ich wußte, daß du so antworten würdest, Elieser. Doch ich war schon in meinen besten Jahren, als ich Ur verließ und schon damals kein junger Springer mehr."

„Aber du bist noch lange nicht so weit, um aufs Altenteil zu gehen, Herr", lächelte Elieser.

Abram lachte. „Du ermutigst mich, Elieser. Doch sage mir", fuhr er ernster werdend fort, „nachdem wir über meine Gesundheit gesprochen haben, wollen wir an meine Leute denken. Wie geht es ihnen?"

Elieser schwieg nachdenklich. „Nicht gut, Herr", sagte er endlich.

„Und welche Gründe gibt es deiner Meinung nach dafür?"

„Nun, Herr, wenn ich eine Entscheidung zu treffen hätte,

dann würde ich ..." Er stockte, weil er fürchtete, sein Rat könne anmaßend klingen.

„Nur weiter", ermutigte Abram ihn.

„Ich würde energischere Schritte unternehmen."

„Du meinst, unsere Kämpfer zusammenrufen?"

„Ja, Herr."

Schweigend gingen sie eine Zeitlang weiter. Endlich begann Abram mit einem ganz neuen Thema. „Findest du es nicht seltsam, daß ich schon so lange ein göttliches Versprechen empfing und doch noch nichts von seiner Erfüllung zu sehen ist? Deshalb mache ich mir auch Sorgen, daß alles zusammenbrechen könnte, was mir lieb und wert geworden ist."

„Aber Herr", antwortete Elieser, „wir sind schon durch größere Schwierigkeiten gegangen."

„Ja, ich weiß, und das hat mir bisher auch immer wieder neuen Mut gegeben", meinte Abram. „Doch es gibt eine Ursache, aus der alle Schwierigkeiten immer wieder entstehen."

„Du denkst an Lot, Herr?" fragte Elieser vorsichtig.

„Ja", flüsterte Abram. „Mein Neffe hat mir nie vergeben, Elieser." Der junge Mann an Abrams Seite fühlte Ärger in sich aufsteigen, wenn er daran dachte, wie großzügig sein Herr, den er so sehr verehrte, mit seinem Neffen umging und wie dieser ihm mit Undank und Untreue vergolt.

„Vielleicht", überlegte Abram laut, „vielleicht empfindet Lot genauso wie sein Vater, mein Bruder Haran. Als mein Vater ihm nicht geben konnte oder wollte, was er wünschte, lief er davon. Und Lot ist, als er sich auf mich verlassen hat, in Ägypten von mir enttäuscht worden." Als er an den Kummer seines Vaters im Blick auf den Fortgang Harans dachte, setzte er hinzu: „Und wenn Lot geht, wird er nie zurückkehren."

Elieser konnte es nicht mehr ertragen, daß Abram sich selbst mit Vorwürfen und Gedanken quälte. Er sagte: „Doch du hast es nicht nötig, dich selbst zu opfern, um ihn wiederzugewinnen. Er ist nicht dein Sohn."

Abram blieb stehen und blickte Elieser an. Dabei spürte er tief die ganze Treue und Hingabe des jungen Mannes. „Aber er ist alles, was ich habe, Elieser", antwortete er bekümmert. Damit ging er den Hügel hinunter zum Lager hin.

Doch Elieser rief: „Das stimmt nicht, Herr, denn du hast die Verheißung deines Gottes!" Doch Abram reagierte nicht darauf.

Kapitel 2

Die Lichterflut Sodoms war üppig, und die abendlichen Straßen waren, wie immer, überfüllt und unruhig. Überall hörte man das Rumpeln von Wagenrädern, Gelächter, wilde erotische Musik und das Gegröhle Betrunkener. Lots Puls ging schneller, als er sich den Weg durch die Menge zum Hauptplatz der Stadt bahnte. Jeder Abend war hier wie ein großes Fest. Er hatte noch nie auf seinen Reisen soviel lustvolle Freiheit kennengelernt. Und er liebte diese Atmosphäre.

Am anderen Ende des großen und schönen Marktplatzes lag eine kleine Kneipe. Obwohl ihr Äußeres nicht besonders beeindruckte, war sie doch eines der beliebtesten und am meisten besuchten Nachtlokale der Stadt. Dorthin zog es auch Lot. Wenn er in den Hügeln Beth-Els war, mußte er immer wieder an diesen Platz denken, und so oft es ging, kam er nach hier.

In der Kneipe herrschte gedämpftes Licht. Der Lärm von

draußen war hier nicht zu hören, sondern wurde ersetzt durch das gekonnte Spiel der achtseitigen Leiern. Der nicht zu große Hauptraum des Lokals war fast bis auf den letzten Platz gefüllt. Immer fand man hier so viele Gäste, weil es der Besitzer verstand, für gute Unterhaltung zu sorgen. Er hatte die besten Kellner, und die schönsten Mädchen der Stadt kümmerten sich hier um die Gäste.

Lot liebte die Atmosphäre hier. Als er sich im Lokal umschaute, kam ihm sein Onkel in den Sinn. „Er würde mich nie verstehen", dachte er. Auch wenn Abram in Geschäften nach Sodom kam, hielt er sich von den sündigen Vergnügungen dieser Stadt fern. „Er ist eben im Grunde genommen doch nichts anderes als ein Schafhirte", dachte Lot.

Als sein Onkel vor Jahren auf den Tempelstufen von Damaskus zu ihm von Gerechtigkeit, Selbstachtung, Selbstzucht und dem schmalen Weg von Reinheit und Weisheit gesprochen hatte, war Lot noch tief beeindruckt gewesen von diesen Worten. Doch mittlerweile hatte er sich von diesen altmodischen Vorstellungen befreit. All diese alten Wertvorstellungen engten den Menschen nur ein und stellten ihn unter Zwänge. Das durfte nicht sein. Der menschliche Geist brauchte Freiheit.

Die Philosophie der Sodomiter war: Nur das ist wirklich und echt, was ein Mensch mit seinen Sinnen und Gefühlen erfassen kann. So, wie wir Menschen unserer Natur nach sind, wurden wir geschaffen, und deshalb ist es richtig, wenn wir nach den Wünschen und Regungen unserer Natur leben. Wenn es die Natur eines Mannes verlangt, viele Frauen zu haben, dann sollte man ihn gewähren lassen; und wenn es der Natur eines Mannes entspricht, mit einem anderen Mann homosexuellen Umgang zu haben, so ist dies auch recht und richtig. Echte Liebe zwischen Menschen kennt keine Einschränkungen. Freiheit und Liebe sind Brüder.

Lot schüttelte den Kopf. Solche liberale und humanistische Ansichten würde sein Onkel nie akzeptieren. Er lächelte und bedauerte die altmodischen und rückständigen Ansichten seines Onkels ein wenig. Doch jetzt richtete sich seine Aufmerksamkeit auf eine schmale Treppe, die in einer Ecke der Gaststube in das Obergeschoß ging. Die Frauen des Lokals kamen herunter, um die Gäste zu unterhalten. Lots Herz schlug schneller. Das Objekt seiner häufigen Besuche nach Sodom würde jeden Augenblick sichtbar werden.

Da — als letzte erschien eine prachtvoll gekleidete, sehr schöne junge Frau. Sie war sich des Eindrucks, der ihr Erscheinen machte, bewußt, und blieb auf halber Höhe stehen, um sich bewundern zu lassen. Lot drängte sich zum Fuß der Treppe und rief: ,,Mala! — Mala, ich bin es, Lot!" Er winkte ihr zu, doch sie tat, als höre und sehe sie ihn nicht. Ihr Gesicht schien eine Mischung von Vergnügen und Verachtung auszudrücken.

Endlich gelang es Lot, sich ihr bemerkbar zu machen. Langsam kam sie zu ihm. ,,Hallo, Lot, ich hatte gehofft, du würdest heute kommen."

Lot war weiter gereist und war erfahrener, als die meisten anderen Männer seiner Zeit, und er war ein wohlhabender und angesehener Mann. Doch wenn er in Malas Gesellschaft war, fühlte er sich immer ein wenig wie der einfache Schafhirte von den Weiden Beth-Els. Malas dickes rotes Haar fiel in langen Wellen über Schulter und Rücken, ihr schönes Gesicht wurde dadurch großartig eingerahmt und ihre großen Augen glänzten darin wie zwei Edelsteine. Sie bewegte sich graziös und wußte ihren wohlgeformten Körper immer hervorragend zur Geltung zu bringen. Lot war, seit er sie das erste Mal gesehen hatte, wie verzaubert von ihr.

,,Ach, Mala", sagte er und faßte nach ihr, ,,ich mußte dich einfach heute wiedersehen."

Mala rückte schnell ein wenig zurück und forderte einen Kellner mit einer Handbewegung auf, Wein zu bringen. ,,Wie gehen deine Geschäfte, Lot?" fragte sie und reichte ihm ein prächtiges gefülltes Weinglas.

„Sehr gut“, antwortete er abwesend. Warum mußte sie immer von den Geschäften reden, fragte er sich. „Ach, Mala, komm doch ein wenig mit mir nach draußen“, bat er, „wir können dort eher allein sein.“

Mala tat, als habe sie den Vorschlag nicht gehört, sondern sich gerade mit einer Gruppe vorübergehender Gäste beschäftigt. Sie wandte sich wieder Lot zu und meinte: „Ich bin froh, daß deine Geschäfte so gut gehen, dann wirst du ja noch öfter hier sein können als bisher.“

Lot zuckte verwirrt mit den Schultern. Sie verstand es meisterhaft, ihre Anbeter zum Narren zu halten und wie kleine Schuljungen zu behandeln. Lot dachte: „Manchmal tut sie so, als freue sie sich, wenn ich häufiger komme, und dann quält sie mich wieder, indem sie sich zu sehr mit anderen Männern abgibt.“ Während Mala jetzt von einem Tisch zum anderen ging und überall die Gäste begrüßte, beobachtete Lot fieberhaft jeden ihrer Schritte.

Der Wirt gab Mala durch einen Wink zu verstehen, daß er mit ihr zu reden habe. Sie ging in ein kleines Hinterzimmer, und er folgte ihr.

„Na, dein Hirtenknabe von den Hügeln ist ja wieder gekommen“, spottete er.

„Ja, das stimmt“, gab sie ärgerlich zurück.

„Leise!“ beruhigte er sie, „die Gäste brauchen nichts zu hören.“

Mala erhob sich, um in das Lokal zurückzugehen. „Einen Augenblick noch, meine Schöne“, warnte der Wirt. „Laß dich nicht zu sehr mit einem einzigen Gast ein, das ist nicht gut für das Geschäft, und außerdem“, spottete er wieder, „ein Sandfloh? Ein Schafhüter? Ach, Mala, ich hätte dir mehr Geschmack zugetraut.“

Wütend fuhr Mala ihn an: „Zeige mir doch einen reicheren Mann in ganz Sodom. Der Mann aus Ur ist sein Onkel, mußt du wissen.“

Ungläubig starrte der Wirt sie an. „Der, von dem sie alle reden? Du meinst Abram?“

„Was dachtest denn du?“ fauchte sie. „Du glaubst doch selber nicht, daß ich mein ganzes Leben in diesem Wanzenloch hier zubringen will.“ Mala lachte bitter und wandte sich wieder der Tür zu, drehte sich aber nochmals um. „Er ist ein Sandfloh, das stimmt, aber einen reicheren Mann wirst du in der Stadt nicht finden. Und ...“ fügte sie hochmütig hinzu, „... eines Tages wirst du mich in einem schönen Wagen durch die Straßen Sodoms fahren sehen.“

Der Wirt sagte zweifelnd. „Du glaubst, du kannst einen Sandfloh aus seinem Loch holen und einfach in unsere schöne Stadt verpflanzen? Er wird nie einwilligen, ein Stadtbewohner zu werden.“

Mala lächelte triumphierend. „Wir werden sehen. Sein Herz ist schon hier — da werden die Füße folgen.“

Kapitel 3

Die Saat des Unfriedens war aufgegangen. Abram war drei Tage in den Hügeln und auf den Weiden gewesen und hatte überall mit den Hirten gesprochen. Doch es schien keinen Sinn zu haben. Jeden Augenblick war mit dem Ausbruch einer ernsten Auseinandersetzung zu rechnen. Und Lot war immer noch nicht heimgekommen.

Als sie beim Abendessen saßen, blickte Sarai hilflos auf Abram. Sein Gesichtsausdruck sagte ihr, daß es besser war, ihn nicht anzusprechen. Sie glaubte, seine Gedanken zu kennen. Ihre Kinderlosigkeit war das Thema vieler ihrer Unterhaltungen gewesen, vor allem, seit Lot sich so zurückgezogen hatte. In all den Jahren, während sie auf Anzeichen der Schwangerschaft bei Sarai hofften, war ein nicht in Worte zu fassender Kummer in ihnen immer größer geworden. Doch in letzter Zeit hatten sie weniger darüber gesprochen. Es war zu schmerzvoll.

Abram schob das Essen beiseite und verließ das Zelt. Sarais ägyptische Magd Hagar räumte seinen Platz auf und studierte dabei das Gesicht ihrer Herrin. Es stand einer Sklavin nicht zu, sich in die Privatangelegenheiten ihrer Herrin zu mischen. Deshalb schwieg sie.

Hagar war noch jung, und Sarai kümmerte sich recht wenig um das Mädchen, das gerade in der letzten Zeit anfing, zu einer jungen Frau zu erblühen. In Sarais Augen war sie noch ein Kind, und ein ziemlich leichtfertiges dazu, das sich oft in Tagträumerei verlor. Amüsiert beobachtete Sarai manchmal, wieviel Sorge Hagar sich um ihre äußere Erscheinung machte.

Das Mädchen stand immer noch schweigend an Abrams Platz und starrte zu dem Zelteingang, durch den Abram soeben das Zelt verlassen hatte. „Träum nicht, Hagar", meinte Sarai ungeduldig. „Wenn dich etwas bewegt, dann sag es."

Eine leichte Röte stieg in Hagars Gesicht. „Der Herr ist ein einsamer Mann, Herrin, ist es nicht so? Er liebt es, allein wegzugehen."

Sarai war überrascht von dem Thema. „Ja, das stimmt schon. Warum?"

Hagar sagte leise, als würde sie über etwas sehr Großes und Heiliges reden: „Er muß eine sehr schwere Last mit sich herumtragen."

Sarai war erstaunt über die Gedanken des Mädchens und wußte nicht, wie sie reagieren sollte. Sie konnte Hagar nicht tadeln, da diese scheinbar echte Sorge zeigte. „Vielleicht, Hagar“, sagte sie ruhig. „Aber das ist nicht deine Sorge. Geh jetzt an deine Arbeit.“

Langsam nahm Hagar ihre Arbeit wieder auf, fragte aber dann: „Herrin, du bist doch nun schon fast acht Jahre mit unserem Herrn verheiratet?“

Jetzt wurde Sarai doch etwas ärgerlich über des Mädchens plumpe Offenheit. Streng sagte sie: „Ich wüßte nicht, was das dich angeht, Hagar. Geh jetzt.“

Das Mädchen nahm den Wasserkrug und verließ mit erhobenem Haupt das Zelt.

Als Lot eine Woche später aus Sodom zurückkehrte, gefror ihm fast das Blut bei dem, was er sah. Vor sich auf den Hügeln, zwischen denen sich sein Lager befand, sah er überall Flammen emporlodern. Nach allen Seiten hin war die Weide von den streitenden Hirten beider Parteien in Brand gesetzt worden.

In Panik rief Lot seinen Begleitern zu: „Schnell zu Abrams Lager!“ In wilder Eile rannte er los. Seine Begleiter ließen die Tiere zurück, die sie nicht mit in das Feuer hineinnehmen wollten, und folgten ihm. Als sie in das Wadi hineinrannten, aus dessen Bach auch ihr Lager das Wasser bezog, kam ihnen eine Herde Rinder, Schafe und Ziegen in wilder Stampede entgegen. Mit letzter Kraft retteten sich die Männer vor den wildgewordenen Tieren auf den steilen Abhang.

Was sie von oben aus sahen, ließ sie erschrecken. Das Unvermeidliche war nun doch gekommen. Abram hatte sich gezwungen gesehen, seine gut trainierten Kämpfer zusammenzurufen und mit ihnen gegen Lots aufrührerische Hirten vorzugehen. Blut war vergossen worden und es gab Hunderte von Verwundeten. Abram hatte strikten Befehl gegeben, seine Soldaten sollten die Aufrührer nicht töten, sondern nur verwunden. Deshalb hatte es so gut wie keine Toten gegeben, aber die Zahl der verwundeten Männer war sehr groß.

Voller Entsetzen rannte Lot zu Abrams Zelt. „Mein Gott! Onkel Abram, was ist geschehen? Wo bist du?“ rief er laut. Er stürzte in das Zelt, konnte aber Abram nicht erblicken. Sarai saß dort und versuchte eine große Schar weinender Frauen und Kinder zu beruhigen, die hier Zuflucht gesucht hatten. Lot wandte sich an sie: „Herrin, wo ist mein Onkel? Wo ist Abram? Mein Gott, was ist geschehen?“

Sarai schaute ihn überrascht an. In ihrem Gesicht waren Verachtung und Bitterkeit zu lesen. Wütend rief sie: „Geh fort! Hinaus mit dir, du Treuloser und Unwürdiger! Wie kannst du dich auf deine Verwandtschaft mit ihm berufen und es wagen, seinen Gott als den deinen zu bezeichnen. Verlasse sofort sein Zelt!“

Lot ging rückwärts aus dem Zelt, doch sie folgte ihm bis zum Eingang. „Du fragst, wo er ist!“ schrie sie. „In der Vergangenheit hat er vielleicht hundert Mal nach dir gefragt, aber du hast dich wie ein Schwein in Sodoms Schlamm gewälzt. Geh und such deinen Onkel!“ Sie wies mit der Hand in die Hügel. „Er arbeitet hart, um Ordnung in das Chaos zu bringen, das deine Geilheit hinterlassen hat.“

Stundenlang wanderte Lot ziellos und weinend durch die hier und da immer noch züngelnden und glimmenden Weiden. Er schleppte sich von einer Gruppe müder Männer, die mit Löscharbeiten beschäftigt waren, zur anderen und fragte: „Wo ist Abram?“ Und überall hörte er: „Vielleicht hinter dem nächsten Hügel.“

Lange Reihen von Männern und Frauen, mit nassen Tüchern, Gefäßen voll Wasser und anderem Gerät, versuchten das Feuer einzudämmen und endgültig zu löschen. Schon seit Stunden kämpften sie, und langsam gelang es ihnen, einen Feuerherd nach dem anderen zu löschen. Erschöpft ließen sich die einzelnen Gruppen zu Boden fallen, wo sie gerade waren, wenn sie ihre Arbeit beendet hatten.

Endlich traf Lot, etliche Kilometer vom Lager entfernt, auf

seinen Onkel, der noch immer mit einer Gruppe arbeitete, um ein Feuer unter Kontrolle zu bekommen. Einige Minuten stand Lot im Hintergrund und beobachtete seinen Onkel bei der Arbeit. Er konnte nicht anders, sondern mußte Abram bewundern, der mit großer Übersicht und Erfahrung seine Befehle gab und überall da, wo es nötig war, selbst am eifrigsten Hand anlegte. Tränen der Reue und der Selbstverachtung liefen über Lots Gesicht. Er fühlte bittere Schuld in sich aufsteigen, daß er Abram, den er einst so bewunderte, nun in solche Schwierigkeiten gebracht hatte.

Endlich raffte er sich auf, rannte zu Abram, legte seinen Arm um dessen Schulter und rief: „Onkel, laß mich dir helfen!“

Abram, der dieses letzte Feuer mit seinen Leuten gerade zum Erlöschen brachte, fühlte beim Klang dieser Stimme Zorn in sich aufsteigen. Jetzt, wo alles vorüber war, kam der Ehrlose und bot seine Hilfe an. Er drehte sich um, starrte Lot wütend an und hob dann seine verrußte Faust. Mit einem einzigen krachenden Schlag schlug er Lot zu Boden.

So gedemütigt, starrte der Treulose in einer Mischung von Schmerz und Schock hinauf in das Gesicht seines Herrn, der über ihm stand. Doch Abram sagte kein einziges Wort. Er blickte den jungen Mann nur hart an und ging dann zurück ins Lager.

Der Morgen dämmerte schon fast, als die letzten Gruppen von ihren Löscharbeiten ins Lager zurückkehrten. Ihr unermüdlicher Einsatz hatte den größeren Teil der Weiden sowie ihre Herden und ihren sonstigen Besitz vor Schaden bewahrt. Erschöpft fielen sie in tiefen Schlaf, bis die Hitze des neuen Tages sie weckte.

Nach einem ausgiebigen Frühstück rief Abram alle zusammen und forderte sie auf, mit ihm zu kommen. Alle, mit Ausnahme der schwerer Verwundeten und ihrer Pfleger, erhoben sich und folgten ihm. Er führte sie hoch hinauf in die Berge, die im Westen das Tal des Toten Meeres abschlossen. Nach mehr als einer Stunde mühsamen Aufstiegs kamen sie zu einem weiten Vorsprung, von dem aus sie einen Teil des südlichen Jordantals und das gesamte Tote Meer übersehen konnten.

Die vielen Menschen drängten sich auf dem Vorsprung eng zusammen. Manche waren noch müde und matt und setzten sich. Doch alle blickten aufmerksam zu Abram, weil sie spürten, daß er jetzt eine Entscheidung treffen würde, welche den unseligen Streit zum Ende bringen sollte.

Rechts unter ihnen war ihr Lager zu sehen und rundum die teilweise verbrannte Weide, die sie von den Kanaanitern und Perisitern gekauft, gepachtet oder als freies Land erworben hatten. Es würde Wochen oder gar Monate dauern, bis sie wieder so benutzbar und schön war wie vorher. Weiter zur Linken, im Südosten, reichte der Blick fast 90 Kilometer bis zu der wasserreichen Ebene von Zoar, dem Tale Siddim und den Städten der Ebene. Alles Land, soweit man sehen konnte und noch viel weiter, hatten Abram und Lot mit ihren Karawanen schon durchzogen.

Abram blickte auf all das weit ausgebreitete Land unter ihnen. Endlich wandte er sich an alle, die mit ihm gekommen waren und suchte unter ihnen nach seinem Neffen. Mit einer befehlenden Armbewegung winkte er ihn zu sich heran.

Lot hatte sich ziemlich weit hinten zwischen die anderen gestellt, um möglichst nicht aufzufallen. Ein wenig verlegen drängte er sich jetzt durch die flüsternden und murmelnden Menschen um ihn herum und trat zu Abram.

Abram schaute seinen Neffen fest an. Dieser fühlte, wie es ihm kalt den Rücken hinunterlief. Was hatte sein Onkel vor? Erstaunt entdeckte er in Abrams Augen etwas von der alten Liebe und Zuneigung zu ihm. Er traute seinen Ohren kaum, als er seinen Onkel jetzt sagen hörte: *„Laß doch kein Gezänk sein zwischen mir und dir und zwischen meinen Hirten und deinen*

Hirten; denn wir sind Brüder! Ist nicht das ganze Land vor dir?"

Abram zögerte ein wenig, als sei das jetzt Folgende noch abzuwenden. Doch dann fuhr er entschlossen fort: „*Trenne dich doch von mir! Willst du zur Linken, so will ich mich zur Rechten wenden; und willst du zur Rechten, so will ich mich zur Linken wenden.*"

Lot zitterte unter dem Gewicht der Entscheidung, die sein Onkel jetzt auf ihn gelegt hatte. War nicht irgendein Kompromiß möglich? Sein Onkel konnte sich doch nicht ernstlich von ihm trennen wollen? Doch als er in Abrams Gesicht blickte, erkannte er den festen Entschluß, der dort geschrieben stand.

Als er jetzt über das Land schaute, sah er ganz in der Ferne die Ebene Zoars, das Tal Siddim und die Städte darin. Die Schönheit Malas stand plötzlich vor seinen Augen und das lustvolle und freie Leben in Sodom. Und obwohl er ein wenig Schuld empfand, zog es ihn doch mit aller Gewalt nach dort. Abram, der ihn aufmerksam beobachtete, begriff früher als Lot selbst, welche Entscheidung dieser getroffen hatte.

Mit einer schnellen Bewegung schüttelte Lot alle Bedenken ab, wies mit der Hand nach links, zur Ebene Zoar hin, und sagte: „Nach dort werden wir ziehen."

Nach einem kurzen Abschiedswort an seinen Onkel machte er sich auf den Weg. Seine noch immer reichlich verwirrten Leute folgten ihm langsam.

Abram sandte auch seine eigenen Leute wieder hinunter ins Tal und blieb allein oben zurück. Lange Stunden hatte er einsam betend und nachdenkend verbracht. Die Sonne stand schon tief. Mit bekümmertem Herzen dachte er an Lot, der tief unter ihm in seinem Lager alles für die endgültige Trennung vorbereitete.

Wie viele Stunden vergangen waren, bis sein Gott zu ihm trat, vermochte er nicht zu sagen. Doch plötzlich verspürte er die Gegenwart seines Herrn, der in anderen entscheidenden Stunden auch schon zu ihm geredet und ihn bis hierher geführt und in großen Nöten wunderbar bewahrt hatte. Gott sagte:

„Abram, hebe doch deine Augen auf und schaue von dem Orte, wo du bist, gegen Norden und gegen Süden und gegen Osten und gegen Westen. Denn das ganze Land, das du siehst, dir will Ich es geben und deinem Samen auf ewig. Und Ich will deinen Samen machen wie den Staub der Erde, so daß, wenn jemand den Staub der Erde zu zählen vermag, auch dein Same gezählt werden wird."

Kapitel 4

Für Sodom waren schwere Tage angebrochen. Als Lot vor etwa einem Jahr von Abram fortgezogen war, hatte er der politischen Situation seiner neuen Heimat wenig Aufmerksamkeit gewidmet.

Zwölf Jahre bevor Lot nach Sodom kam, hatten sich die fünf Städte der Ebene, von denen Sodom die größte und führende war, einem fremden Eroberer unterwerfen müssen. Sie waren von dem großen mesopotamischen Staatenbund besiegt worden, der von Kedorlaomer, dem König von Elam, das östlich von Babylon lag, geführt wurde. Seine Verbündeten waren: der berühmte Amraphel, König von Sinear, im Unterland des fruchtbaren Halbmonds; Ariochs, der König von Ellasar, im südlichen Assyrien; und Thidhals, der König von Gojim, einem großen Stück Land im nördlichen Kanaan. Dieser große östliche Staatenbund herrschte über einen großen Teil der damals bekannten Welt von Innerasien bis zur Wüste Sinai.

Die fünf Städte in der Ebene Zoar zählten zu den reichsten Eroberungen dieses Staatenbundes unter König Kedorlaomer. Seit zwölf Jahren mußten sie sich schon unter die harte Hand dieses Tyrannen beugen und ihm großen Tribut zahlen. Nun, im dreizehnten Jahr, planten sie eine Rebellion.

In dieser Zeit nun war Lot in die Ebene gezogen, um in der Nähe Sodoms sein Lager aufzuschlagen. Da er reich und mächtig war, hatte er genügend tüchtige Leute, denen er die meiste Zeit die Verwaltung seiner Güter und Herden überlassen konnte. Er selbst war mehr in Sodom zu finden als in seinem Lager und legte sich bald in der Stadt eine feste Wohnung zu. Dies gefiel Mala natürlich sehr.

Lot nahm Mala zur Frau. Gerade am Abend der Hochzeit traf in Sodom die Nachricht ein, daß das Bündnis mit den anderen vier Städten nun geschlossen war und der Aufruhr gegen König Kedorlaomer kurz bevorstand. Begeisterung ergriff die Stadt, und man konnte nicht sagen, was mehr gefeiert wurde, die Hochzeit Lots oder der Abschluß des Bündnisses.

Doch die folgende Zeit wurde nicht leicht. Als erstes stellten die Rebellen die Zahlung der Tribute an Kedorlaomer ein, der bisher ein Drittel aller Gewinne und der Ernte und alles Viehs für sich gefordert hatte. Außerdem brachten sie dem assyrischen Statthalter keine Achtung mehr entgegen, wenn dieser mit seinem prächtigen Wagen durch die Stadt fuhr. Auch ließen sie es nicht mehr zu, daß Bürger der Städte als Sklaven an den Hof des Großkönigs gebracht wurden.

Allen Bürgern der fünf Städte war klar, welche Konsequenzen ihre Haltung haben würde. Die verbündeten Könige würden bald mit einer Armee gegen sie ziehen. Doch ihr Mut wurde dadurch gestärkt, daß viele andere unterworfene Städte und Länder sich ebenfalls auflehnten. Was sie jedoch nicht erwartet hatten, war die Schnelligkeit und Stärke, mit der Kedorlaomer und seine Verbündeten gegen alle Aufrührer zogen.

Die gewaltige Armee kam rasch auf der alten, mehr als 500 Kilometer langen Militärstraße herangezogen, die von Mesopotamien über Damaskus, an den östlichen Ausläufern des Hermongebirges und am Ostufer des Jordans entlang ging. Eine aufrührerische Stadt nach der anderen wurde wieder unterworfen. Plündernd, mordend und zerstörend zog das Heer heran, um schreckliche Rache an allen Rebellen zu nehmen. Endlich, nachdem auch noch die Moabiter, sowie die Amalekiter und Amoriter, die südwestlich vom Toten Meer lebten, besiegt und neu unterworfen waren, wandte sich Kedorlaomer mit seinen Verbündeten zum Schluß gegen die Allianz der fünf Städte in der Ebene Zoar.

Die fünf Städte hatten mit Schrecken den schnellen und überraschenden Siegeszug ihrer Feinde verfolgt und erkannten, daß die Zeit, wo sie um ihre Freiheit kämpfen mußten, jetzt gekommen war.

Lot kam zu der Überzeugung, es sei besser, nicht in Sodom, der führenden Stadt der Aufrührer, zu bleiben, während all seine Leute und sein ganzer Besitz draußen im Lager waren, zehn bis zwanzig Kilometer von der Stadt entfernt. Er glaubte, die Hügel seien sicherer als Sodom, das sicher das Hauptangriffsziel der Eroberer sein würde. Also forderte er seine junge Frau auf, ihre Sachen zu packen, um in das Lager zu ziehen. Mala wollte die Stadt nicht verlassen und protestierte und wehrte sich mit aller Macht. Endlich verlor Lot die Geduld und befahl Mala hart, sich jetzt fertig zu machen. Diese war überrascht von der plötzlichen Energie ihres Gatten und gehorchte, wenn auch unter viel hysterischem Geschrei und Weinen.

In den nächsten Tagen ging die Arbeit im Lager weiter wie üblich, obwohl die Spannung ständig stieg. Nie wußte man abends, ob nicht am nächsten Morgen der Feind über sie hereinbrechen würde. Die Neuigkeiten aus der Stadt waren nicht ermutigend. Oft konnten die Hirten Späher der feindlichen Armee sehen, die von den Berghängen aus das Land beobachteten. Das Land der Amoriter war nicht weit entfernt, und es war nur eine Frage der Zeit, wann die Feinde von dort in die Ebene Zoar einbrechen würden.

Die Stadtbewohner und auch die Leute Lots mußten jeden Tag mit der Furcht leben. Als die Spannung ins Unerträgliche stieg, beschlossen die fünf Städte, nicht mehr länger auf den Feind zu warten, sondern selbst die Initiative zu ergreifen. Vielleicht, so überlegten sie, würde dann mindestens der Faktor der Überraschung noch zu ihren Gunsten zählen. Sie sammelten und vereinigten also ihre Truppen und zogen aus.

An der Südspitze des Toten Meeres trafen die Könige der fünf Städte auf Kedorlaomers Heer. Die heranrückenden schier endlosen Scharen der Eroberer aus dem Osten boten ein eindrucksvolles Bild. In den bronzenen Helmen und Speerspitzen brachen sich die Sonnenstrahlen, so daß ein Funkeln und Strahlen über der ganzen Ebene lag. Bunte Banner wehten über den einzelnen Heerhaufen, und die Armee war so groß, daß sie nicht zu übersehen war.

Kedorlaomer und der mächtigste aller Krieger, Amraphel, führten ihr Heer nicht, wie die meisten anderen Generäle, von hinten, sondern fuhren in Streitwagen an der Spitze einer großen Streitwagenkolonne und einer riesigen Reiterschar.

Der König Sodoms, Bera, und die vier anderen Könige der Städte begriffen schnell, daß ihre Sache hoffnungslos war. Doch sie waren entschlossen, so tapfer wie möglich zu kämpfen, da sie als Aufrührer in jedem Fall keine Gnade zu erwarten hatten. Ihr eigenes Heer war, verglichen mit der riesigen Zahl der Feinde, nur winzig, und da ihr Gegner auch noch die weit größere Kampferfahrung hatte, dauerte es nicht lange, bis das Unheil über sie hereinbrach und ihre Streiter in alle Winde flohen.

Bera, der König Sodoms und Birsche, der König von Gomorra, wurden mit ihren Kämpfern immer mehr zu den Erdharzquellen gedrängt, von denen es am Südrand des Toten Meeres eine große Anzahl gab. Während des heißen Kampfes flüchteten sie immer tiefer in dieses Gebiet und stürzten mit einigen der ihnen verbliebenen Männer, die noch nicht erschlagen oder gefangen waren, während des Kampfes dort hinein und nahmen so ein klägliches Ende. Die anderen drei Könige der Städte flohen mit dem Rest ihrer Männer in das Gebirge, wo sie sich versteckten.

Nach ihrem Sieg verloren die Eroberer keine Zeit, die besiegten Städte auszuplündern. Noch am Abend der Schlacht konnte Lot von einem Hügel aus beobachten, wie die ersten Heerhaufen in Sodom einmarschierten. Der Aufruhr kam die Städte teuer zu stehen.

Doch auch Lot stand noch Unerwartetes bevor. Törichterweise hatte er geglaubt, in seinem Lager in den Hügeln sicher zu sein. Doch da er so nahe bei der besiegten Stadt lebte und in ihr selbst ein Haus besaß, riskierte er das selbe Los wie die Besiegten. Und gewiß war Lots großes und reiches Lager in den vorangegangenen Wochen den Augen der Späher des Feindes nicht entgangen.

Schon am nächsten Tag erschien eine größere Schar von Soldaten des Feindes mit einer Anzahl Wagen im Lager. Die Bewaffneten wären wahrscheinlich gar nicht nötig gewesen, denn Lot hatte kaum Kämpfer. Seine Leute waren gute Hirten, aber keine Soldaten. Lot tröstete die verängstigte und weinende Mala und ging dann den Soldaten entgegen, um vielleicht mit ihnen einen Handel zu machen.

Anders als die Gutäer waren diese Leute hier doch schon „zivilisiert“. Sie töteten nicht aus bloßer Freude am Totschlagen, sondern taten dies nur, wenn es nötig war. Lot wußte, daß sie seinen Reichtum wollten. Es würde ihnen nichts einbringen, wenn sie ihn oder seine Leute töteten.

Der Führer der Soldaten warnte Lot, noch näherzukommen, als dieser, den Arm zum Gruß erhoben, nähertrat. „Guter

Herr!“ rief Lot, „alles, was du haben willst, gehört dir. Nimm es mit. Ich bitte dich nur, daß du meinen Leuten keinen Schaden zufügst.“

Der Offizier verließ seinen Streitwagen und sagte lächelnd: „Du bist ein kluger Mann, Lot. Deine Weisheit mag deine Rettung sein.“ Mit einer Handbewegung forderte er seine Männer auf, die Zelte zu durchsuchen. Dies geschah sehr sorgfältig, und die Soldaten schleppten große Beute herbei. Alles Silber, Gold, Waren und Lebensmittel wurden zusammengetragen und auf die Wagen verladen. Lot würde, wenn die Soldaten hier zu Ende waren, ein armer Mann sein. Er hoffte nur, daß man ihm einen Teil seiner Herden lassen würde.

Mala weinte und schrie unaufhörlich, während ihre Reichtümer und ihr Besitz aus dem Zelt getragen wurden. Auch Lot schmerzte das Herz, als er sah, wie sein Reichtum dahinging. Doch am meisten fürchtete er sich schon jetzt vor dem Augenblick, wenn er als armer Mann wieder vor Abram würde hintreten müssen, um ihn zu bitten, ihn wieder in den Stamm und die Familie aufzunehmen. All seine Arbeit der vergangenen Jahre war mit einem Schlag zerstört.

Die Schreie, die aus Malas Zelt zu hören waren, wurden plötzlich lauter und drängender. Lot wollte zu ihr laufen, um zu sehen, was geschah, doch die harten Fäuste einiger Soldaten hielten ihn fest. Jetzt mußte er mit ansehen, wie seine schöne Frau und ihre Dienerinnen mit roher Gewalt von den Soldaten aus dem Zelt gezerrt wurden und ebenfalls als Kriegsbeute auf die Wagen mußten. Auch einige seiner führenden Leute wurden gebunden und sollten offensichtlich als Gefangene fortgeführt werden.

Plötzlich banden ihm die Soldaten, die ihn festhielten, auch seine Hände auf dem Rücken fest und stießen ihn zu den anderen Gefangenen. „Was habt ihr mit uns vor?“ fragte er den Offizier.

Dieser erwiderte lachend: „Dein reicher Onkel Abram wird

sicher einen guten Preis als Lösegeld für dich und deine Leute zahlen. Du weißt doch recht gut, daß du selbst noch wertvoller bist als alle Beute, die wir in deinem Lager gefunden haben."

Bald hatten die Soldaten alles beisammen, was ihnen mitnehmenswert erschien. Auf einen Befehl des Offiziers hin sammelten sie sich, nahmen die Gefangenen in ihre Mitte und zogen ab. Lot warf einen hoffnungslosen Blick zurück ins Lager, wo seine zurückgelassenen Leute standen und ihnen traurig nachblickten.

Kapitel 5

Die Armee der Sieger sammelte sich nach der Schlacht und den Beutezügen in die fünf Städte in den unwirtlichen Hügeln östlich des Toten Meeres. Lot wurde mit seinen Leuten in ein riesiges Gefangenenlager gebracht, wo man alle sammelte, von denen man glaubte, sie würden ein gutes Lösegeld bringen oder man könne sie selbst als Sklaven verkaufen oder gebrauchen. Manche der Frauen sollten wohl auch dem Vergnügen Kedorlaomers oder der anderen Könige dienen.

Es war Abend geworden, und ein kalter Wind wehte aus der Wüste. Die Wachen rund um das Lager wärmten sich an ihren Feuern, aber die Gefangenen mußten frieren, da die meisten von ihnen nur die dünne Kleidung trugen, in der man sie während der Hitze des Tages aufgegriffen und fortgeführt hatte. Sie lagerten auf der nackten Erde unter freiem Himmel. Rund um den riesigen Platz hatte man eine Anzahl Seile gezogen, so daß das Ganze den Eindruck einer riesigen Viehweide machte. Und wie Vieh hatte man sie ja auch zusammengetrieben. Außerhalb der Seile gingen schwer bewaffnete Wachen ihre Runden. Außerdem waren die beiden Füße jedes Gefangenen mit einer Kette zusammengebunden, die zwar lang genug war, um zu gehen, ihn aber an einer schnellen Flucht hindern würde.

Lot wußte nicht, wo Mala und die anderen Leute seines Stammes geblieben waren. Als man sie hier zusammentrieb, hatten ihre Wächter darauf keine Rücksicht genommen, und das Lager war zu groß, um alle Gefangenen übersehen zu können. In stumpfsinniger Ergebenheit versuchte er zu schlafen, doch der nagende Hunger in seinen Eingeweiden hinderte ihn daran. Auch der kalte Nachtwind machte ein Einschlafen nicht leichter. Um ihn herum zitterten manche Männer heftig, so kalt war es ihnen. Vor allem traf dies auf die verwöhnten und verweichlichten Leute aus den Städten zu. Doch mehr noch als die Kälte mochte es die Furcht sein, die manche zittern ließ. Er würde sich nicht fürchten, redete er sich selbst Mut zu. Und sein im Grunde genommen doch mutiger Charakter richtete ihn innerlich ein wenig auf.

Ein neuer Gedanke bewegte ihn plötzlich. Der Offizier hatte ihm gesagt, er würde mitgenommen des Lösegeldes wegen, daß man sich für ihn von Abram erhoffte. Lot fragte sich, was er eigentlich noch von seinem Onkel zu erwarten hatte? War zu hoffen, daß Abram einen großen Teil seines Vermögens für die Freiheit seines streitsüchtigen und undankbaren Neffen opfern würde?

Das Schuldgefühl, das Lot nach der Trennung von seinem Onkel anfangs manchmal geplagt hatte, war im Laufe der Zeit schwächer geworden. Schon in den sechs Jahren des Streits zwischen seinen und Abrams Hirten und auch in der Zeit danach hatte er sich immer wieder gesagt, daß sein Onkel schuld an ihrem gespannten Verhältnis sei, weil er ihn auf der Reise nach Ägypten so sehr enttäuscht hatte. Doch da ihn nun die Zerstreuungen und Belustigungen Sodoms nicht mehr ablenkten und er in seiner elenden Lage mit seinen Gedanken allein war, mußte er sich eingestehen, daß er durch sein Benehmen die Ursache der Trennung von seinem Onkel gegeben hatte.

Lot seufzte bei dem Gedanken an seine Torheiten und Verfehlungen. Nein, Abram hatte wirklich keinen Grund, sein Vermögen für seinen Neffen zu opfern, mußte er sich eingestehen. Also war es durchaus möglich, daß er, wie Tausende andere um ihn herum, in die Sklaverei verkauft wurde. Sein Herz wurde schwer, wenn er an diese Möglichkeit dachte. Deshalb freute er sich, als er durch eine Stimme, die ihn ansprach, aus seinen häßlichen Gedanken gerissen wurde.

„Es ist schrecklich kalt, Herr, nicht wahr?" flüsterte ein junger Mann neben ihm.

Lot zog seinen Umhang enger um sich und nickte: „Ja, das stimmt."

„Ich sah, daß du nicht schlafen konntest, Herr, denn deine Augen waren offen. Aber ich habe dich schon dreimal angesprochen, ehe ich jetzt eine Antwort erhielt", meinte der junge Mann freundlich. „Sicherlich hast du an deine Angehörigen gedacht." Lot nickte schweigend.

Der junge Mann langte in seinen Umhang und zog ein großes Stück Brot heraus. „Das haben sie nicht gefunden", flüsterte er, brach es in zwei Teile und reichte Lot die Hälfte.

Lot war nicht zu stolz, um die dringend benötigte Nahrung anzunehmen. „Danke sehr", lächelte er. Während er aß, wurde seine Bereitschaft für eine Unterhaltung größer. „Ich glaube, du bist ein Amoriter", meinte er. „Ja. Und woher bist du?"

Lot zögerte. Er wußte nicht, ob er sagen sollte, er sei von Sodom oder von Chaldäa. „Wir sind meist mit Karawanen unterwegs", meinte er endlich.

„Ah, Hebräer also", lächelte sein neuer Freund. „Das ist

ein sehr ehrsamer Beruf. Und es macht sich scheinbar bezahlt", fügte er hinzu, als er Lots vornehme Kleidung betrachtete. ,,Wo warst du, als...?"

,,Als ich gefangen wurde? In der Nähe Sodoms."

,,Sind deine Leute noch dort?" Lot nickte schweigend. Der Amoriter forschte weiter: ,,Und warum hat man dich eigentlich gefangen genommen?"

,,Man erhofft sich Lösegeld für mich", antwortete Lot.

,,Ah, dann bist du einer der wenigen Glücklichen. Du hast doch sicher jemand, der für dich zahlen wird?"

Lot wurde der vielen Fragen wegen ein wenig ungeduldig, doch war es besser, die Unterhaltung fortzusetzen als zu schweigen. Deshalb antwortete er: ,,Ich hoffe es, bin aber nicht sicher." Er merkte, daß diese Antwort den Amoriter nur noch neugieriger gemacht hatte. Nach einer Pause fuhr er fort: ,,Mein Onkel und ich stehen nicht sehr gut zueinander. Vor einem Jahr haben wir uns getrennt. Ich ging mit einem Drittel des Stammes und einem Drittel seines Vermögens meinen eigenen Weg." Ihm wurde leichter, während er über seine Sorgen sprechen konnte. ,,Ich muß zugeben, daß ich meinem Onkel gegenüber nicht recht gehandelt habe. Er war mehr als geduldig mit mir, aber ich habe mit Undank auf seine Großzügigkeit reagiert."

Feinfühlend schwieg der Amoriter eine Zeitlang. Endlich fragte er: ,,Wo ist dein Onkel?"

,,In einem Lager in der Nähe von Ai. Kennst du die Gegend?"

Aufgeregt antwortete der Amoriter: ,,Du willst doch nicht sagen, dein Onkel sei Abram, der Hebräer aus Ur?"

,,Doch! Aber warum? Wie kommst du darauf?" fragte Lot.

,,Ich kenne Abram", antwortete der Amoriter. Doch dann schüttelte er den Kopf. ,,Du hast in der letzten Zeit keinerlei Verbindung mehr zu ihm gehabt, wie? Sonst wüßtest du nämlich, daß er schon fast ein Jahr lang sein Lager nicht mehr dort hat. Er lagert jetzt in der Nähe von Hebron, an einem Ort, den man den „Hain von Mamre“ nennt. Mamre ist mein ältester Bruder. Ihm gehört die Gegend, und er hat sie an deinen Onkel verpachtet.“

Lot fühlte plötzlich seine Abgeschnittenheit. Er, den Abram einst wie einen Sohn gehalten hatte, wußte nicht einmal mehr, wo das Lager seines Onkels sich befand. Wie konnte er also hoffen, daß Abram etwas zu seiner Befreiung tun würde? Doch während er sich noch selbst bedauerte, sagte der Amoriter: „Ich habe mich noch nicht einmal vorgestellt. Mein Name ist Aner. Und du bist Lot, nicht wahr?“

Wieder war Lot überrascht, daß der andere sogar seinen Namen kannte. Aner lächelte: „Ich kann sehen, daß dich die Neuigkeiten über deinen Onkel bekümmern. Aber woher, glaubst du, weiß ich deinen Namen?“ Gespannt schaute Lot ihn an.

„Weißt du“, fuhr Aner fort, „dein Onkel hat oft von dir gesprochen. Er hat nie gesagt, warum du ihn verlassen hast. Das schien ihm Kummer zu bereiten, und deshalb fragten wir auch nie danach. Aber ...“ Aner überlegte nachdenklich, „... hast du mit ihm in der Nähe von Ai gelebt?“

„Ja“, nickte Lot.

„Ah, dann kann ich auch verstehen, warum Abram diese fruchtbaren Felder verlassen hat und nach Mamre kam. Die Erinnerung an dich war ihm zu schmerzlich.“

Lot lächelte ein wenig. Etwas an dem, was Aner sagte, tröstete ihn.

Mehrere Tage schon zog die Armee mit ihren Gefangenen langsam nordwärts in Richtung Damaskus. Während der ganzen Zeit sprach der junge Aner immer wieder eifrig von einem Fluchtplan, über den er nachdachte. Lot, der sich in der brütenden Hitze mit immer mehr anschwellenden Füßen dahinschleppte, vermochte nicht, den Eifer des anderen zu teilen. Aner meinte, seine Brüder Mamre und Eskol hätten eine kleine Truppe von etwa 300 Mann. Wenn Abram mit seinen 318 wohl trainierten Kämpfern ebenfalls mit ihnen ziehen würde, seien sie eine ganz ansehnliche Schar. Gelänge es ihm, Aner, zu fliehen, würde er so schnell wie möglich nach Mamre eilen und dort berichten, daß Lot auch gefangen sei. Ganz gewiß würde Abram dann seine Hilfe gewähren. Vielleicht wäre es möglich, auf diese Weise ganz Kanaan mit einem Schlag von den Unterdrückern zu befreien.

Lot hielt nicht viel von Aners dummen Ideen, war aber froh, ihn zum Gefährten zu haben, und hörte deshalb zu, wenn er auch darüber lachte. Er fragte: „Selbst wenn du entkommen kannst, was nahezu unmöglich ist, und wenn Abram zustimmt zu helfen, was mir zweifelhaft erscheint, wie soll so eine kleine Schar etwas gegen Kedorlaomers riesiges Heer ausrichten können? Vergiß die Dummheiten“, lachte er. „Ich bewundere deinen Mut, und sollte dir die Flucht gelingen, würde mich dies für dich freuen. Doch alles andere kannst du vergessen.“

Doch Aner hörte genausowenig auf Lot wie Lot auf ihn. „Mit solcher Einstellung ist noch nie etwas erreicht worden“, antwortete er. „Einen Versuch ist die Sache jedenfalls wert. Es sind doch schon größere Dinge getan worden. Es ist jedenfalls besser, als uns hier zugrunde richten zu lassen, ohne uns zu wehren.“

Lot sah ein, daß sein Reden nutzlos war und sagte deshalb nichts mehr. Als erstes würde Aner sich von seiner Fußkette befreien müssen, wenn seine Flucht eine Chance haben sollte. Da er nur nachts daran arbeiten konnte, wenn sie saßen, verbrachte Lot viele Stunden mit Wachen, während Aner mit scharfen Steinen den bronzenen Verschluß an der Kette bearbeitete. Da sie sich immer in der Mitte des großen Gefangenenlagers hielten, war die Gefahr einer Entdeckung recht gering, weil die Wachen nur sehr selten in das Lager kamen. Geschah es doch, sagten die anderen Gefangenen rechtzeitig Bescheid.

Der junge Amoriter war offensichtlich der einzige, der Mut, oder Torheit genug wie Lot sagte, zur Flucht hatte. „Wenn du dich wirklich von deiner Kette befreien kannst, wie willst du dann von hier fortkommen?" fragte er.

Aner unterbrach seine Arbeit nicht und sagte: „Morgen abend habe ich die Kette kaputt. Ich warte dann, bis es ganz dunkel ist und die Wachen gewechselt haben. Du, Lot, solltest mit einigen anderen Gefangenen hier im Lager einen kleinen Aufruhr veranstalten. Wenn die Wachen sich alle mit euch beschäftigen, werde ich mich davonschleichen."

„Und wenn dir dies gelingt, was soll als nächstes geschehen? Hast du nicht bemerkt, daß es um das ganze Lager noch einen zweiten Ring von Wachen gibt?" forschte Lot weiter.

„Doch", lächelte Aner, „aber ich habe alles gut geplant. Wo, glaubst du, würde jemand einen Flüchtling am allerwenigsten vermuten?" fragte er.

Lot zuckte mit den Schultern. Aner flüsterte ihm lachend zu: „Wahrscheinlich in seinem eigenen Zelt." Mehr sagte er nicht, sondern ging mit neuem Eifer daran, die Kette aufzubrechen.

Am nächsten Abend war es soweit. Die Kette fiel von Aners Füßen, und die lange geplante Flucht konnte beginnen. Lot, der sich um seinen neuen Freund nicht geringe Sorgen machte, gab den anderen Gefangenen, mit denen alles abgesprochen war, das Signal zum Aufruhr. Es war eine sehr dunkle Nacht, und vor einigen Minuten hatten die Wachen gewechselt. Die neuen Soldaten mußten sich erst an die Dunkelheit gewöhnen. Die Gefangenen, die Bescheid wußten, begannen wütend zu schreien und zu streiten. Andere mischten sich ein, und so wurde der Lärm immer größer.

Inmitten dieses Durcheinanders schlich Aner davon. Während die Wachen versuchten herauszufinden, was dort im Lager geschah und sich dadurch ablenken ließen, kroch er zwischen ihnen hindurch. Alles ging gut, wie er es geplant hatte. Nun eilte er gebückt zu dem nicht weit entfernt stehenden großen Wachzelt, in dem sich die abgelösten Soldaten gerade schlafen gelegt hatten. Mit dem Mut eines Toren riß er den Eingang auf und schrie mit Kommandostimme in die Dunkelheit hinein: „Heraus mit euch, Männer, zu den Waffen! Im Gefangenenlager ist ein Aufruhr ausgebrochen. Los, los, beeilt euch!"

Die schlaftrunkenen Soldaten hörten das Geschrei vom Lager her und waren deshalb der Meinung, einer ihrer Offiziere habe den Befehl gegeben. Schnell ergriffen sie ihre Waffen und rannten zum Lager. Ebenso schnell schlüpfte Aner in das Zelt, zog eine der dort hängenden Uniformen an und war in wenigen Augenblicken wieder verschwunden.

Jetzt kam es nur noch darauf an, daß er fort war, ehe die Soldaten merkten, daß sie an der Nase herumgeführt worden waren. Da er keine Aufmerksamkeit erregen wollte, ging er gemessenen Schrittes in der Uniform des Feindes durch das Lager bis zum äußeren Ring der Wachen. Hier versuchte er den Trick mit dem Befehlston in der Stimme nochmals. „Kamerad, ich soll alle Wachen warnen. Unter den Gefangenen ist ein Aufruhr ausgebrochen. Ihr sollt doppelt wachsam sein, damit keiner hier durchbricht. Hast du etwas Verdächtiges gesehen?"

„Nein."

„Gut — aber sei wachsam. Ich gehe jetzt zum nächsten Posten."

„Jawohl."

Ruhig ging Aner nach rechts in Richtung auf die nächste Wache davon. Als der erste Soldat ihn in der Dunkelheit nicht mehr sehen konnte, änderte er die Richtung und entfernte sich immer weiter vom Lager. Bald warf er die schweren Uniformteile fort und rannte davon, so schnell er konnte.

Kapitel 6

Die Besonderheiten des Nomadenlebens brachten es gewöhnlich mit sich, daß es unter ihnen keine ständigen Armeen gab. Trotzdem hatten Abram, Mamre, Eskol und Aner gut ausgerüstete und wohl geübte Kämpfer.

Als Aner nach schneller und erfolgreicher Flucht seinen Brüdern und kurz darauf auch Abram von dem Gefangenenlager berichtete und auch erzählte, daß Lot ebenfalls dort sei, war Abram sofort bereit, mitzuziehen. Schnell riefen die Verbündeten ihre Kämpfer zusammen und zogen in schnellen Märschen dem sich nur langsam nordwärts bewegenden Heer der Feinde nach. Nach wenigen Tagen war die große Armee erreicht.

Vorsichtig schoben sich Abram, Mamre und Aner über den felsigen Rücken eines Berges hinweg, von dem aus sie das gewaltige Lager überblicken konnten. Sie waren in der Nähe des späteren Dan, einer kleinen Stadt südlich von Damaskus.

Während die drei das Lager und die aufgestellten Wachen aufmerksam studierten, machte Aner die beiden anderen auf das Lager der Gefangenen aufmerksam. Abram, der nie aufgehört hatte, Lot wie einen Sohn zu lieben, fragte sich, wo unter den vielen in dem Seilkorral zusammengepferchten Menschen wohl sein Neffe zu finden sei und wie es ihm jetzt gerade gehen würde.

Die unter ihnen lagernde riesige Armee aus Mesopotamien bot einen überwältigenden Anblick. Jetzt erst wurde den drei Männern richtig bewußt, was sie sich vorgenommen hatten, und jeder fragte sich im stillen, ob ihr Vorhaben nicht das eines Narren sei. Als erster faßte sich Abram wieder. Da er aus etwa derselben Gegend kam wie die Feinde, kannte er ihre Gewohnheiten recht gut. Er erklärte den anderen, daß Mesopotamier nach einem großen Sieg ihre Zeit gewöhnlich mit viel Essen und Trinken und großen Festen zubrachten. Dabei wendeten sie ihrer

Umgebung nicht sehr viel Aufmerksamkeit zu, und auch die Soldaten waren meist in einem Zustand der Müdigkeit vom vielen Feiern und sogar der halben Trunkenheit, so daß die Kampfkraft dann erheblich nachließ.

Abram sagte: „Mehr als einmal ist es geschehen, daß ein solches Heer im Siegesrausch von einem bedeutend schwächeren Feind überrascht und geschlagen worden ist."

Seine Gefährten lachten. „Warum lernen sie nicht aus ihren Erfahrungen?" fragte Mamre.

„Das ist eine der Seltsamkeiten der Menschen aus dem Osten, mein Freund", lächelte Abram. „Wachsamkeit war noch nie die Stärke meiner Landsleute. Wenn wir erst einmal kämpfen, sind wir gewaltige Krieger und auch eine stolze Rasse. Aber wir sind oft zu stolz und eingebildet auf uns selbst und unterschätzen deshalb unsere Feinde."

Die Worte Abrams ermutigten die anderen, und mit dem Lager des Feindes und allen aufgestellten Wachen vor Augen entwarfen sie ihren Kriegsplan.

Zu den Gewohnheiten der Armee Kedorlaomers gehörte es, für das nächtliche Lager sehr große und einfach zu handhabende Schlafzelte aufzustellen. In jedem dieser Zelte konnte eine große Anzahl von Soldaten schlafen. Dafür stellte man diese Zelte nicht eng nebeneinander, sondern ließ zwischen jedem ausreichend Raum, so daß sich das Lager über eine große Fläche hinzog. Auf dieser Tatsache basierte der Plan Abrams und seiner Verbündeten.

Sie teilten ihre reichlich 600 Kämpfer in kleine Gruppen von je etwa einem Dutzend Männern auf. Jede dieser Gruppen wußte, welches Zelt sie zu überfallen hatten.

Nachdem das abendliche Feiern und Trinken der Mesopotamier geendet hatte und die betrunkenen Soldaten in den ersten tiefen Schlaf gefallen waren, krochen im Schutz der Dunkelheit von allen Seiten kleine Gruppen gut bewaffneter Männer auf das Lager zu. Lautlos wurden die Wachen überfallen und außer

Gefecht gesetzt. Dann schlich sich jede Gruppe zu dem Zelt, das ihr zugeteilt war. Als Abram erfuhr, daß alle auf ihrem Posten waren, gab er ein lautes verabredetes Signal, das weithin durch die Nacht hallte.

Im gleichen Augenblick begannen seine Leute wie ein Mann einen riesigen Lärm zu machen. Sie schlugen mit den Waffen auf ihre Schilde, rissen an den Zeltbefestigungen, so daß die Zelte über den Schläfern zusammenfielen und schrien, so laut sie konnten.

Furcht und Schrecken überfiel die Schlafenden, die mit einer solchen Überraschung nach ihren glänzenden Siegen nie gerechnet hätten. In das Gebrüll der Angreifer mischte sich jetzt das überraschte Rufen und Schreien der aus dem Schlaf Erwachenden. Als sie in der Dunkelheit in den über ihnen zusammenfallenden Zelten aufsprangen, um nach ihren Waffen zu greifen, rannten sie mit ihren eigenen Kameraden zusammen. Panik überfiel die meisten. Jeden, der im Dunkeln vor ihnen auftauchte, hielten sie für einen Feind und fielen so übereinander her. Auf diese Weise brachten sich viele noch in den zusammenstürzenden Zelten gegenseitig um.

Alle, denen es gelang, aus den zusammenstürzenden Zelten zu entkommen, wurden draußen von Abrams Männern mit kampfbereiten Waffen empfangen und wurden meist getötet oder kampfunfähig gemacht, ehe sich ihre Augen an die Dunkelheit gewöhnen konnten und sie ihre Panik überwunden hatten.

Mittlerweile war Aner mit einer Gruppe Männern in das Gefangenenlager eingedrungen. Die Seile rundum wurden schnell zerschnitten. Voller Freude begrüßten die Gefangenen Aner, der sie aufforderte, sich so gut es ging an dem Kampf zu beteiligen. Wohl waren diese Männer durch die Ketten an ihren Füßen an schneller Bewegung gehindert, aber die Wut, die sich in der hinter ihnen liegenden Zeit gegen ihre Wächter wegen der unwürdigen Behandlung angesammelt hatte, entlud sich jetzt und machte sie zu furchtbaren und wütenden Kämpfern. Die ersten ergriffen die Waffen der getöteten Wachen und stürzten sich in das Getümmel. Jeder getötete oder verwundete Feind bedeutete nun gleichzeitig, daß einer der Gefangenen seinerseits zu Waffen kam. So wuchs die Zahl der Kämpfer Abrams im gleichen Maße, in der die der Feinde abnahm.

Selbst die vier Könige waren nicht mehr in der Lage, in das Durcheinander ihrer verwirrten Truppen Ordnung zu bringen. Sie hatten noch im Prunkzelt Kedorlaomers zusammengesessen und getrunken. Als der Tumult ausbrach, brauchten auch sie einige Augenblicke, um nüchtern zu werden. ,,Freunde!" schrie der König von Elam aufgeregt, ,,zu den Waffen! Die Ägypter greifen uns an!" Nur diesem mächtigen Reich im Süden trauten sie es zu, daß sie es wagen würden, ihre unbesiegbare Armee derart zu überfallen.

Die Könige riefen nach ihren Dienern, Waffenträgern und Waffen. Doch niemand kam, weil alle sich in das nächtliche Chaos hineinziehen ließen und jede Übersicht verloren. Die Könige mußten sich ihre Waffen in der Dunkelheit selbst suchen. Doch da waren auch schon ihre unbekannten Angreifer über ihnen. Kedorlaomer fand als erster die Nerven wieder und rief seinen drei Verbündeten zu, mutig zu kämpfen. Doch das half nicht mehr viel. Trotz mutiger Gegenwehr fielen sie unter den Pfeilen und Schwertern ihrer Angreifer.

Das Riesenheer der Mesopotamier fiel jetzt in totale Panik. Jeder, dem es möglich war, floh in die Nacht hinaus und nordwärts in Richtung Damaskus, ohne noch nach dem Ausgang des Kampfes zu fragen. Alle wollten nur noch ihr eigenes Leben retten. So ruhmlos endete der Feldzug und damit gleichzeitig das Riesenreich Kedorlaomers.

Als der Morgen kam, wanderte Abram durch das zerstörte Lager der Feinde. Noch immer verfolgte der größere Teil seiner Leute die in kleinen Gruppen nordwärts fliehenden Mesopotamier. Obwohl Abram von dem schnellen Marsch nach hier und dem Kampf in der Nacht sehr müde war, fand er keine Ruhe, ehe er nicht Lot gefunden hatte. Überall suchte er in der Morgendämmerung unter den in Gruppen lagernden ehemaligen Gefangenen nach ihm.

Bald mußte Abram feststellen, daß es nicht einfach war, unter einer so großen Menge von Menschen einen einzelnen zu finden. Die Gefangenen kamen aus allen Stämmen und Städten, die von Kedorlaomers Armee auf ihrem Zug besiegt worden waren. Da waren hochgewachsene Rephaimiten, dunkelhäutige Zummiten, die in den Hügel wohnenden Emmiter und Horiter, reiche Amalekiter, Amoriter und die Leute von den fünf Städten und noch manche andere. Immer wieder fragte Abram in verschiedenen Sprachen, ob jemand Lot, den Hebräer, gesehen hätte.

Endlich sah er Aner stehen, der ihm zuwinkte. Da Aner selbst einer der Gefangenen gewesen war, hatte er sich besser ausgekannt und Lot schneller gefunden. Abram rannte zu ihm, blieb aber erschrocken stehen, als er seinen Neffen erkannte.

Der, den er liebte wie einen Sohn, lag mit wunden und stark angeschwollenen Knöcheln vor ihm. Man konnte sehen, daß er große Schmerzen hatte. Die Ketten schienen ihm mehr zugesetzt zu haben, als allen anderen Gefangenen, die Abram bis jetzt gesehen hatte.

„Lot", flüsterte er, „mein Sohn, was ist mit dir geschehen?" Er kniete neben Lot nieder und betrachtete die wunden Knöchel.

Lot schaute seinen Onkel an. Er war zuerst zu beschämt, um zu sprechen, da er wußte, daß Abram sein Leben riskiert hatte, um ihn zu befreien. Tränen liefen ihm über das Gesicht, und unter Schmerzen sagte er endlich: „Würde ich dich nicht verlassen haben, Onkel, hättest du mich nicht zu retten brauchen."

Abram machte eine Handbewegung, als wolle er sagen, es sei nun alles vorüber und vergessen. Dann fragte er Aner: „Wie kommt es, daß die Knöchel meines Neffen schlimmer verletzt und geschwollen sind als bei anderen?"

Aner antwortete: „Als ich geflohen war, hat Lot mit aller Kraft begonnen, sich von seiner Kette loszumachen. Als er sah, daß mir die Flucht gelungen war, wußte er auch, daß du ganz bestimmt kommen würdest, um ihn zu befreien. Da er aber nicht wollte, daß du um seinetwillen in Gefahr kommen solltest, hat er sich die Kette mit Gewalt von den Knöcheln geschlagen. Ich habe dazu fünf Nächte gebraucht, er aber hat es mit der seinen in zweien geschafft."

Abram war erschüttert. Froh blickte er Lot an, erhob sich dann und ging aus dem Lager fort, seitab auf einen Hügel.

Kapitel 7

Gute Neuigkeiten haben, genau wie schlechte, scheinbar Flügel, deshalb wurden Abram und seine Verbündeten mit einem großen Fest begrüßt, als sie zurückkehrten. Sie waren am Ostufer des Jordans wieder südwärts gezogen und hatten nördlich des Toten Meeres dann den Jordan gekreuzt, um nach Mamre zu kommen. Als sie mit den befreiten Gefangenen in der Nähe der hübschen kleinen Stadt Salem vorüberzogen, wurde ihnen ein Empfang bereitet, der eines Königs würdig war.

Aus vielen Kilometern im Umkreis waren Menschen aus allen Städten und Stämmen gekommen, in der Hoffnung, unter den

Befreiten auch ihre Lieben oder ihre Freunde wiederzufinden, oder auch nur, um die heimkehrenden Sieger, durch deren Tapferkeit sie von der Unterjochung befreit worden waren, zu begrüßen. Es war in der ganzen östlichen Welt Sitte, heimkehrende Sieger im Triumph zu begrüßen.

Lauter Jubel brach aus, als die Kämpfer und die Befreiten sichtbar wurden. Frauen aus den verschiedenen Stämmen und Städten in ihren unterschiedlichen Trachten tanzten ihnen entgegen und sangen von ihrem Sieg, von ihren Heldentaten und ihrem Mut.

Abrams Leute hielten eifrig Ausschau, ob sie unter denen, die zur Begrüßung gekommen waren, auch ihre Angehörigen entdecken konnten. Hier und da fielen Frauen oder Kinder mit Tränen der Freude in den Augen ihren Männern, Vätern oder Brüdern in die Arme und freuten sich über die wohlbehaltene Heimkehr. Ergreifende Szenen spielten sich ab, als die Gefangenen ihre Angehörigen wiedertrafen.

Abram und seine Verbündeten ritten auf feinen Kamelen vor den siegreichen Kriegern und den befreiten Gefangenen her. An Abrams linker Seite ritt Lot, ebenfalls auf einem Kamel, obwohl er sich eigentlich schämte, an diesem Tage diesen Ehrenplatz mit seinem Onkel teilen zu dürfen.

Endlich entdeckte Abram auch Sarai, die ihm aus einer Gruppe von Frauen heraus freudig zuwinkte. Er ließ sein Kamel niederknien, sprang herab und rannte zu ihr. Freudig umarmten sich die beiden.

Plötzlich hörte man aus der Menge begeisterte Rufe. „Seht, der König!“ und „Heil dem König!“ klang es überall auf. Als Abram sich umschaute, sah er den neuen König von Sodom mit einer großen Schar Fürsten heranreiten. Der junge Monarch war seinem in der Schlacht gefallenen Vater auf dem Thron gefolgt. „Wahrscheinlich ist er gekommen, um uns für die Befreiung zu danken“, dachte Abram.

Auf einem feinen Kamel sitzend, das prachtvoll geschmückt

war, winkte er einen Mann, der an seiner Seite ritt und offensichtlich sein erster Minister war, zu sich heran und flüsterte ihm eine Anweisung zu. Der Beamte wandte sich dann an das Volk und rief laut: „Abram, der Hebräer, und seine Verbündeten, Mamre, Eskol und Aner, die Amoriter, werden gebeten vorzutreten!“

Abram legte keinen großen Wert darauf, von Sodomitern gefeiert zu werden. Deshalb folgte er dem Ruf des königlichen Beamten nur, weil er die Landessitte respektierte. Gemessenen Schrittes ging er an den vielen Männern und Frauen vorbei, die sich vor dem König auf die Erde niedergebeugt hatten. Der König lächelte in einer Art von seinem hohen Sitz herunter, als wolle er seinem niedrigen Diener einen Segen erteilen. Er schien auf etwas zu warten. Doch Abram beugte sich nicht vor ihm.

Die Menge wurde unruhig. Der König war ein wenig verwirrt über den unabhängigen Stolz, den dieser Hirtenhäuptling ihm gegenüber zeigte, doch er war zu klug, gleich am Anfang seiner Regierungszeit mit einem Menschen Streit zu suchen, den die Menge als Helden verehrte. Deshalb richtete er sich noch höher im Sattel auf und begann seine Ansprache:

„Männer und Frauen von Sodom und von allen anderen Gegenden, dies ist ein großer und denkwürdiger Tag für die Stadt aller Städte. Der Feind, der vergeblich gegen uns Krieg geführt hat, ist vernichtet. Unsere große Stadt hat wieder einmal die Hilfe ihrer Götter erlebt.“

Abram gefiel gar nicht, was er hörte, und er fühlte in sich Ärger aufsteigen. Doch der König zeigte auf ihn und fuhr fort: „In ihrer großen Weisheit haben sich die Götter für ihre große Tat ein recht unwahrscheinliches Werkzeug erwählt. Wie um unsere Feinde zu verhöhnen, wählten die Götter einen Beduinen, einen Mann, der Schafe züchtet, um sie zu besiegen. Ist diese große Tat, die wir miterleben durften, nicht ein wunderbares Zeichen dafür, daß unsere herrliche Stadt der Liebling der Götter ist?“

Der König blickte wieder zu Abram, und mit einer dramatischen Steigerung in der Stimme endete er: „Erzählt noch euren Kindern und Enkeln die Geschichte von dem niedrigen Schafhirten, durch den die Götter unsere Feinde so beschämt haben." Abram kochte jetzt vor Zorn. Wie konnte dieser Junge im Königsmantel es wagen, seine falschen Götter so zu rühmen für etwas, womit sie nicht das Geringste zu tun hatten.

Gerade wollte Abram den Mund aufmachen, um die rechte Antwort zu geben, da sprach ihn der König direkt an. „Abram, der Hebräer", sagte er, „du bist mit meinen als Gefangene weggeführten Leuten und all unserem Hab und Gut zurückgekehrt. So bitte ich dich nun bei den Göttern, gib mir meine Leute wieder, aber all unsere Güter behalte für dich."

Bei diesen Worten brach lauter Beifall aus. Alle schienen mit der Großzügigkeit des Königs sehr zufrieden zu sein. Doch Abram kochte innerlich. Was der König gesagt hatte, war eine Verhöhnung all der Männer, die tapfer ihr Leben eingesetzt hatten und ausgezogen waren, um ihrem Land und vielen Gefangenen die Freiheit zu erkämpfen. Raffiniert hatte dieser Knabe es verstanden, sich selbst in den Mittelpunkt zu rücken, um den Ruhm für sich und seine Götter einzuheimsen.

Abram bat um Gehör, weil er sprechen wollte. Mit gönnerhafter Handbewegung gewährte es ihm der König. Mit einem Unterton von Spott in der Stimme begann Abram: „Leute von Sodom und alle, die ihr hier versammelt seid, König von Sodom und ihr Herren Minister ..." hier machte Abram einen Augenblick Pause, als müsse er genau überlegen. Dann fuhr er fort: „... es war nie meine Absicht, eure verdorbene Stadt von den Unterdrückern zu befreien."

Ärgerlich fuhr der König auf, doch Abram redete weiter: „Ich bin auch nicht ausgezogen, um eure höchst fragwürdige Kultur zu retten und euch euer höchst sündiges Wohlleben zu erhalten. Meine Absicht war die Befreiung meines Neffen, der eurer politischen Streitigkeiten wegen in Schwierigkeiten gekommen ist. Wenn ihr aus diesem auch Vorteile ziehen könnt, dann mag mein Gott über dieses höchst fragwürdige Ergebnis urteilen."

Der König war jetzt wütend, das konnte man ihm ansehen. Doch er konnte dem, der ihn und seine Stadt gerettet hatte, schwerlich das Wort verbieten. Aber wie durfte dieser Beduine es wagen...?

Abram verbeugte sich leicht und fuhr fort: „Majestät, meine Verbündeten mögen von der Beute nehmen, was immer sie wünschen. Aber da deine Götter mich schon zu einem Helden gemacht haben, kann ich schwerlich noch mehr von ihnen annehmen. Denn..." rief er nun laut, *„ich habe meinem Gott, dem Höchsten, der Himmel und Erde besitzt, geschworen, daß ich nichts, weder einen Faden noch einen Schuhriemen oder sonst etwas, das dir gehört, von dir nehmen werde, damit du nicht sagst: »Ich habe Abram reich gemacht.«"*

Die Zuhörer begriffen Abram nicht, beantworteten seine Rede aber mit einem lauten Lachen. Zornig befahl der gedemütigte König ihnen zu schweigen und starrte sprachlos den vor ihm stehenden stolzen „Schafhirten" an.

Währenddem war auf einem benachbarten Hügel, unbemerkt von allen, eine kleine Gruppe von Menschen erschienen. Der erste Minister flüsterte jetzt dem König etwas zu. Dieser blickte zu dem Hügel hin und die Menge folgte seinem Blick. Eine seltsame und ehrfürchtige Stille legte sich auf einmal über alle, die eben noch so aufgeregt waren.

Die Männer kamen von dem Hügel her jetzt näher. Abram, der dieses Umschlagen der Stimmung nicht verstand, rückte an den Minister heran und fragte flüsternd: „Was ist los? Wer ist der Mann, und warum macht er soviel Eindruck auf die Menschen?"

Überrascht fragte der andere: „Kennst du ihn nicht?"

Kopfschüttelnd antwortete Abram: „Müßte ich denn?"

„Hast du noch nie etwas von dem König von Salem

gehört?“ Der Minister sagte dies mit solchem Nachdruck, daß Abram glaubte, es müsse sich schon um einen besonderen Mann handeln. Doch Salem war nur eine friedliche kleine Stadt, die ein ganzes Stück nordwestlich vom Toten Meer lag. Die Stadt hatte nie eine besondere politische Rolle gespielt, und obwohl Abram mit ihren Bürgern bereits Handel getrieben hatte, war ihm dabei nichts Ungewöhnliches aufgefallen.

Abram fragte neugierig: „Ich kenne Salem ein wenig und weiß, daß sie, wie andere Städte, einen König hat. Aber wo ist das Geheimnis dabei?“

Der Minister lehnte sich noch näher und flüsterte: „Der König, Melchisedek ist sein Name, behauptet, gleichzeitig ein Priester zu sein, obwohl ich nicht weiß, welcher Religion er angehört und welchem Gott er dient. Außerdem“, und jetzt lachte er ein wenig, „erzählen die Bauern und Beduinen von ihm, dieser alte Mann habe schon gelebt, »ehe die Berge geworden sind«. Komisch, nicht?“

Abram lächelte jetzt auch. „Aha, ich verstehe. Aber wie steht es mit seiner eigentlichen Geschichte? Es müßte doch recht einfach sein, seine Abstammung nachzuweisen.“

„Natürlich“, antwortete der Minister. „Aber was ist damit gewonnen? Besser ist, man läßt dem Volk seine Erzählungen. Außerdem behaupten die Salemiter, es gäbe tatsächlich keine solche Abstammung.“

Die Antwort war etwas unbefriedigend, und Abram wunderte sich ein wenig. Doch da die Gruppe der Salemiter mittlerweile herangekommen war, richtete Abram seine Aufmerksamkeit auf sie. Dieser Mann in der einfachen Kleidung und dem langen weißen Haar und Bart, der nur wenige Begleiter bei sich hatte, die ebenso schlicht gekleidet waren, sah eigentlich nicht wie ein König aus. Doch war etwas an seiner Haltung und an der Atmosphäre, die ihn umgab, das nicht erklärt werden konnte. Von ihm ging eine seltsame Würde aus. Alle Menschen, die hier versammelt waren, schienen Ehrfurcht vor diesem alten

Mann zu haben, und selbst der König von Sodom zeigte einen gewissen Respekt.

Auch der nüchterne Kaufmann Abram konnte sich dieses Eindrucks nicht entziehen, als Melchisedek ihn jetzt ansah. Etwas wie Ehrfurcht überkam ihn. „Aber", dachte er, „letztlich ist auch dieser Mann nur ein Mensch. Ein kanaanitischer König." Um Melchisedek nicht mehr in die Augen schauen zu müssen, blickte er zu Boden und wartete darauf, was dieser Priester irgendeines obskuren Gottes zu sagen hatte.

Doch der König sprach nicht sofort. Er gab einem seiner Begleiter einen Wink. Dieser überreichte ihm auf einem Teller eine Scheibe Brot und einen Becher mit Wein. In einer seltsamen Zeremonie brach der König das Brot und reichte es dann, zusammen mit dem Wein, Abram hin. Dieser nahm davon, obwohl er dabei Melchisedek immer noch nicht voll ins Gesicht schaute.

Aber nun folgten Worte, die viel überraschender waren, als dieser Willkommensgruß. Der alte König legte seine Hand auf Abrams Haupt, blickte zum Himmel empor und sagte: *„Gesegnet sei Abram von Gott, dem Höchsten, der Himmel und Erde besitzt! Und gepriesen sei Gott, der Höchste, der deine Feinde in deine Hand geliefert hat!"*

Die Menge staunte über diese Worte, und selbst der König von Sodom schien davon beeindruckt zu sein. Doch Abram war davon tief getroffen. Er starrte den Mann an, zu dem er sich innerlich hingezogen fühlte. Eine gewisse Furcht und doch gleichzeitig tiefer Friede strömten durch sein Herz, ähnlich wie an dem Tag, als der Herr ihm auf dem Berge Gerizim begegnet war. Abram verbeugte sich tief, doch Melchisedek richtete ihn wieder auf. Sprachlos schaute jetzt der Mann Gottes in die Augen des alten Königs und Priesters; und ihm war, als stünde in ihnen die ganze Ewigkeit geschrieben.

Als Abram über diesen geheimnisvollen König nachdachte, fand er auf manche Frage keine Antwort, doch irgendwie ahnte er etwas von einem Geheimnis, denn in seinen zeitlosen Augen schien der Schlüssel zukünftiger Geschichte zu liegen. Hier stand ein wirklich „großer Mann“, dessen Name „König der Gerechtigkeit“ bedeutete. *„Ohne Vater, ohne Mutter, ohne Geschlechtsregister, hat er weder Anfang der Tage noch Ende des Lebens, er gleicht dem Sohn Gottes und bleibt Priester immerdar.“*

Kapitel 8

Nach seiner Befreiung ging Lot zurück nach Sodom. Er versprach, zu Abram zurückzukehren, sobald er seine Geschäfte in der Stadt abgewickelt hätte. Lots Bitten um Vergebung, seine Freude, wieder mit seinem Onkel zusammen zu sein und die Verehrung, die er ihm gegenüber zeigte, waren so intensiv gewesen, daß Abram darüber ganz glücklich wurde. Lot, so sagte er sich, würde ganz sicher wieder zu ihm kommen.

Doch seither waren schon etliche Monate vergangen, und in Abrams Seele begannen leise Zweifel zu nagen. Seine Leute im Lager spürten es daran, daß er immer bekümmerter wurde. Aber wie hätten sie ihn ganz verstehen können? Trug er doch die Sorge um sein Älterwerden mit sich herum und fragte sich, wo für die Zukunft jemand sein würde, der seinen Namen trug.

Er und Sarai waren nun seit zehn Jahren kinderlos verheiratet, und sie hatten ihre Ehe nicht gerade sehr jung geschlossen. Abram fuhr fort, unermüdlich seinen Aufgaben nachzugehen, im Lager und bei den Herden nach dem Rechten zu sehen, als guter Kaufmann mit Karawanen umherzuziehen, Geschäfte zu tätigen und neue Verträge abzuschließen. Er tat alles, was die Größe und den Reichtum seines Stammes wachsen ließ. Doch manchmal fragte er sich im stillen, ob all seine Mühe auch einen Sinn haben würde, wo doch kein Erbe in Sicht war.

Nur die Verheißungen seines Gottes, an die er sich täglich neu klammerte, gaben ihm immer wieder Hoffnung. Doch wie lange konnte er an dieser Hoffnung festhalten? Mußte nicht auch Gott an die normalen Gegebenheiten der menschlichen Natur denken? Und für Abram und Sarai würde bald das natürliche Altern alle Hoffnungen auf Kinder beenden.

All diese Sorgen vermehrten sich nur durch Lots langes Ausbleiben. Elieser hatte zwar festgestellt, Lot sei nicht Abrams Sohn, und er brauche sich deshalb nicht für immer um ihn Kummer zu machen. Das stimmte, aber trotzdem war alles nicht einfach und wurde mit der Zeit immer schwerer zu tragen.

Eines Nachmittags, als Abram auf einem Hügel mitten im Weideland stand, von dem aus man einen guten Ausblick zum Jordan hatte, trat Elieser zu ihm. Der jüngere Mann ahnte Abrams Gedanken, denn seit sie Beth-El verlassen hatten, war dieser oft hierher gegangen, um allein zu sein und nachzudenken. Es war ein schöner Platz, an dem eine große Gruppe schattiger Bäume wuchs. Mamre, der Amoriter, hatte Abram wirklich ein sehr gutes Stück feines Weideland verpachtet.

Doch Abram stand nicht im Schatten der Bäume, sondern draußen in der brennenden Sonne, als würde er ihre Hitze gar nicht bemerken. Der junge Mann stellte sich neben seinen Herrn. Lange Zeit schwiegen die beiden. Endlich wandte sich Abram mit müden Augen an seinen jungen Gefährten. „Wird Elieser mich auch verlassen?“ fragte er.

Elieser lächelte froh und flüsterte: „Niemals, Herr.“

Sarai kannte mehr als jeder andere Abrams Herz und seine Sorgen, noch dazu, da es ja auch die ihren waren. Ein kinderloser Mann und eine Frau, die ihm keinen Erben gebar, waren der Gegenstand von Mitleid und Spott. Sarai hatte, genau wie Abram, das Flüstern anderer und ihre mitleidigen oder argwöhnischen Blicke bemerkt, wenn sie vorübergingen. „Ob Abram nie einen Sohn haben wird?" dachten die anderen wahrscheinlich. „Welch ein Kummer, wenn man eine unfruchtbare Frau geheiratet hat. Bedauernswert für einen Mann, der so prominent ist wie er."

Und während Abram sich sorgte, fühlte Sarai die noch schlimmere Last der Beschämung. Denn die Leute zu jener Zeit bedauerten einen Mann, der kinderlos war, aber eine kinderlose Frau wurde verdächtigt. Gewiß, es war nicht Abram, der Sarai solches fühlen ließ, ihm kamen nicht einmal solche Gedanken, aber weil andere es taten, glaubte sie auch in seinen Augen den versteckten Tadel zu lesen.

Dazu kam noch, daß Sarai nicht mit Abram über ihren Kummer sprach. Es ist nicht die Aufgabe der Frau, hatte man ihr während ihrer Erziehung beigebracht, den Mann mit ihren kleinen Kümmernissen zu belasten, er hat genug Verantwortung und Aufgaben zu tragen. „Trage deine Sorgen schweigend", war sie belehrt worden, und sie war fest entschlossen, dies zu tun.

Abram allerdings deutete Sarais Schweigen falsch. Er glaubte, hier würde sich wiederum jemand, den er liebte, von ihm abwenden. Deshalb schwieg auch er. Und in Abrams Schweigen wiederum sah Sarai einen versteckten Vorwurf. So wuchs langsam und unmerklich zwischen ihnen eine Verstimmung.

Es gab jemand, der dies alles sorgfältig beobachtete und registrierte, und dies war Hagar, Sarais junge, aber immer mehr zur jungen Frau heranwachsende Dienerin. Hagar war für Sarai eine immer willige und sehr begabte Helferin, die alle nötigen Arbeiten zur vollen Zufriedenheit verrichtete und sich sonst um nichts kümmerte. Abgesehen von dem einen Mal, als sie ihre

Herrin gefragt hatte, wie lange sie schon mit dem Herrn Abram verheiratet sei, hatte sie nie wieder Interesse an Sarais persönlichen Angelegenheiten, die sie nichts angingen, gezeigt.

Sarai wiederum nahm Hagar nicht für voll und sah in ihr tatsächlich nur die immer willige und eifrige Dienerin. Doch sie unterschätzte das junge Mädchen zu sehr, denn Hagar trug schon lange Zeit einen Plan mit sich herum, den sie unbedingt verwirklichen wollte. Das Ziel dieses Planes war Abram, und zwar aus zweierlei Gründen.

Erstens gefiel ihr das neue Leben nicht, das sie führen mußte. Ägypten war ihre Heimat, aber unter vielen anderen war auch sie vom Pharao als Geschenk an Abram gekommen, der sie seiner Frau Sarai gegeben hatte. Gewiß, Hagar wurde von ihrer Herrin nicht schlecht behandelt, mußte ihr aber als Sklavin dienen und hatte zu gehorchen. Deshalb war sie ihrer Herrin gram und sann darauf, wie sie sich an ihr rächen konnte. Der wirksamste Weg schien ihr der zu sein, die Kinderlosigkeit Sarais auszunutzen und zu versuchen, das Wohlwollen Abrams zu gewinnen.

Der zweite Grund war der, daß ihr Abram vom ersten Augenblick an gefallen hatte. Der große, stattliche, weitgereiste und erfahrene Mann hatte immer großen Eindruck auf sie gemacht und war das Ziel ihrer Träume gewesen, wenn auch ein Ziel, das kaum für sie erreichbar erschien. Doch nun sagte sie sich immer wieder, daß Abram mit der kinderlosen Sarai sicher nicht zufrieden sein konnte. Sie, Hagar, war eine junge Frau, die gerade voll erblühte. Gewiß, Sarai war eine sehr schöne Frau, immer noch, sie war wohl die schönste Frau, die Hagar je gesehen hatte, doch sie wurde älter und — hatte keine Kinder.

Also gab sich Hagar die größte Mühe, Abrams Aufmerksamkeit zu erregen. Irgendwie schaffte sie es immer, zur Stelle zu sein, wenn der Herr in Sarais Zelt kam. Wurde sein Glas leer, war sie mit dem vollen Krug zur Hand, waren seine Füße staubig, kam sie mit der Waschschüssel und sauberem Wasser. Sie war still, verstand es aber dabei immer, auch ihre jugendliche Fraulichkeit in das rechte Licht zu rücken.

Abram bemerkte nichts von Hagars Versuchen, dafür fiel es Sarai um so mehr auf. Da ihre Dienerin aber nichts tat, was tadelnswert gewesen wäre, fühlte sie sich ziemlich hilflos. Sie konnte nur dafür sorgen, daß Hagar kaum mehr Gelegenheit hatte, sich um Abram zu bemühen, wenn dieser seine Frau besuchen kam. Und dies tat sie gründlich.

Doch im Herzen Sarais begann die Frage aufzutauchen, ob Abram nicht doch die Annäherungsversuche Hagars bemerkte und dies nur zu verheimlichen suchte. Dies trug dazu bei, daß Sarai sich Abram gegenüber noch launenhafter verhielt. Hagar bemerkte dies und sah darin ihre Chance — sie wartete.

Es war ein Tag im Spätherbst. Der Winter mit seinen schweren Regenfällen stand vor der Tür. Sarai hatte den ganzen Tag mit den anderen Frauen kleine Kuchen gebacken und frischen Käse aus Ziegenmilch gemacht. Für die kommenden Wintermonate mußten Vorbereitungen getroffen werden. Jetzt war es schon spät am Nachmittag, und dunkle Regenwolken hingen am Himmel.

„Wir wollen für heute Schluß machen“, meinte sie, „räumt noch alles beiseite, ehe es zu regnen beginnt.“ Für den Abend hatte sie die Frauen, die ihr am nächsten standen, in ihr Zelt eingeladen. Sie brachten gewöhnlich ihre Kinder mit. All diese Frauen liebten die gemütlichen Abende im schönen Zelt ihrer Herrin.

Die Männer waren den ganzen Tag draußen gewesen auf den Feldern und Weiden; auch Abram mit ihnen. Es gab auch da noch viele Vorbereitungen für die bevorstehenden Wintermonate zu treffen.

Sarai liebte alle Kinder sehr, die von ihren Müttern an den Abenden mit in ihr Zelt gebracht wurden. Sie verwöhnte sie mit Näschereien und erzählte ihnen Geschichten, bis die Kinder um sie herum einschliefen und von ihren Müttern in die eigenen Zelte getragen wurden. Die Frauen verstanden es, daß die kinderlose Sarai so sehr zu ihren Kindern hingezogen wurde und bedauerten ihre Herrin, die von ihnen allen geliebt und verehrt wurde, sehr.

Auch dieser Abend war wieder besonders schön gewesen. Als die letzten Frauen gegangen waren, begann Sarai ihr Zelt aufzuräumen, weil sie hoffte, Abram würde bald zurückkommen. Sie rief Hagar, die ihr dabei behilflich war. Hagar studierte ihre Herrin für einige Augenblicke und sagte dann: „Meine Herrin ist heute abend recht glücklich?"

Sarai lächelte: „Ja, sicher." Selbst ihre Dienerin konnte sie heute abend nicht aus der Ruhe bringen, dachte sie.

Nach einer Weile sagte Hagar: „Du liebst die Kinder sehr, Herrin?"

„Das stimmt", antwortete Sarai freudig.

Eifrig ging Hagar ihrer Arbeit nach. Ohne Sarai anzusehen, sagte sie dann in nebensächlichem Ton: „Es ist ja oft der Fall, daß wir gerade das am meisten lieben, was wir nicht haben können."

Ein kalter Schauer lief Sarai den Rücken hinunter. Durchdringend schaute sie Hagar an und bemerkte an deren Haltung, daß ihre Dienerin noch mehr sagen wollte. „Was bewegt dich noch?" rief sie ärgerlich. „Heraus mit dem, was du glaubst noch sagen zu müssen, damit wir es zu Ende bringen!"

Doch Hagar gab vor, überrascht zu sein über den plötzlichen Ärger Sarais. „Aber Herrin, wieso? Ich habe nur über dein Glück nachgedacht. Über deines und das — unseres Herrn Abram", sprudelte sie heraus.

Wieder fühlte Sarai ihren Ärger hochsteigen. „Abram? Warum sprichst du von Abram?" fragte sie, während sie ihre Dienerin mißtrauisch betrachtete.

„Weil meine Herrin doch meinen Herrn von ganzem Herzen liebt", antwortete Hagar.

Sarai war sprachlos über diese Dreistigkeit. Ihr Herz klopfte heftig. Sie sagte aber nichts.

„Natürlich tust du das", fuhr Hagar fort. „Wer könnte denn Abram nicht lieben", fügte sie mit glänzenden Augen hinzu. „Mir scheint es aber, Herrin, da du Abram so sehr liebst, wirst du dem Herrn Abram auch alles geben, was er sich wünscht."

Sarai zitterte vor Zorn und wurde ganz weiß im Gesicht. „Was hat dieses Mädchen im Sinn", dachte sie, „worauf will sie hinaus?"

Hagar tat besorgt. „Mir scheint, du solltest dich setzen, Herrin, du siehst nicht gut aus."

Doch Sarai wies sie mit einer Handbewegung zurück und forderte: „Jetzt rede endlich offen und sag, was du sagen willst."

„Herrin", lächelte Hagar, „ich denke nur manchmal, ein Mann wie unser Herr Abram verdient..."

„Einen Sohn... Kinder!" schrie Sarai.

Hagar zuckte nur mit den Achseln, räumte schnell weiter zusammen und sagte nur noch: „Die Herrin ist zornig auf ihre Dienerin."

Schweigend verließ sie nach den letzten nötigen Handgriffen das Zelt Sarais.

Sarai saß allein im Schein des Lichtes der wenigen Öllampen, die noch brannten. Bekümmert dachte sie über Hagars Worte nach. Dabei fielen ihr manche Begebenheiten aus der zurückliegenden Zeit ein. Sie mußte wieder daran denken, wie sehr das Mädchen sich immer um Abram bemüht hatte. Die einzelnen Stücke des Bildes schienen sich vor ihren Augen langsam zusammenzusetzen. „Gib ihm alles, was er sich wünscht", hatte Hagar gesagt. Ja — ihr Herz wollte fast aussetzen —, das Bild war jetzt deutlich zu sehen.

„Herr, nein!" schrie Sarai auf. „Ganz gewiß würde Abram das nicht wünschen." Die Lampen flackerten, weil das Öl in ihnen zu Ende ging, und Abram kam nicht. Dann erloschen die Lampen, und Dunkelheit herrschte im Zelt. Sarai weinte sich in einen unruhigen Schlaf.

Der Morgen dämmerte fast, als Abram endlich zurückkehrte. Die meisten Männer waren schon viel früher gekommen, doch er hatte noch die Reparatur einer Schafhürde überwacht, und das hatte ihn aufgehalten. Als er beim ersten Morgenlicht in Sarais Zelt trat, sah er, daß sie geweint hatte. So, wie sie sich auf das Lager geworfen hatte, lag sie noch und schlief. „Sarai", rief er, „Sarai, was ist? Warst du den ganzen Abend allein?"

Die schöne Frau erwachte. Als sie ihren besorgten Gatten sah, schämte sie sich, weil er sie so vorgefunden hatte. Sie versuchte, ihr Haar ein wenig zu ordnen. „Ach, Abram", meinte sie, „ich muß eingeschlafen sein, während ich auf dich wartete."

Doch Abram war nicht überzeugt. „Sarai, irgend etwas ist vorgefallen. Ich sehe, daß du geweint hast." Er nahm sie in die Arme und redete ihr zu, ihm ihren Kummer zu erzählen.

Sarai weigerte sich noch einige Augenblicke, war aber dann selbst froh, sich ihren Kummer vom Herzen reden zu können. „Ach, Abram..." rief sie. Ein Schwall von Tränen folgte, als würden die vielen Monate des aufgestauten Schweigens und Kummers jetzt wie eine Flut hereinbrechen. Als sie sich ein wenig beruhigte, schluchzte sie: „Vergib mir, mein Herr, aber ich muß reden, oder mein Herz wird mir verkümmern."

Abram schaute sie besorgt an und erkannte, daß ihr Verhalten ihm gegenüber in den vergangenen Monaten durch Furcht erklärt werden mußte und nicht, weil sie ihn hätte zurückweisen wollen. „Sarai", bat er, „erzähl mir, was dich so unglücklich macht."

Sarai begann stockend: „Ach, Abram, wozu bin ich dir nütze? Wozu für irgend jemand? Für welchen Zweck lebe ich?"

Abram wollte kaum glauben, was er hörte. „Liebste", flüsterte er, „wovon redest du? Was sind das für dumme Ideen?"

Sarai ergriff Abrams Hand: „Schau mich an, Herr, ich werde älter. Bald werde ich das bißchen Schönheit, das ich noch habe, verlieren, und..."

Abram tätschelte beruhigend ihre Hand: „Sarai, deine Schönheit übertrifft alles, was Jahre bisher bei anderen vermocht haben. Wie kannst du nur so reden? Wer hat dir diese Gedanken eingeblasen? Sie sind doch nicht von dir selbst."

„Doch, Herr, es sind meine eigenen Gedanken, und sie sind die Wahrheit."

Abram sah sie lange an und lächelte dann: „Ach, Liebes", flüsterte er, „viele Fürsten haben mich um dich beneidet. Der Pharao von Ägypten hätte dich zu seiner Königin gemacht und ich — ich allein habe dich. Du bist ein größeres Geschenk Gottes für mich als alles, was andere Männer erhalten haben."

Sarai schwieg eine Weile. Abrams Worte machten sie ruhiger. Doch dann sprach sie von dem, was sie noch bedrückte: „Aber, mein Herr, nicht die Schönheit allein macht die Frau. Du mußt doch sehen, daß eine Frau, die den Wunsch ihres Mannes nicht erfüllen kann, mit sich selbst nicht zufrieden sein kann."

Abram wußte, woran Sarai dachte, waren dies doch auch seine Sorgen. Endlich sagte er: „Was willst du damit sagen, Sarai?"

Sie klammerte sich fester an ihn. „Herr, du weißt, wovon ich rede. Ich kenne deine Liebe für mich, aber ich kann sie dir nie vergelten, denn du hast eine unfruchtbare Frau geheiratet."

Abram fuhr auf. „Nein, Sarai!" rief er, „sag das nie wieder!" Beide schwiegen, nachdem der schreckliche Gedanke ausgesprochen war. Doch endlich raffte sich Abram auf. „Davon will ich nichts mehr hören, Sarai. Der Herr, unser Gott, hat uns einen Sohn versprochen, einen Samen, der dieses Land erben und besitzen soll. Die Zukunft unserer Nachkommen soll weit über all das hinausgehen, was wir je erträumen können. Wir werden nicht den Glauben an die Verheißungen Gottes aufgeben, meine Liebe.“ Aufmerksam blickte er Sarai an, als suche er an ihr ein Zeichen neuen Mutes.

Doch Sarai schien sich diesmal nicht wieder an den Verheißungen Gottes aufrichten zu können. Ihr Gesicht behielt den Ausdruck der Verzagtheit und Mutlosigkeit. „Sarai“, flüsterte er endlich, „ich weiß, daß es nicht immer leicht ist, den Glauben festzuhalten; das gilt nicht nur für dich, sondern auch für mich.“

Nach einer langen Pause sagte er: „Warum hast du nicht schon viel früher mit mir über all diese Dinge gesprochen? Ich bin sicher, daß irgend jemand dich so unruhig gemacht hat, jemand, der vielleicht auf uns neidisch ist. Ach, Sarai, wenn du nur wüßtest, wie sehr ich dich liebe.“

Nun schienen Abrams Worte Sarai doch zu trösten. Sie schmiegte sich enger an ihn, und die beiden fühlten wieder, wie sich ihre Seelen vereinten.

Kapitel 9

Abram ging müde und bekümmert in den neuen Tag hinein. Kein erquickender Schlaf hatte ihm geholfen, die Lasten der Nacht nun ein wenig leichter zu sehen. Es war wirklich nicht einfach, Glauben zu bewahren, wenn sich in den fruchtlosen Jahren kein Zeichen der Änderung zeigte.

Am meisten Sorge machte ihm nun der Kummer seiner Frau. Sie, die er von Jugend an geliebt hatte, mußte getröstet werden. Hatte sie nicht aus Liebe zu ihm ihr bequemes und luxuriöses Stadtleben aufgegeben und war mit ihm von Ort zu Ort gezogen, hatte in oft vom Wind gezausten Zelten gewohnt und mit ihm das Leben des Nomaden geteilt? Er dachte an ihre Schreie, als sie von Pharaos Männern fortgetragen wurde. Warum mußte sie nun die Schande tragen? Warum schalt man sie unfruchtbar, und nicht ihn?

„O Sarai", stöhnte er, „ich bin deiner nicht wert. Mein Gott, du mußt uns helfen."

Wie es seine Gewohnheit war, ging Abram auch diesmal wieder in die Einsamkeit, um mit seinem Gott zu reden. War jemand anders vor ihm je dem ewigen Geist so nahe gekommen wie Abram? Hatte jemand anders mit dem Schöpfer des Universums je mit solcher Kühnheit und doch gleichzeitig mit so kindlichem Glauben geredet? Hier kam er wieder, der heimatlose Wanderer, der von Kind an selbst an das Stadtleben gewöhnt war und nur um des Rufes Gottes willen seinen festen Wohnsitz mit dem Zelt vertauscht hatte. Er kam, um von neuem Gottes Angesicht zu suchen und um Seine Hilfe zu flehen.

Abram kam ohne Furcht. Viele Kilometer ging er allein in das Weideland hinaus und setzte sich dann unter einen überhängenden Felsen, der etwas Schutz vor dem Wetter bot. Lange saß er dort und flehte zu seinem Gott. Als der Abend kam und der kalte Winterwind ihn frieren ließ, zog er seinen Umhang enger um sich. Grau und naß zogen Wolken über den Himmel, ab und zu regnete es leicht. Den ganzen Tag über hatte er niemand vorbeigehen sehen. Er fühlte sich wieder einmal sehr allein und verlassen.

Schmerzliche Erinnerungen zogen ihm durch den Sinn. Was hatten ihm all die Erfolge in seinem Leben genützt? Er war nun ein alter Mann, der unter einem Felsen in der Einsamkeit Kanaans saß und nicht weiter wußte. Hatte er die Träume eines

Narren geträumt? Er, der stolze Krieger, der Sieger im Kampf, dem sein Sieg nichts genutzt hatte! Was er jetzt auf seinem Gesicht fühlte, waren nicht mehr allein Regentropfen, sondern brennende Tränen, die schon seit einiger Zeit unaufhaltsam rannen.

Und in diesem Augenblick war es, daß Abram spürte, wie sich die Atmosphäre um ihn herum mit Erwartung füllte. Abram fühlte die Persönlichkeit des liebenden Allmächtigen zu ihm herabkommen. Er fühlte sich eingehüllt in die Gnade seines Gottes. Er sprang auf und verbeugte sich tief. „Herr, mein Gott!" rief er.

„Fürchte dich nicht, Abram", antwortete der Unsichtbare, *„Ich bin dir ein Schild, dein sehr großer Lohn."*

Wieder fühlte Abram einen Schwall Tränen über seine Wangen laufen, aber diesmal solche der Freude. Er sprach: *„Herr, was willst du mir geben? Ich gehe ja kinderlos dahin, und der Erbe meines Hauses, das ist Elieser von Damaskus."* Der Herr schwieg. Abram fuhr fort: *„Siehe, mir hast du keinen Samen gegeben, und siehe, der Verwalter meines Hauses wird mich beerben."*

Abram wartete, aber wieder folgte nur Schweigen. War das schon alles? Das konnte nicht sein. Hatte der Herr ihm nicht mehr zu sagen? Abram fragte sich, ob er heimkehren oder noch weiter auf Gott warten sollte. „Gott muß mir noch mehr sagen!" dachte er.

Es war mittlerweile dunkel geworden, und plötzlich zerriß ein pfeifender Wind die Nachtluft, der sich schnell zu einem gewaltigen Sturm steigerte. Abram klammerte sich an den Stamm eines Baumes, der direkt neben dem Felsüberhang wuchs. „Gott!" rief er, „bitte, hilf mir!" Es schien, als sollten die Felsen durch die Macht des Sturmes zerrissen werden. Vor Angst schrie Abram: „Gott, willst du mich sterben lassen?!"

Der Orkan schien stundenlang anzuhalten, doch dann erstarb er so schnell wie er begonnen hatte. Als Abram sich faßte, bemerkte er, daß der Regen aufgehört hatte und keine Wolke mehr sichtbar war. Der Sturm hatte den Himmel leergefegt, und die Sterne blinkten hell. Es war, als hätte sich über die ganze Natur ein ehrfürchtiges Schweigen gelegt.

Und dann redete der Herr wieder. Freundlich sagte er zu seinem Knecht: *„Blicke doch gen Himmel und zähle die Sterne, wenn du sie zählen kannst. Also wird dein Same sein.“ Und Abram glaubte dem Herrn, und Er rechnete es ihm zur Gerechtigkeit.*

Doch der Herr war noch nicht fertig mit Abram. Der Mann Gottes sollte am nächsten Tag derart durch eine seltsame Reise in die Zukunft geführt werden, daß er die Gegenwart nie wieder so sehen konnte wie bisher. Gott wußte um Abrams Furcht, immer wandern zu müssen, und um seinen Wunsch, wieder eine beständige Heimat zu haben. Deshalb würde er Abram noch deutlicher als bisher zeigen, warum Er dieses Opfer von ihm forderte.

Es war am Spätnachmittag des zweiten Tages, an dem der Mann Gottes einsam und schweigend unter dem Felsüberhang wartete, als er die Stimme seines Gottes und Erlösers wieder hörte. Gott sprach: *„Ich bin der Herr, dein Gott, der dich herausgeführt hat aus Ur in Chaldäa, um dir dieses Land zu geben, es zu besitzen.“*

„Herr, Gott“, antwortete Abram ehrfürchtig, *„woran soll ich erkennen, daß ich es besitzen werde?“* Abram wagte es, Gott um ein Zeichen zu bitten, sozusagen zur Versiegelung Seiner Verheißung, wie es Sitte war, wenn im Orient ein Bund geschlossen wurde.

Und Gott verstand diesen so menschlichen Wunsch Abrams und beantwortete ihn in menschlicher Weise. Er wies Abram an, an die Seite des Felsens zu schauen. Dort stand eine Gruppe verschiedener Tiere, die sich vor dem kalten Wind eng zusammendrängten. Gott sagte: *„Hole mir eine dreijährige Färse, eine dreijährige Ziege, einen dreijährigen Widder und eine Turtel-*

taube und eine junge Taube." Mehr brauchte Gott nicht zu sagen.

Abram lächelte, denn er kannte die Prozedur, die jetzt zu folgen hatte. Es handelte sich um die übliche Einladung einer von zwei Parteien, die einen Bund miteinander schlossen. „Ja, Herr", sagte er. Genau wissend, was er zu tun hatte, fing er die Tiere, schlachtete und zerteilte sie. Nur die beiden Tauben zerteilte er nicht. Dann legte er die beiden Hälften der Tiere jeweils einander so gegenüber, daß zwischen ihnen ein kleiner Gang blieb. Durch diesen schmalen Gang mußte dann der von den beiden Partnern hindurchgehen, der die Zeremonie vorgeschlagen hatte. Es war ein sehr ernstes Ritual, durch das angezeigt werden sollte, daß der Bund für immer und unverbrüchlich gelten sollte.

Nachdem Abram alles vorbereitet hatte, setzte er sich und wartete darauf, wie der Herr durch den schmalen Gang gehen würde. Doch plötzlich erschienen Geier und kreisten über den zerteilten Tieren. Abram sprang auf, wedelte wild mit den Armen und schrie heftig, um sie zu verscheuchen. Doch die Raubvögel kamen immer tiefer. Ihre großen Flügel bewegten die Luft über Abram, und ihre gierigen Schreie erschreckten ihn. Er rannte zu den Opfertieren, doch die Geier waren schneller. Schon ließen sie sich auf den zerteilten Tieren nieder. Da riß Abram seinen Umhang ab, wedelte damit wild in der Luft herum, sprang und schrie wie ein Derwisch: „Ich will die Bestätigung der Verheißung Gottes. Fort mit euch!" Erschreckt von diesem Angriff ließen die Geier ihre Beute los und flogen davon, um nicht mehr zurückzukehren.

Die Sonne ging nun unter. Hunger nagte in Abrams Eingeweiden, denn es war schon sein zweiter Tag hier draußen. Doch er wagte nicht zu schlafen, denn er wußte: Gott würde wieder reden. Der Bund war nicht besiegelt, ehe der Herr nicht durch den Gang zwischen den zwei Reihen der Opfertiere hindurchgegangen war. Abram zitterte vor Erwartung. Wie würde der Herr dies tun? Würde Er wieder auf dieselbe Weise erscheinen, wie vor vielen Jahren auf dem Gerizim? Der Gedanke war zu ehrfurchtgebietend für ihn.

Stunden vergingen. Der Mond ging auf und tauchte alles in sein bleiches Licht. Abram kämpfte mit der Müdigkeit, war aber zu schwach vor Anstrengung und Hunger. Abram sank in tiefen Schlaf. Als er schlief, überfiel ihn ein gewaltiger Schrecken und eine übernatürliche, buchstäblich körperlich fühlbare Finsternis. Und dann sprach Gott wieder: *„Gewißlich sollst du wissen, daß dein Same ein Fremdling sein wird in einem Lande, das nicht das ihre ist. Und sie werden sie bedrücken 400 Jahre.“*

Abram war wie in Trance. In diesem Zustand wurden ihm im Geist Szenen von Unterdrückung und Leiden gezeigt. Wie ein Zuschauer auf der Gallerie sah er ein Panorama der Zukunft in kurzen Bildern vor seinen Augen. Tausende litten unter Fronarbeit — aber wo? Der Strom, war das der Nil? „Nein, Gott!“ wollte er schreien, „nicht in Ägypten, sie sind so grausam.“

Abram kämpfte im Traum gegen die Schrecken der Offenbarung. Er sah seine Nachkommen als Heimatlose in einem fremden Land, als Sklaven und Ziegelbrenner und Bauarbeiter gegen ihren eigenen Willen. Er sah die grausamen Aufseher mit Peitschen in den Händen, die seine Kinder quälten, und er bäumte sich im Schlaf auf. Dann vergingen die Bilder, und wieder sprach der Herr: *„Aber ich werde die Nation auch richten, welcher sie dienen werden; und danach werden sie ausziehen mit großer Habe.“*

Abram ahnte, daß es noch viel mehr zu sehen gab, der Herr ihm dies aber aus Barmherzigkeit vorenthielt, weil er es vielleicht nicht ertragen hätte. Wie tröstend redete der Herr jetzt wieder: *„Und du, du wirst zu deinen Vätern eingehen in Frieden, wirst begraben werden im guten Alter.“*

Abram erwachte. Ein Tumult von Gefühlen durchzog ihn. Viele Fragen auf einmal stürmten auf ihn ein. Warum wurde sein Volk so gequält? Er rieb sich die Augen und seufzte: „Herr, mein Gott, warum?"

Plötzlich bewegte sich etwas. Er sah ein Licht aufblitzen. Als er zu dem Bundesopfer hinblickte, sah er etwas wie einen rauchenden Ofen und eine Feuerflamme, die auf geheimnisvolle Weise auf dem schmalen Pfad durch die Opferstücke hindurchschwebte. Er wurde geblendet von dem Licht und bedeckte seine Augen. „Mein Gott", rief er, „bewahre mich. Du bist wie ein verzehrendes Feuer!"

In diesem Augenblick versiegelte Gott Seinen Bund mit Abram, und diesem wurde Verständnis gegeben über das, was er sah. Er begriff in diesem Moment den Schrecken der Zukunft und wußte, warum der Herr ihm nicht mehr zeigte. Die Stücke der zerteilten Opfertiere waren das Symbol seines Samens, seiner Nachkommen, und das schreckliche Feuer des rauchenden und brennenden Ofens war ihre Geschichte; sie würden unterdrückt und bedrängt von einer Nation nach der anderen, zerteilt und zerrissen, immer und immer wieder.

Abram schrie immer noch: „Aber warum, Gott? Sind sie denn böse vor Deinen Augen? Verfolgst Du etwa wie Nannar die Unschuldigen um Deiner eigenen Ehre willen?"

Doch der Geist Gottes war geduldig und sanft. Ganz nah spürte Ihn Abram jetzt, wie einen flüsternden Hauch. „Sieh, Abram, Ich bin das reinigende Feuer. Alle, die Ich liebe, züchtige Ich auch. Du kannst jetzt nicht mehr ertragen. Deine Nachkommen werden unter anderen zu leiden haben, doch ihre Verfolger sind Meine Werkzeuge. Aber Ich werde Meine Geliebten nie vergessen, und sie werden selbst in ihrer Schwäche noch ein mächtiges Volk sein. Oft zerschlagen und zerrissen, werden sie doch wieder zusammenfinden und machen, daß ihre Feinde vor ihnen fliehen müssen."

Abram mußte an die Raubvögel denken, die sein gottgeweihtes Opfer hatten stehlen wollen. „Sogar als ich sie vertreiben wollte, versuchten sie es noch, Herr", flüsterte er.

„Ja, Abram, aber sie konnten es nicht zerstören. Genauso will Ich über Mein Volk wachen."

Abram schaute wieder auf die Opferstücke, und die Fackel, die mitten hindurchgegangen war, bekam auf einmal noch eine andere Bedeutung für ihn. Es war nun nicht mehr nur, als habe er den Feuerofen des Schreckens gesehen, sondern auch das Licht in der Nacht der Trostlosigkeit, als ein Zeichen immer neuer Hoffnung. Und so war das Feuer Gottes; obwohl es brannte, würde es gleichzeitig auch reinigen und sie so zubereiten für ihren endgültigen Zweck.

„Aber Herr", sagte Abram, „sei geduldig mit ihnen. Und darf ich diesen endgültigen Zweck wissen, Herr? Wenn meinem Volk soviel Elend widerfahren soll und Du sie so reinigen willst, darf ich dann wenigstens sehen, was durch diese Leiden erzielt werden soll?"

Der Herr schwieg. Doch während Abram immer noch auf das Opfer blickte, fielen ihm die Worte ein, die sein Gott ihm früher schon einmal gesagt hatte: „*Und durch dich sollen alle Völker auf Erden gesegnet werden.*" Abram überlegte: „Alle Völker?" Aber wie sollte das geschehen?

Als er wieder auf das Opfer schaute, war ihm, als wenn ganz entfernt eine schwache Ahnung in ihm aufsteigen wollte. Und plötzlich stand vor seinen geistigen Augen das alte und weise Gesicht Melchisedeks, und ihm war, als würde er wieder in die unergründlichen und zeitlosen Augen dieses geheimnisvollen Mannes blicken.

„Herr", rief Abram, „ich kann es doch nicht fassen. Diese Gedanken sind zu wunderbar für mich. Halte ein, Herr!"

Nachdem Abram in das Lager zurückgekehrt war, mußte er immer wieder über sein Erlebnis nachdenken. Doch anders als damals, als Gott ihm auf Gerizim begegnete, fand er keine Möglichkeit, mit den anderen darüber zu reden. Ein Satz beschäftigte ihn besonders. Hatte der Herr nicht gesagt: „*Und du wirst zu deinen Vätern eingehen in Frieden, wirst begraben werden in gutem Alter*"?

Wie konnte er, Abram, zu seinen Vätern gehen? Waren sie nicht tot? Was meinte Gott damit? Konnte es sein, daß der Tod nicht das Ende des Lebens war? Gewiß, in jeder Religion gab es so eine Hoffnung. Er erinnerte sich, wie manchen, die beerdigt wurden, ihre Besitztümer mit in das Grab gegeben wurden. Doch nun hatte sein Gott selbst davon geredet, und es war nicht mehr nur eine vage Hoffnung, sondern Gewißheit. „Mein Vater lebt!" flüsterte Abram. „Und die Väter vor ihm auch. Also waren die alten Vorväter, Noah und Sem, noch am Leben? Konnte das sein?"

Damit schien das gesamte Universum eine neue Perspektive zu bekommen. War der Mensch dem ewigen Schöpfer wirklich so wichtig, daß große göttliche Pläne sich auf ihn konzentrierten? War es ganz anders, als die mesopotamischen und ägyptischen Religionen sagten, die den Menschen nur als Spielzeug der Götter verstanden? Lag in der Existenz des Menschen ein tiefer Sinn verborgen?

Diese ganz neue Einsicht in den Schöpferwillen des Ewigen war etwas, das Abram ermutigte und stärkte. Doch gleichzeitig demütigte es ihn auch, wenn er daran dachte, daß seinem Volk ein besonderer Platz in diesem ewigen Plan Gottes zugedacht war.

Kapitel 10

Als Abram endlich Sarai etwas von seiner Begegnung mit Gott und der noch festeren Erneuerung der Verheißung Gottes erzählte, wurde sie wieder mit Hoffnung erfüllt. Auch ihr Mann, dem sie sich so lange entzogen hatte, erfreute sich wieder der Gemeinschaft ihrer Liebe. Viele Wochen und Monate hielt Sarai diese Hoffnung fest, und wenn nicht Hagars unterschwellige Anschläge immer wieder gewesen wären, hätte sie sich daran auch wieder aufrichten können.

Doch Hagar hatte den schwachen Punkt ihrer Herrin herausgefunden, nämlich Sarais große Liebe für Abram, und das war Hagars große Hoffnung. Ihre Zuversicht lag in der Tatsache, daß nach orientalischer Sitte eine unfruchtbare Herrin ihrem Gatten oftmals ihre erste Dienerin gab, um mit ihr Kinder zu haben. Diese Tradition diente dazu, dem Herrn einen Erben zu schenken und von der Herrin die Schande der Kinderlosigkeit zu nehmen. Da der Herrin auch die Sklavin gehörte, nahm sie dann auch das Kind als das ihre in Anspruch. Dazu gehörte nach der Sitte, daß die Herrin bei der Geburt des Kindes anwesend war und dieses unmittelbar nach der Geburt auf ihren Schoß gelegt wurde.

Im Idealfall konnte es dabei nicht zu Eifersucht kommen, weil der Gatte in das Zelt einer anderen Frau ging. Man war sogar überzeugt davon, daß die erste Frau dadurch nur noch an Ansehen gewann, weil sie jetzt noch eine, oder manchmal auch mehrere, Nebenfrauen unter sich hatte. Blieb sie doch als erste Frau die am meisten geliebte und die Herrin des Hauses. Doch Menschen in allen Zivilisationen reagieren anders, als die Tradition es will. Was immer die Überlieferung auch sagte, keine Frau konnte so recht mit einem Kind ihres Mannes zufrieden sein, das ihm von einer anderen geboren wurde.

Doch der Wunsch einer Familie, einen männlichen Erben zu

haben, um den Namen und den Besitz der Familie zu erhalten, erforderte ein solches Handeln oftmals geradezu. Und so war, im Lichte dieser Sitte betrachtet, Sarais Liebe zu Abram für Hagar eher eine Hoffnung als ein Hindernis.

Einmal im Monat gingen Sarai, ihre Dienerin und eine Reihe anderer Frauen des Stammes nach Hebron, um Einkäufe zu tätigen und ihre hergestellte Wolle zu verkaufen. Die eigentlichen Geschäfte erledigten natürlich Abram und seine Männer. Dies war mehr eine Sache, die den Frauen einmal Abwechslung in dem täglichen Einerlei bringen sollte, und deshalb freuten sie sich auch immer auf diesen Tag.

Hebron war eine hoch gelegene, sehr schöne kleine Stadt, und der Weg dahin war steinig und steil. Es war Markttag in Hebron, und in der Stadt befanden sich neben den üblichen Geschäften viele Verkaufsstände. Sarai überwachte die mitgebrachten Diener beim Aufstellen des eigenen Standes und überließ dann das Verkaufen der Wolle den anderen Frauen. Sie selbst ging mit Hagar, um Einkäufe zu machen. Hagar würde dabei das Handeln übernehmen müssen, da dies unter der Würde einer Frau in Sarais Stellung war.

Inmitten des Getriebes des Marktplatzes spielten viele kleine Kinder. Manche hatten sich kleine Kisten aufgestellt und ahmten die Erwachsenen in ihrem Kaufen und Handeln nach, wie Kinder dies so gerne tun. Hagar bemühte sich, ihre Herrin immer wieder auf die Kinder aufmerksam zu machen, und Sarai konnte nicht widerstehen, sondern beobachtete die Kleinen bewundernd. „Mein Herr sollte hier sein“, bemerkte Hagar lächelnd, „er liebt die Kinder doch genauso wie meine Herrin, nicht wahr?“

Sarai blickte Hagar durchdringend an, sagte aber nichts. Sie tat, als habe sie Hagars Absicht nicht verstanden, doch der Stachel saß in ihrer Seele fest. Vielleicht hätte Sarai in diesem Augenblick ihrer Dienerin ein für allemal diese Bemerkungen verbieten müssen, doch weil sie spürte, wie sehr Hagar recht hatte, gelang ihr das nicht. Statt dessen verglich sie sich als alternde Frau mit Hagars Jugend und Vitalität. Ob sie je noch ein Kind gebären würde?

Wieder bohrte der erschreckende Gedanke in ihr. Vielleicht hatte Gott ihrem Mann ja einen Sohn verheißen, aber nicht durch sie, Sarai, sondern durch eine andere Frau, die auf diese Weise geehrt werden sollte. „Doch konnte Gott dies wünschen?" fragte sie sich.

Es war schon hoch im Nachmittag, und der Marktplatz wurde ruhiger. Sarai hatte ihre Einkäufe beendet und beobachtete die Diener und Frauen, wie sie den eigenen Stand wieder zusammenpackten. Dabei fiel ihr eine große Gruppe von Leuten auf, die sich an einem Stand auf der anderen Seite des Platzes sammelten.

Hagar trat zu ihrer Herrin, um mitzuteilen, daß sie bereit seien, sich auf den Heimweg zu machen. Sie folgte dem Blick Sarais und erkannte, daß es sich bei der Gruppe um den dicken Scheich von Hobah mit seinen Leuten handelte. Die Leute, die sich dort sammelten, gehörten alle zu seiner Familie. Der Mann handelte ab und zu mit Abram und war Sarai und den anderen deshalb gut bekannt. Er hatte 14 Frauen, mehrere von ihnen hatten ihm Söhne geboren, nachdem seine erste Frau ebenfalls kinderlos geblieben war.

Während Sarai die Gruppe um den Scheich von Hobah beobachtete, erriet Hagar die Gedanken ihrer Herrin und lächelte triumphierend.

Am Abend fand Abram seine Frau in einer seltsamen Laune. Da er darauf nicht vorbereitet gewesen war, begrüßte er sie unsicher lächelnd und fragte sich, was vorgefallen sein könnte.

Als Sarai dann endlich doch sprach, äußerte sie ihre Gedanken so direkt, daß Abram erkannte, sie hatte sich den ganzen Tag damit beschäftigt. „Mein Herr", sagte sie, „Gott hat dir ganz gewiß einen Sohn versprochen, und es gibt keinen Grund, warum du ihn nicht haben solltest. Doch", und damit begann sie zu weinen, ,,mir hat Er ein solches Versprechen nicht gemacht."

Abram blickte sie verständnislos an. Wovon sprach sie überhaupt? ,,Sarai", stammelte er verwirrt, ,,bitte noch einmal. Was ist heute geschehen?"

,,Ach, mein Herr", lachte sie zornig, ,,ich bin nicht töricht. Sogar mit deinem Gott würden Männer in deiner Stellung den traditionellen Ausweg aus der Kinderlosigkeit erkennen."

Abram betrachtete sie ungläubig. Für ihn schienen ihre Worte Torheit zu sein. Er verstand allerdings auch den Zusammenhang nicht. Er war nicht mit in Hebron gewesen, hatte die Kinder und den Scheich mit seinen vierzehn Frauen nicht gesehen. Doch ihre Worte erinnerten ihn an einiges, was sie vor vielen Monaten schon gesagt hatte. Er ging zu ihr und blickte ihr fest in die Augen. ,,Sarai, bitte, drücke dich verständlich aus."

,,Ach, Abram", sagte sie betrübt, ,,du kennst die Tradition recht gut. Warum willst du die Zielscheibe des Spottes anderer bleiben? Du hast keinen Sohn, mein Herr, und ich werde dir nie einen schenken können. Folge doch der Sitte, Abram. Sicher hat dein Gott diese Sitte genauso eingeführt, wie Er die Sonne und die Sterne gemacht hat. Warum solltest du dich nicht auch danach richten und dir so helfen lassen?"

Abram wollte kaum glauben, was er hörte. Doch er begriff etwas anderes und fragte deshalb beruhigend: ,,Sarai, wer hat dir solche Gedanken wieder einmal eingeredet? Denn gewiß würdest du nicht selbst..."

,,O Abram", seufzte sie, ,,nimm dir eine andere Frau. Ist dies nicht so üblich? Noch dazu bei Männern deiner Stellung. Siehst du nicht, daß Gottes Verheißung dich dazu zwingen mag, so zu handeln? Sicherlich hast du den Gedanken auch selbst schon erwogen. Nimm eine andere Frau. Nimm die, welche du dir wünschst. Ich kann sie dir geben, denn sie ist mein; und ich werde sie dir nicht vorenthalten."

Abram verstand immer noch nicht ganz. Aber jetzt stand Ärger in seinem Gesicht geschrieben. „Ich will nichts mehr hören!" rief er. „Sag, wer hat dir dieses Gift eingeträufelt?" Er wollte sie an sich ziehen, doch sie stand nur starr und mit hängenden Armen vor ihm.

Abram stand einige Augenblicke hilflos, doch als sie sich nicht rührte, wandte er sich ab und verließ ihr Zelt. Draußen in der Dunkelheit blieb er einige Zeit stehen, um zu warten, bis sein Zorn verging. Dabei blickte er sich um und bemerkte im Schatten des Zeltes eine andere Person. Als er erkannte, daß es Hagar war, begannen einige der Worte Sarais einen Sinn zu ergeben. War es diese junge Sklavin, von der sie gesprochen hatte? War es etwa Hagar, die Sarai schon so lange stichelte und verletzte und die seine Ehe in Gefahr brachte? „Ich kann sie dir geben, denn sie ist mein", hatte Sarai gesagt.

Plötzlich fiel es ihm wie Schuppen von den Augen. Er sah jetzt Hagars Eifer, mit dem sie sich immer um ihn bemüht hatte, in einem ganz anderen Licht. Und da stand sie nun und schien auf etwas zu warten. Ihre Kleidung umgab sie nur so lose, daß ihre bloßen Schultern im Mondlicht weiß schimmerten. Voller Zorn betrachtete Abram die verführerische junge Frau, wandte sich dann voller Verachtung ab und stampfte wütend davon.

Doch Hagar lächelte nur vielsagend und ging dann zu ihrem Zelt, als sei sie völlig unschuldig an dem Drama, das sich um sie herum abspielte.

Abram hatte die Fäuste geballt und blickte in der Dunkelheit zum Himmel empor. Schweigend zogen die Sterne ihre Bahn, und nur Sarais Weinen begleitete den Aufruhr seines Geistes.

Hagars verderblicher Einfluß zerstörte weiterhin das Fundament der Beziehungen zwischen Abram und Sarai. Abram schien es, als könne er Hagar nicht entkommen, und er fragte sich, wie sie es immer schaffte, ihm zu begegnen. Immer fiel sie ihm auf. Schon am frühen Morgen stand sie im Hof, wenn er sein Zelt verließ. Vielleicht war er sich ja ihrer Gegenwart jetzt erst richtig bewußt geworden, doch er war sicher, daß er ihr nie vorher so oft begegnet war.

Wenn er Hagar sah, krampfte sich in seinem Inneren etwas zusammen. Sie wurde ihm zum Symbol für alles, was ihn von seiner Frau trennte. Er empfand für Hagar manchmal dieselben Gefühle wie damals, als er die Priesterhuren in Damaskus gesehen hatte.

Doch Sarais Haltung, die sich immer mehr von ihrem Gatten zurückzog, trug nur um so mehr dazu bei, daß sich Abrams Gedanken oft mit ihrer jungen Dienerin beschäftigten. Hin- und hergerissen zwischen dem Wunsch, ihrem Gatten einen Sohn zu geben und dem Wissen, daß Abram Hagar nicht mochte, zog sich Sarai immer mehr in eine Nußschale zurück. Und immer und überall stand da Hagar wie ein Schatten all ihrer Nöte und Probleme.

Es war Abend, und Abram war allein. Elieser war seit einiger Zeit mit einer Karawane unterwegs und würde bald zurückkehren. Die Schatten des Zeltlichts ließen Erinnerungen wach werden. Das triste Wetter, ein kalter Regen fiel, erhöhte noch das Gefühl der Einsamkeit. Er dachte an Tarah, Nahor, Lot und, am schmerzhaftesten, an Sarai. Es waren schon viele, viele Nächte, in denen sie sich ihm entzog. Unruhig wanderte Abram in seinem Zelt hin und her und bemitleidete sich selbst.

Plötzlich überkam ihn Ärger. Er würde nicht noch eine Nacht allein in seinem Zelt verbringen; heute jedenfalls würde es anders sein, dazu war er entschlossen. Ein verzweifelter Mann war es, der nun über den Hof ging und, ohne ihren Namen zu rufen, wie er es sonst tat, in Sarais Zelt trat.

„Frau", rief er ärgerlich, „heute fordere ich mein Recht." Sarai erkannte am Ton seiner Stimme, daß sie ihn nicht leicht loswerden würde. Sie zitterte, als er sich ihr näherte. Mit so festem Griff packte er sie an den Oberarmen, daß sie schmerzhaft zusammenzuckte. Abrams Herz verlangte nach ihr. Sie war eine so schöne Frau, und die einzige, die sein Verlangen wirklich erfüllen konnte.

,,Sarai", sagte er mit unterdrücktem Ärger, ,,wenn du es so willst, dann werde ich nicht wieder kommen. Doch", fügte er entschlossen hinzu, ,,ich bin als stolzer Mann bekannt. Du wirst mir jetzt sagen, wodurch ich dich verloren habe und wie ich dich wiedergewinnen kann, oder ich...", er zögerte, weil er nicht wußte, welche Drohung er anfügen sollte.

Sarai bebte, löste sich aber von ihm und ging in die äußerste Ecke des Zeltes.

,,Oder was, mein Herr?" fragte sie. ,,Wirst du sonst zu meiner Sklavin gehen?"

Die beiden innerlich verwundeten Menschen standen schweigend. Dann fuhr Abram in wütendem Ärger auf. ,,Du hast es gesagt, Frau!"

,,Dann geh!" weinte Sarai. Und in Schmerz und Stolz fuhr sie fort: ,,Der Herr hat verhindert, daß ich Kinder gebäre. Ich bitte dich deshalb, geh zu meiner Sklavin, damit ich durch sie Kinder empfangen möge."

Abram war verwirrt. Wie ein verwundetes und gefangenes Tier in einer grausamen und sinnlosen Welt kam er sich vor. Er wollte weinen und vor Zorn schreien, Sarai an sich ziehen und sie zu Boden schlagen, alles gleichzeitig, so stürmten widersprechende Gefühle in ihm.

,,Mein Gott?" schrie er. Er brauchte an diesem Abend Trost. Ach, wie er nach der Wärme ihrer Arme verlangte. Wie konnte sie sich ihm nur so entziehen. Er würde sie mit Gewalt zu ihrer Liebe gezwungen haben, aber welchen Sinn sollte man darin finden?

,,Gott! Sarai! Ich brauche Trost!" Hätte ihn nicht sein männlicher Stolz daran gehindert, würde er es laut hinausgeschrien haben. Doch so sagte er kein Wort mehr, sondern drehte sich nur um und torkelte wie ein Trunkener aus ihrem Zelt.

Draußen stand er in der Dunkelheit, der eisige Regen durchnäßte ihn. „Sarai!" schrie er, und seine Stimme vermischte sich mit dem heulenden Wind. Doch sie kam nicht zu ihm.

Abram blickte auf das kleinere Zelt Hagars, in dem Licht brannte. Das menschliche Herz ist ein seltsames Ding. Haß und Liebe, die beiden stärksten Gefühle, werden dort oft miteinander vermischt. Und wenn man einsam ist und die Seele einem Spielball aller möglichen sich widersprechenden Gefühle gleicht — Verlangen, Furcht, Vergeltung, männlicher Drang — dann...

Was immer Abrams Seele in diesem Augenblick bewegte und in Aufruhr versetzte, es war, als gingen von der jungen ägyptischen Frau, die hinter jenen Zeltwänden wartete, in diesem Augenblick geheimnisvolle Strömungen aus — und im Drang seiner menschlichen Gefühle stolperte der einsame Mann in die menschlichen Arme, die im Augenblick als einzige für ihn erreichbar waren.

V. Buch

DER FEUEROFEN

„Irret euch nicht, Gott läßt sich nicht spotten,
denn was irgend ein Mensch sät, das wird er auch ernten.
Denn wer für sein eigenes Fleisch sät,
wird von dem Fleisch Verderben ernten;
wer aber für den Geist sät,
wird von dem Geiste ewiges Leben ernten“
(Galater 6, 6.7).

Kapitel 1

Abrams Beine waren müde von der langen Wanderung. Zum Glück geschah es nur noch selten, daß er sich an der einfachen Aufgabe des Hütens der Herden in den Hügeln zu beteiligen hatte. Im allgemeinen fiel diese Aufgabe den jüngeren Männern zu. Doch es tat ihm gut, von Zeit zu Zeit noch hinauszugehen, damit seine jetzt schmerzenden Muskeln nicht einrosteten.

Auf einem Hügel in der Nähe des Lagers ließ sich Abram zu kurzer Rast nieder. Abgesehen von seinem schon recht grau werdenden Haar bot er noch das Bild eines kräftigen Mannes in den besten Jahren.

Elieser kam vom Lager her und gesellte sich zu ihm. Der geschätzte und geliebte Verwalter war auch nicht mehr jung, doch sein Eifer, seinem Herrn zu dienen und seine Treue und Anhänglichkeit an Abram waren noch genauso wie zu der Zeit, als sie sich vor 24 Jahren begegnet waren. Elieser, der all seine Treue und seinen Eifer auf Abram konzentrierte, hatte nie geheiratet und an eine eigene Familie gedacht. Er hatte für sich einen höheren Lebenssinn gefunden, nämlich den, seiner semitischen Herkunft zu dienen.

Als Elieser die Spitze des Hügels erreichte, setzte er sich neben seinen alten Freund und Herrn. Es bedurfte keiner Worte zwischen ihnen, doch Abram wußte, daß der Verwalter ihm bald mitteilen würde, das Abendessen sei fertig. Dann würden sie zum Lager zurückgehen und den Abend gemeinsam am Feuer verbringen. Doch es schien, daß Abrams Aufmerksamkeit von etwas abgelenkt wurde. Im Westen der Ebene, wo die große rote Sonne unterging, war ein Reiter sichtbar geworden, der im schnellen Tempo auf den Hain Mamre zugeritten kam.

Abram schien an dem Reiter besonderes Interesse zu nehmen, ihn aber mit gemischten Gefühlen zu beobachten, denn in den Zügen seines Gesichts waren widerstreitende Empfindungen wahrzunehmen. Elieser verstand. Er erhob sich und sagte: „Ich gehe schon voran, Herr. Komme nach, wenn du soweit bist, wir werden das Essen für dich warmhalten."

Abram antwortete nicht, sondern lächelte nur dankbar, als Elieser sich auf den Rückweg ins Lager machte. Allein zurückbleibend beobachtete er den Reiter, der wie ein Pfeil auf den Hügel zugeschossen kam, dabei fühlte er, wie sich sein Magen vor Spannung zusammenkrampfte. Doch was immer ihn auch bewegte, ob es Stolz war oder Sorge oder eine Mischung aus beiden, er mußte den Reiter auf dem schnellen Kamel bewundern.

Es handelte sich bei dem Reiter um einen Jungen, der kaum mehr als 13 Jahre alt sein mochte. Doch die großartige Haltung, mit der er auf dem großen Tier saß und die Leichtigkeit, mit der er es regierte, waren staunenswert. Ein riesiges und so störrisches Tier wie ein Kamel ist gewöhnlich für keinen Reiter leicht zu handhaben, da diese Tiere auch sehr stur sein können und viele überraschend unangenehme Eigenschaften haben. Doch der Junge saß auf der mächtigen Kreatur und regierte sie, als sei er mit ihr verwachsen.

Kleine Staubwölkchen stiegen hinter dem Kamel auf, als der Reiter es jetzt den Hügel hinauflenkte, auf dem Abram stand. Dessen Herz klopfte heftig. Ja, es war wirklich ein hübscher Junge, dem man seinen unbändigen Stolz und seine Wildheit ansehen konnte, als er jetzt herankam. Seine Kleidung war voller Schweiß und Staub, aber sonst noch in Ordnung, obwohl er sie wohl wieder wochenlang unter den schwierigsten Umständen getragen hatte. Er trug keine Schuhe oder Sandalen, sondern war barfüßig, was, so schien es jedenfalls Abram, seine rebellische Haltung besonders deutlich zeigte.

Neben Abram blieb das Kamel schnaubend stehen. Dieser hielt es am Zaumzeug fest, blickte zu dem Reiter hoch und sagte zurückhaltend: „Guten Abend."

Der Junge wischte sich Schweiß und Staub aus dem Gesicht. „Guten Abend", antwortete er, während er das Tier schon in die Richtung drängte, in der sich das Lager befand, als wolle er jeden Augenblick weiterreiten.

Doch Abram hielt das Kamel fest. Für einige Augenblicke sahen sich die beiden, der Junge und der kräftige Mann, fest an. Beide schienen nicht recht zu wissen, wie sie die Unterhaltung beginnen sollten. „Es ist fein, daß du wieder einmal nach Hause kommst", begann Abram endlich, während er im Gesicht des Jungen besorgt nach einer Reaktion forschte.

Für einen Augenblick schien es, als würde er auf Abrams Willkommensworte reagieren wollen. Doch dann blickte er wieder gleichgültig zum Lager hin. „Ich nehme an, das Abendessen ist fertig?"

„Ja", lächelte Abram.

Die feingeschnittenen Gesichtszüge des Jungen und seine olivfarben getönte Haut zeigten die Mischung des ägyptischen und semitischen Blutes. Er war wirklich ansehnlich. Doch man konnte auch bemerken, daß er wie ein wildes junges Tier war, unberechenbar wie der Wind, rebellisch und kaum zu verstehen. Und wie oft Abram es auch schon versucht hatte, immer wieder mußte er bekümmert feststellen, daß er nie den rechten Kontakt zu ihm bekam.

Das Tier wurde unruhig. Es drängte wohl nach dem Wasser und Futter des Lagers. Anders als die anderen Kamele des Stammes trug es keine bunten und reichgeschmückten Decken oder andere Verzierungen. Es war wild wie sein junger Herr, der jetzt die Zügel so faßte, als wolle er weiterreiten.

„Willst du nicht noch ein wenig bleiben, so daß wir uns unterhalten können?" fragte Abram. „Du warst so lange nicht daheim."

Der Junge bewegte sich unruhig im Sattel, ritt dann an und lenkte sein Kamel den Hügel hinunter zum Lager. Über den Rücken rief er zurück, daß sie sich sicherlich noch ein anderes Mal unterhalten könnten.

Abram blieb allein auf dem Hügel zurück. Nach einigen Augenblicken des Nachdenkens machte auch er sich auf den Rückweg. Er überlegte, wo der Junge wohl in den vergangenen Wochen gewesen sein mochte, doch er hatte ihn nicht danach gefragt. Abram stellte Ismael nie Fragen.

Als Sarai an diesem Abend Abram das Abendessen vorsetzte, sagte sie kaum etwas. Abram wußte warum. Ihre Launen hatte er in den letzten 14 Jahren nur zu gut kennengelernt. Unruhig beschäftigte sie sich mit vielen unnötigen Dingen, bis sie endlich sagte. „Ich habe bemerkt, daß der Junge wieder zurück ist."

Abram ging nicht darauf ein, sondern sagte nur müde: „Bitte, Sarai, setz dich und iß."

Geistesabwesend stocherte Sarai in ihrem Essen. „Hagar wird wenig Freude an einem Kind wie diesem haben", bohrte sie dann.

Abram seufzte.

„Bitte, Sarai, fang nicht wieder an..."

Doch sie fuhr fort: „Er ist wie ein Tier. Seine Mutter kann kaum stolz auf ihn sein. Es ist gut, daß er die meiste Zeit fort ist."

Abram spürte, daß Sarai sich heute nicht so bald beruhigen würde, deshalb stand er nach dem Essen schnell auf und ging zum Zelteingang, wo er stehenblieb. Gerade kam Hagar mit dem schweren gefüllten Wasserkrug vom Brunnen zurück. Am Eingang ihres Zeltes begegnete ihr Ismael und nahm ihr den Krug ab. Abram überlegte einen Augenblick, wie sehr er sich über eine solche Szene gefreut hätte, würde es sich nicht um Hagar gehandelt haben, sondern um Sarai.

Erneut zog Kummer durch Abrams Herz, als er an den schon lange bereuten Abend dachte, an dem er Hagars Zelt betreten hatte. Die Entscheidung, die er in einem fieberhaften und einsamen Augenblick getroffen hatte, schien seither sein Leben völlig verändert zu haben. Gewiß, Ismael war ein tüchtiger und hübscher Junge, der es wert war, sein Sohn genannt zu werden. Und doch hatte Abram immer gezögert, „Sohn" zu ihm zu sagen, selbst an dem Tage, als er geboren wurde und Abram ihn in Hagars Zelt auf seinen Armen hielt und darüber staunte, daß er solch einen Jungen gezeugt haben konnte.

O ja, an Liebe zu dem Jungen hatte es Abram nie gefehlt, er liebte ihn sehr. Und doch hatte es immer eine versteckte Spannung in der Beziehung zu seinem Erstgeborenen gegeben. Und Ismael hatte das gespürt. Was einem Beobachter wohl gar nicht aufgefallen wäre, hatte im Laufe der Zeit eine Mauer zwischen dem Jungen und seinem Vater errichtet. Er wußte, welche Erinnerungen und Gefühle Abram bei seinem Anblick bewegten und warum er zögerte, ihn „Sohn" zu nennen, sondern immer nur „Ismael" zu ihm sagte. Er war eben nur Hagars Sohn, und nicht der Sarais.

Obwohl Ismael den Grund für Abrams Benehmen kannte, schmerzte es ihn trotzdem. Es war nicht leicht, das Symbol der Schuld und des schlechten Gewissens seines Vaters zu sein. Oft hatte er über seinen eigenen Namen nachgedacht. „Ismael", was „Gott hört" bedeutet. Höhnisch hatte er sich oft gefragt: „Was hört Gott denn?"

Abram schaute schweigend zu, als Ismael seiner Mutter den Krug abnahm und ins Zelt trug. Er hatte seinen Vater nicht gesehen, aber Hagar hatte. Für einen kurzen Augenblick begegneten ihre Augen denen Abrams, dann wandte dieser sich zögernd ab und ging in Sarais Zelt zurück. „Haben sie genug zu essen drüben im anderen Zelt, Sarai?" fragte er.

,,Reichlich, mein Herr", antwortete sie. ,,Ich kümmere mich schon um meine Pflichten, obwohl ich sicher bin, daß Hagar ganz gut für sich selbst sorgen könnte. Sie hat es ja in der Vergangenheit gut bewiesen."

Abram seufzte: ,,Sarai, wir haben darüber schon oft gesprochen, ich bin es jetzt müde." Da war ein Ton in seiner Stimme, der ihr sagte, daß sie jetzt besser still war. Abram blickte sie mit bekümmertem Herzen an. Er wünschte, sie wie früher in die Arme nehmen zu können. Trotz ihrer Konflikte war seine Liebe und sein Verlangen nach ihr noch genauso groß wie immer.

Doch viele Jahre eines solchen Konflikts machen müde. Er ging jetzt zu ihr und streichelte sanft ihre Wange. Ihr reiches Haar zeigte schon viel Silber, aber es war immer noch die alte Schönheit an ihr zu sehen. Abram schaute ihr tief in die Augen und bat: ,,Wir wollen das Alte hinter uns lassen, Sarai. Immer und immer wieder habe ich zugegeben, daß ich dir Unrecht getan habe, aber bitte, laß uns nicht mehr davon reden."

Etwas in Sarais Haltung entspannte sich, als er dies sagte. Er nahm sie in die Arme und fühlte, wie ihre Ablehnung schwand. ,,Du sorgst doch gut für den Jungen, Sarai?" fragte er.

Seine schöne Frau sah ihn ruhig an. ,,Ich habe es versucht, mein Herr, und... ja, in einer Weise sorge ich gut für ihn, obwohl du vielleicht nie ganz verstehen kannst, wie weh mir seine Gegenwart immer tut."

Abram verstand. Nach einer Weile sagte er: ,,Ich nehme den Jungen morgen mit."

Mit erstauntem Blick fragte Sarai: ,,Wohin, Herr?"

,,Nach Salem."

Ungläubig fragte Sarai: ,,Wozu soll das gut sein, Abram? Glaubst du, sein Herz zu gewinnen, wenn du ihn mit nach dort nimmst?"

,,Vielleicht", sagte Abram unsicher. ,,Ich weiß es selbst nicht genau. Doch ist der Junge nicht der Erbe der Verheißung? Als ich 13 war, nahm mein Vater mich mit zu den Priestern

Nannars. Sollte ich meinem einzigen Sohn den Segen des wahren Priesters des einzigen und ewigen Gottes vorenthalten?"

Sarai antwortete nicht gleich. Wie immer, wenn Abram von dem alten König Melchisedek sprach, nahm sein Gesicht einen achtungsvollen Ausdruck an. Obwohl er ihn seit ihrer ersten Begegnung nie wiedergesehen hatte, fühlte er doch, daß hier ein Geheimnis verborgen lag. Endlich fragte sie: „Aber Abram, glaubst du denn, daß er sich nach dieser langen Zeit noch an dich erinnert? Und wenn, welchen Sinn soll es haben, wenn du Ismael zu ihm bringst?"

„Er ist der Priester Gottes", sagte Abram geduldig. „Ich weiß zwar nicht, woher er sein Wissen über meinen Gott hat, aber die Jahre werden nichts an seiner Position geändert haben. Mein Erstgeborener muß seinen Segen empfangen." Abram zögerte einen Augenblick und fuhr dann fort: „Der alte Mann war so weise, Sarai. Ich bin sicher, daß er es wußte."

„Daß er von der Verheißung wußte?" fragte Sarai.

„Ja ... ich war damals sicher und bin es noch bis heute."

Sarai wählte ihre Worte sorgfältig, ehe sie sprach. „Mein Gatte, warum quälst du dich selbst so und machst die Vergangenheit wieder wach. Dein Gott hat seit 14 Jahren nicht mehr mit dir geredet. Wie kann da dein Glaube noch bestehen? Der König mag vor vielen Jahren von einem Segen gesprochen haben, doch die Vergangenheit ist tot ... und die Verheißung mit ihr. Du kannst sie nicht wiedererlangen, ganz gleich, bei wem du Hilfe suchst."

Zornig fuhr Abram herum und starrte sie an. Es stimmte zwar, daß seine Schuld wie eine riesige Mauer zwischen ihm und seinem Gott stand und daß er in all dieser Zeit nichts als Schweigen geerntet hatte. Doch wie konnte sie es wagen, von dem, was ihm mehr bedeutete als sein eigenes Leben, von seinem Glauben an die Verheißungen Gottes, so verächtlich zu reden. „Ich werde tun, was ich für richtig finde", rief er ärgerlich. „Und der alte König wußte es, ich konnte es in seinen Augen lesen. Ich habe seine Worte nicht vergessen, so wie ich den Herrn nicht vergessen habe, der Sein Angesicht vor mir verbirgt.“ Seufzend setzte er hinzu: „Vielleicht kann mir der König helfen. Vielleicht kann er meinen Erstgeborenen segnen, denn ... ich kann es nicht.“

Sarai antwortete ruhig: „Ismael wird nie ein Teil deiner Träume sein, mein Herr, ganz gleich, wie lange du daran festhältst. Siehst du das nicht?“ Doch auch sie spürte, daß sie Abram noch liebte wie eh und je und setzte voller Mitleid hinzu: „Mein Herr, er ist dein Sohn, tue mit ihm wie du willst.“

Doch Abram war von ihren vorherigen Worten verletzt. „Gewiß“, sagte er kurz, „er ist mein Sohn. Und er ist alles, was ich noch habe, da es mir nicht gelungen ist, dich wieder zu gewinnen. Ich werde einen Weg finden, damit ihm die Gunst meines Gottes zuteil wird.“

Abram verließ ihr Zelt, und Sarai rief ihm bebend nach: „Seit 14 Jahren suchst du vergebens nach dem Segen Gottes für deine Sünde und deinen Nachkommen. Das Unrecht, das an mir geschehen ist, falle auf dich. Der Herr richte zwischen dir und mir!“

Kapitel 2

Schweigend und mürrisch gesellte sich Ismael am nächsten Morgen zu seinem Vater. Dieser war noch am Abend vorher in das Zelt seiner Mutter gekommen und hatte ihn über ihr Vorhaben unterrichtet. Wozu sollte es gut sein, wenn Abram mit ihm zu dieser unbedeutenden kanaanitischen Stadt reiten wollte? Gewiß, er hatte allerlei Geschichten von diesem geheimnisvollen König gehört. Abram selbst hatte ja sehr oft von ihm geredet. Aber was hatte er damit zu tun?

Abram sattelte schnell die Kamele, und noch ehe die Dämmerung dem Tag vollends gewichen war, hatten sich die beiden auf den Weg gemacht.

Es war eine gute Tagereise bis nach Salem. Viele Gedanken bewegten Abram, während sie so dahinritten. Fast 16 Jahre waren seit der unvergeßlichen Begegnung mit diesem seltsamen König, der sich selbst Priester nannte, vergangen. Doch die Erinnerung an die Worte, die der alte Mann ihm damals sagte, hatte Abram nie verlassen. Er kam gar nicht auf den Gedanken, daß Melchisedek ihn vergessen haben könnte. Zu sehr hatte er damals die Verwandtschaft ihrer Seelen und ihres Geistes gespürt.

Abram hätte in den vergangenen Jahren oft zu dem König gehen können. Es wäre ihm nicht schwer gefallen, die Reise nach Salem zu machen. Doch nie hatte er sich dazu aufraffen können. Immer, wenn er daran dachte, schien irgend etwas ihm zu sagen, daß die Zeit dafür noch nicht gekommen sei.

Und sogar jetzt fragte er sich, ob das, was er tat, richtig war. Vielleicht hatte Sarai recht? Vielleicht war es falsch, mit Hilfe des Priesters des Allerhöchsten den Segen Gottes für seinen Fehltritt zu suchen? Doch Abram wußte nur eins: Ismael war sein Erstgeborener, und wenn er einmal die Verheißung Gottes erben sollte, mußte er zuerst für diesen Gott gewonnen werden, sonst war alles andere sinnlos. Vielleicht würde eine Begegnung mit Melchisedek Ismaels Herz aufschließen.

Doch dies waren allein Abrams Gedanken. Ismael dachte ganz anders. Für ihn war es nur wieder eine der seltsamen Handlungen seines Vaters, zu denen er scheinbar von irgendeiner Macht angetrieben wurde, die seine Träume erfüllte und mit der er auch ihn, Ismael, in Verbindung bringen wollte. Aber Ismael hatte kein Verständnis dafür.

Es war ein kühler und dunstiger Tag. Über den feuchten Wiesen hing dicker Morgennebel. Es hatte selten genug Gelegenheiten zu Unterhaltungen zwischen Abram und Ismael gegeben. Doch heute war Abram entschlossen, den Abgrund zwischen ihm und seinem Sohn zu überbrücken. „Ist die Jagd in diesem Jahr gut, Ismael?“ suchte er einen Anknüpfungspunkt.

„Ja, Herr“, antwortete der Junge zurückhaltend.

Abram lächelte gewinnend. „Ich erinnere mich an die Zeit, als du noch klein warst“, sagte er. „Es scheint mir, daß du schon von der Zeit an, als du zu sprechen begannst, diesen Bogen und die Pfeile mit dir herumtrugst. Oft habe ich zu Elieser gesagt, daß du wohl einmal ein großer Schütze werden würdest. Und du hast mich nicht enttäuscht.“

Fragend blickte Ismael zu seinem Vater. Worauf wollte dieser hinaus. Doch das Lob freute ihn, und so sagte er: „Vielen Dank.“

Es war schwer für einen stolzen Mann wie Abram, die Unterhaltung wieder in Gang zu bringen, obwohl er die Ablehnung Ismaels spürte. Doch er sagte: „Es tut mir nur leid, daß ich mit dir nicht mehr in diesen schönen Hügeln unterwegs sein konnte, Ismael.“ Dieser war von den Worten nun scheinbar doch bewegt und schaute seinen Vater erstaunt an. Schnell fuhr Abram fort: „Sohn, ich habe dir nie viele Fragen gestellt. Ich weiß, dies ist für einen Vater nicht unbedingt richtig. Aber sage mir einmal: Was tust du, wenn du so lange Zeit von daheim fernbleibst?“

Ismael blieb zurückhaltend, als wolle er klarmachen, daß er

mit seinen Angelegenheiten allein fertig werden wollte. Doch hätte Abram in sein Herz schauen können, wäre er wohl sehr überrascht gewesen, wie einsam sich der Junge hinter dieser äußeren Fassade der Unabhängigkeit fühlte. Gewiß, es war das erste Mal, daß sein Vater ihm diese Frage stellte, doch in seinen Augen hatte er sie schon oft gelesen. Doch was sollte er tun? Es war in den letzten Jahren seines jungen Lebens für ihn einfacher gewesen, den Spannungen daheim zu entfliehen und in den Hügeln zu leben.

In den frühen Jahren seiner Kindheit hatte es sich im Hain Mamre noch ganz gut gelebt. Er hatte noch nicht verstanden, mit welch gemischten Gefühlen Abram ihn betrachtete. Auch die Verachtung, die Sarai seiner Mutter entgegenbrachte, war ihm noch nicht klar gewesen. Es hatte in jener Zeit viele glückliche und unbeschwerte Stunden gegeben, und er hatte seinen Vater lieben gelernt.

Als er älter wurde, begann er die Probleme und Spannungen zu verstehen, die unter den Menschen herrschten, die er liebte, und da begann der Wunsch in ihm zu wachsen, all diesen Verhältnissen zu entkommen. Da er einen sehr unabhängigen Charakter besaß, hatte er schon als Kind gern die Aufgaben eines Hirten auf der Weide übernommen. Nun begann er mehr und mehr von daheim fortzubleiben. Er lebte oft tagelang in den Hügeln, machte immer weitere Ritte auf seinem Kamel, und mittlerweile blieb er oft schon wochenlang von daheim fort.

Bei all dem war er wild und unbändig geworden, wie ein junges ungezähmtes Tier. Er lebte in Höhlen, war ein hervorragender Jäger und liebte die Freiheit über alles. Als sein Vater sich aber jetzt erkundigte, hätte er am liebsten geschrien: „Warum hast du nicht früher schon so gefragt? Warum hast du dich nicht mehr um mich gekümmert?"

Wie konnte er Abrams Frage beantworten? Was tat er wirklich, wenn er so lange von daheim fort war? Er sah sich allein in kalten Nächten hinter Felsen oder in Höhlen an einem kleinen

Feuer kauern und fühlte wieder die Tränen, die er seiner Einsamkeit wegen dann so oft geweint hatte. Sollte er seine innersten Gefühle so vor seinem Vater bloßlegen? Nein, dazu war er schon zu stolz.

So zuckte er, als er den abwartenden Blick seines Vaters bemerkte, nur mit den Schultern, als ob er sagen wollte: „Es kommt doch gar nicht darauf an."

Einige Stunden waren vergangen. Die Sonne hatte den Morgennebel vertrieben, und es wurde langsam heiß. Den größten Teil ihres Rittes hatten die beiden bisher schweigend verbracht, da Ismael auf keinen Versuch seines Vaters, eine Unterhaltung in Gang zu bringen, einging. Doch eine Frage brannte dem Jungen auf der Seele, und endlich sagte er: „Vater, warum reiten wir nach Salem?"

Abram freute sich. War dies die Gelegenheit, die er lange gesucht hatte, mit Ismael über die Verheißung Gottes zu reden? Gewiß, er hatte ihm schon früher davon erzählt, doch sein Sohn hatte immer nur Gleichgültigkeit gezeigt. Vielleicht würde es heute anders sein. So sagte er: „Ich möchte, daß du von dem Priester Gottes gesegnet wirst. Vor vielen Jahren hat mein Vater mich zu einem falschen Priester gebracht, um mich segnen zu lassen. Mein Sohn aber verdient den Segen eines wahren Priesters des allmächtigen Gottes."

Ismael war von dieser Antwort nicht überrascht, vermutete aber noch andere Motive hinter ihrer Reise. Abram fuhr fort: „Sohn, ich habe dir oft erzählt, daß du der Erbe der Verheißungen meines Gottes bist. Eines Tages wird all das Land, durch welches wir reiten, dir gehören. Gott hat es so bestimmt. Ich hoffe, du wirst, wenn wir Melchisedek begegnen, etwas von deiner Aufgabe verstehen lernen, die dir der Allmächtige in seinem Plan zugedacht hat."

Ismael mißfielen diese Worte. Er hatte sie so ähnlich schon vorher einige Male von seinem Vater gehört, aber der Gedanke sagte ihm nicht zu. Manchmal hatte er sich gefragt, ob sein armer Vater überhaupt ganz normal sei, weil er so überzeugt von diesen angeblichen Verheißungen eines Gottes war, von dem Ismael gar nicht so genau wußte, ob er überhaupt existierte. Und heute ärgerte er sich mehr denn je über diese Worte.

Vielleicht rebellierte sein Stolz gegen das Drängen seines Vaters. Vielleicht gefiel es ihm auch nicht, daß Abram ihm einfach einen Platz in seinen Träumen zuweisen wollte. Vielleicht ärgerte sich Ismael aber auch darüber, weil sein Vater sich, ausgenommen dieser eine Punkt hier, nie um das, was seinen Sohn anging, gekümmert hatte. Ismael erschien es jedenfalls seltsam, daß er den Segen seines Vaters erben sollte, obwohl dieser ihm sonst immer fremd geblieben war.

All dies ließ Ismael zweifeln. Es ärgerte ihn, daß man ihn nie mit dem Respekt behandelt hatte, der einem Erstgeborenen sonst zukam. Sogar seine eigene Mutter war, Sarais Eifersucht wegen, in der Gemeinschaft ihres Stammes wie eine Ausgestoßene. Deshalb nahm er jetzt allen Mut zusammen und sagte: „Ist es nicht seltsam, daß die Verheißungen deines Gottes dem Sohn einer Sklavin gelten sollen?“

Abram war verwirrt über diese Frage und suchte noch nach Worten, als sein Sohn fortfuhr: „Stimmt es nicht, Vater, daß du mich auch deshalb nach Salem bringst, um deine eigenen Zweifel im Blick auf meine Berufung zu vertreiben?“ Die Wahrheit dieser Worte traf Abram heftig. „Vater, laß uns ehrlich sein“, fuhr Ismael bitter fort. „Du sagst, ich sei der Erstgeborene. Doch wenn Sarai je doch noch einen Sohn haben sollte, wer wäre dann wohl der Erstgeborene deines Herzens?“

„Ismael“, rief Abram entsetzt, „genug davon! Es ist nicht wahr!“

Doch Ismael war nicht überzeugt. Fast lachend sagte er: „Doch, Vater, es ist wahr. Sogar meine Mutter fühlt sich wie eine Gefangene ihrer Vergangenheit, sie ist unwillkommen und einsam in der Gemeinschaft des Stammes. Glaubst du denn, ich wüßte nicht, daß meine Mutter gezwungen wurde zu fliehen, aus Angst vor der Eifersucht ihrer Herrin?“

Abram war erschüttert. Er hätte sich denken müssen, daß Hagar ihrem Sohn von den bitteren Tagen vor seiner Geburt erzählen würde, wo sie versucht hatte, wieder nach Ägypten zu fliehen, weil der Haß und die Eifersucht zwischen den beiden Frauen zu groß geworden war. Doch Hagar hatte natürlich nur ihre Seite erzählt. Ismael wußte wohl nichts davon, wie Hagar fortwährend durch ihre bösen und spöttischen Bemerkungen und durch ihren Hohn über die Unfruchtbarkeit ihrer Herrin diese immer wieder zum Zorn gereizt hatte. „Du kannst sicher nicht recht verstehen, was damals geschah“, antwortete er. „Diese Zeit war für uns alle sehr schwer. Am meisten wohl für Sarai.“

„Vielleicht, Herr. Doch mir scheint, meiner Mutter ist großes Unrecht geschehen. Und sie hat dich so geliebt, Vater.“ Ismael schüttelte bekümmert den Kopf.

Abram antwortete: „Sei dir nur nicht so sicher, Ismael, es gibt vieles, was du nicht weißt.“

„Aber ich weiß genug, Vater, um zu begreifen, daß du mich zwar auf eine seltsame Weise liebst, aber doch nicht so, wie es sein sollte. Außerdem war ich dir nie wirklich erwünscht, denn ich erinnere dich zu sehr an Dinge, die du lieber vergessen würdest. Ich war ein Fehler, der in einem Augenblick deiner Schwäche gezeugt wurde. Und wenn du mich anschaust, dann siehst du das. Ich bin ein Symbol deiner Schuld, Vater.“

Zitternd rief Abram: „Aber Ismael...“

„Nein, Vater“, unterbrach er ihn, „ich lasse mich von dir nicht ermahnen. Deine Träume, wie immer sie auch aussehen, bedeuten mir nichts. Ich lasse mich um dieser Träume willen nicht mißbrauchen, wie du meine Mutter mißbraucht hast dieserhalb und auch... meinen Vetter Lot.“

Bei der Erwähnung Lots fuhr Abram ärgerlich auf. „Aus welchem Grund sprichst du von ihm?“ rief er.

„Ist er nicht ebenfalls vor dir geflohen, Vater?“ fragte Ismael. „Warum tat er das? Hat er sich auch so vor deinen Forderungen gefürchtet wie ich?“

Abram war, als habe ihm jemand einen Dolchstoß ins Herz versetzt. „Ismael!“ schrie er, „du irrst. Du weißt ja nicht, wovon du redest.“

„Vielleicht nicht, Vater“, sagte er, „aber ich weiß, daß ich nicht in ein Muster hineinpasse, für das ich nicht gemacht wurde.“ Hier zögerte Ismael ein wenig. Die Augen niederschlagend, sagte er leise und traurig: „Ich bin aus dem falschen Stoff gemacht.“ Nur einen Augenblick saß er noch still. Zu stolz, um seinen Vater die Tränen sehen zu lassen, die ihm nun in die Augen stiegen, riß er sein Kamel herum und spornte es an. Wie ein Blitz rannte es in die Wildnis der kanaanitischen Hügel hinein. „Endlich“, dachte Ismael, „habe ich einmal all das gesagt, was in den vergangenen Jahren in mir gebohrt und gewühlt hat.“

Abram saß wie erstarrt auf seinem Kamel. Er brachte kein Wort heraus. Wie gern hätte er geschrien: „Ach, mein Sohn, wenn du nur wüßtest, wie sehr du irrst. Ach, ich sollte dir schon lange gesagt haben, wie sehr ich dich liebe, wenn nicht das selbstsüchtige Bewußtsein meiner Schuld mich davon abgehalten hätte.“ Doch es war zu spät. Nur noch einen Augenblick war der dahinjagende Reiter auf dem Kamm des nächsten Hügels zu sehen, dann war er verschwunden.

Während Abram noch lange dort allein auf dem Kamel saß, schien das prophetische Wort, das der Engel des Herrn zu Hagar sagte, als sie vor der Geburt Ismaels vor der Eifersucht Sarais in die Wüste geflohen war, von allen Hügeln widerzuhallen. Wahrhaftig, Ismael war ein „wilder Mann“, dessen Hand gegen alle war.

Kapitel 3

Die Reise nach Salem war zu Ende. Abram blieb in den Hügeln und suchte viele Tage nach seinem Sohn, dabei aß er kaum und schlief ebensowenig. Er hatte sein Kamel in einer Schlucht zurückgelassen und war höher hinaufgestiegen. Verzweifelt irrte er zwei Tage durch das Niemandsland, fand aber nicht die geringste Spur von seinem Sohn.

Das Klettern durch die zerklüfteten Hügel hatte ihn mehr angestrengt, als er dachte. Immer und immer wieder schrie er den Namen seines geliebten Sohnes in die Einsamkeit — doch alles umsonst.

Und sein Herz schrie ebenso laut wie sein Mund: „Mein Gott, war alles vergebens? Sind all meine Hoffnungen nur Träume gewesen, und war mein Leben nutzlos?“

Es war ein verbitterter Abram, der sich in der letzten Nacht in eine Höhle schleppte. Das Leben bedeutete ihm nichts mehr. Er wäre lieber gestorben, als nach Hause zurückzukehren. „Nach Hause?“ lachte er zornig, was hatte er dort schon noch? Abram versuchte, nicht mehr darüber nachzudenken.

Doch trotz allem lebte in ihm ein rastloser Geist, der nicht aufgeben wollte. Vielleicht war es diese Qualität, durch die Abram von Anfang an die Gunst Gottes gewonnen hatte. Dieser Geist Abrams, der inmitten aller Nöte und Fragen seinem Schöpfer immer wieder offen begegnet war und, manchmal in Verzweiflung, manchmal auch mit geballter Faust, zu Gott kam und fragte: „Warum, Gott? Was sind Deine Pläne mit mir? Ich will eine Antwort, mein Gott! Ich lasse Dich nicht los, ehe Du mich segnest.“

Doch Abram war jetzt zu schwach, um auf diese Weise zu denken. Aber in zäher Beharrlichkeit hielt er fest. Und war im Grunde genommen nicht gerade dies rechter Glaube? Zeigte sich nicht darin gerade immer wieder seine Liebe und sein Vertrauen zu seinem Herrn, daß er immer wieder kühn zu Ihm kam und Ihn herausforderte?

Und doch war kein Selbstmitleid in seinen Bitten. Es war eher ein zorniger Mann, der da stand und rief: „Warum hast Du mich aus all meinen Brüdern herausgerufen, Herr? Wo ist das Ziel meiner Wanderungen?“

Die Höhle, in der er saß, war kalt und feucht. Abram hüllte sich deshalb eng in seinen Umhang ein. Er mußte daran denken, daß er sich schon oft in einer ähnlichen Umgebung befunden hatte. Viele Gelegenheiten fielen ihm ein. Von jener ersten Nacht außerhalb Urs an schien er in Krisen immer die Einsamkeit solch öder Plätze gesucht zu haben, um seinem Gott zu begegnen.

Abram ballte seine Fäuste. Als ob er Gott herausfordern wollte, flüsterte er: „Gott, ich werde hier lieber sterben, aber nicht aus dieser Höhle herauskommen, wenn Du mich nicht aufrichtest. Bring mich zu meinen Vätern, Gott, denn für mich hat das Leben keinen Sinn mehr, wenn Du mich nicht segnest.“ Abram schwieg und lauschte, als müsse aus der Dunkelheit eine Antwort kommen. Als alles still blieb, sagte er: „Dann laß es so geschehen, Herr. Vierzehn Jahre habe ich nun ohne Dich gelebt. Dein Diener wird um nichts mehr bitten. Ich schließe meine Augen im Tode.“

Obwohl die Dunkelheit in der Höhle fast undurchdringlich war, hielt Abram seine Augen fest geschlossen, und doch tauchten vor seinen Augen viele Szenen der Vergangenheit auf. Er sah seinen Vater die Peitsche erheben, um ihn zu schlagen; er sah Dari sterben und seine Leute in der Wüste vor Ägypten hungern; er sah, wie Sarai durch die Ägypter weggeschleppt wurde; sah seinen Neffen Lot nach Sodom gehen und sah Ismael als Säugling im Arm Hagars, und er hörte die bitteren Worte seines Sohnes, als dieser sich vor einigen Tagen von ihm abgewandt hatte. Wie ein Panorama zogen alle Krisen, Kämpfe, Enttäuschungen, Nöte und Probleme seines Lebens vor ihm vorüber, und er schrie: „Willst Du mich sogar in meinen Träumen noch bedrängen und beunruhigen?“

Endlich fiel er in einen unruhigen Schlaf, der jedoch mehr einem Alptraum glich, als erholsamer Ruhe. Doch dann wurde er durch ein Geräusch außerhalb der Höhle, das er im Unterbewußtsein wahrnahm, wieder geweckt. Mühsam öffnete er die Augen und rief: „Wer ist da?“ Abrams Stimme war heiser, und so sehr er sich auch Mühe gab, mit seinen müden Augen die Dunkelheit zu durchdringen, er konnte nichts sehen.

Wieder hörte er das Geräusch, und da — sein Herz wollte fast still stehen — sah er, weil sich seine Augen langsam an die Dunkelheit gewöhnten, am Eingang der Höhle eine Gestalt stehen. Vor Furcht konnte sich Abram nicht rühren und auch nicht sprechen. Wäre der Mann in die Höhle gekommen, um ihn zu töten, Abram hätte sich in seinem geschwächten Zustand kaum wehren können. Doch der Mann blieb stehen, wo er war.

Endlich hatte Abram sich soweit erholt, daß er leise fragen konnte: „Herr, wer bist du? Wenn du mich berauben willst, dann lohnt es sich nicht, denn ich habe nichts Wertvolles bei mir. Willst du mich töten, so kann ich mich kaum wehren. Sage endlich, was du willst.“

Noch immer rührte der Fremde sich nicht. Doch Abram war jetzt, als käme ihm etwas an dieser Gestalt irgendwie bekannt vor. Ein eigenartiges Gefühl packte ihn. „Es kann doch nicht sein“, sagte er zu sich selbst.

In diesem Augenblick trat der Fremde einige Schritte zurück, hinaus in das Mondlicht. Abram war, als würde sein Herz einen gewaltigen Sprung machen. Und wie als Antwort auf Abrams nicht ausgesprochene Frage rief der Fremde leise: „Abram!“

All der Trotz, mit dem er in den vergangenen Tagen Gott herausgefordert hatte, weil Er sein eigenes Schicksal nicht verstand, brach zusammen. Wie hatte er dies nur tun können. Und jetzt? Konnte er es wagen, sich zu bewegen und vor Gott hinzutreten? Konnte er seinem Gott ins Angesicht schauen und mit Ihm reden, wo er Ihm doch in den vergangenen Tagen so stolze und harte Worte gesagt hatte?

Doch der Herr wartete geduldig auf ihn. Langsam und mit schmerzenden Gliedern erhob sich Abram und ging hinaus in das Mondlicht. Dort schaute er in das Gesicht des Allmächtigen und erkannte, daß es voller Barmherzigkeit war. Und dann hörte er die Stimme seines Gottes, die tief in die mit Schuld und Schmerz beladene Seele des stolzen Mannes drang: *„Ich bin Gott, der Allmächtige; wandle vor Meinem Angesicht und sei vollkommen. Und Ich will Meinen Bund setzen zwischen Mir und dir, und will dich sehr, sehr mehren."*

Abram begann so stark zu zittern, daß seine Knie ihm den Dienst versagten. Er konnte nicht mehr stehen in der Gegenwart dessen, den er mehr liebte als sein Leben. Weinend fiel er vor seinem Gott nieder und rief: „Mein Herr und mein Gott, ich bin Staub und Asche vor Dir. Ich bin wie nichts..."

Eine ganze Zeit stand der Herr still und schaute auf Seinen bekümmerten und zerbrochenen Knecht. Dann sagte Er: *„Siehe, Mein Bund ist mit dir, und du wirst zum Vater einer Menge Nationen werden. Und nicht soll hinfort dein Name Abram heißen, sondern Abraham soll dein Name sein; denn zum Vater einer Menge Nationen habe Ich dich gemacht. Und Ich werde dich sehr, sehr fruchtbar machen und Ich werde dich zu Nationen machen, und Könige sollen aus dir hervorkommen."*

Gottes erwählter Mann zitterte vor Unglauben und Freude zugleich. Durch die in der östlichen Welt herrschende Sitte wußte er, der Empfang eines neuen Namens war symbolisch für ein neues Leben, eine Wiedergeburt für eine neue Aufgabe. Nach 14 Jahren der Leere wurde ihm von Gott also ein neuer Anfang geschenkt. Er konnte es nicht fassen und stöhnte: „Aber Herr, kann ich als alter Mann wirklich noch solche Dinge erleben? Wie soll all das Gute, von dem Du sprichst, noch geschehen?"

Der Herr lächelte und sagte: „*Ich werde Meinen Bund errichten zwischen Mir und dir und deinem Samen nach dir, nach ihren Geschlechtern, zu einem ewigen Bunde, um dir zum Gott zu sein und deinem Samen nach dir. Und Ich werde dir und deinem Samen nach dir das Land deiner Fremdlingschaft geben, das ganze Land Kanaan zum ewigen Besitztum, und Ich werde ihr Gott sein.*"

Wieder schwieg der Herr und schaute auf Abraham, der zu Seinen Füßen weinte. Noch waren nicht alle Sorgen aus seinem Herzen verschwunden. Durfte er den Herrn noch um mehr bitten? Was würde in der Zukunft mit Ismael geschehen? Und würde sein Verhältnis zu Sarai wieder so werden wie früher? So froh er war, diese Verheißungen über die Zukunft seiner Nachkommenschaft zu hören, so war er doch auch noch Mensch genug, seine unmittelbaren und persönlichen Probleme nicht zu vergessen. Doch er wagte nicht, darum zu bitten, sondern sagte statt dessen: „Mein Gott, ist da noch mehr, was Du von Deinem Diener forderst, denn all meine Dankbarkeit kann Deine Segnungen nicht vergelten."

Der Herr kannte das Herz Seines Knechtes und die dort verborgenen Wünsche. Doch Er wollte, daß Abraham seine Bitten aussprach, und deshalb ging Er jetzt auf das ein, wovon Abraham eben geredet hatte. Abraham wurde von der Forderung des Herrn deshalb völlig unvorbereitet getroffen.

Gott sprach: „*Und du, du sollst Meinen Bund halten, du und dein Same nach dir, nach ihren Geschlechtern. Dies ist Mein Bund, den ihr halten sollt zwischen Mir und euch und deinem Samen nach dir: Alles Männliche werde bei euch beschnitten; und ihr sollt das Fleisch eurer Vorhaut beschneiden. Und das soll das Zeichen des Bundes sein zwischen Mir und euch. Und acht Tage alt soll alles Männliche bei euch beschnitten werden nach euren Geschlechtern, der Hausgeborene und der für Geld Erkaufte, von allen Fremden, die nicht von deinem Samen sind; es soll gewißlich beschnitten werden dein Hausgeborener und der für dein Geld Erkaufte. Und Mein Bund soll an eurem Fleische sein als ein ewiger Bund. Und der unbeschnittene Männliche, der am Fleische seiner Vorhaut nicht beschnitten wird, selbige Seele soll ausgerottet werden aus ihrem Volke; Meinen Bund hat er gebrochen.*"

Abraham hörte diese Worte mit Schrecken. Konnte Gott dies wirklich von ihm erwarten? Konnte Er solches Tun, das doch immer mit Blutvergießen verbunden war, fordern? Furcht wollte wieder in Abrahams Seele kriechen. Kannte er den Herrn wirklich schon richtig? fragte er sich. Wer war dieser Gott eigentlich, dem er diente? Abraham mußte plötzlich an blutige Szenen während der Baals- und Nannargottesdienste denken. Abraham begann, an seinem eigenen Verstand zu zweifeln und fragte sich, ob es sich bei einer solchen Forderung nicht nur um einen schlechten Scherz handelte. Vielleicht war es besser, dieser Gott redete nicht weiter mit ihm.

Doch der Herr, der Abrahams Gedanken und Wünsche kannte, begann nun wieder zu reden und traf mit dem, was Er sagte, den Kern der Seele Abrahams. Gott sprach: „*Sarai, dein Weib, sollst du nicht Sarai nennen, sondern Sarah soll ihr Name sein. Und Ich werde sie segnen, und auch von ihr gebe Ich dir einen Sohn; und Ich werde sie segnen, und sie wird zu Nationen werden; Könige von Völkern sollen aus ihr kommen.*"

Das schien zuviel zu sein für Abraham. Wie konnte der Gott, an dessen Forderungen er eben schon begonnen hatte zu zweifeln, nur so phantastisch Unmögliches sagen? Ihm schien der Gedanke lächerlich zu sein. Und mit rebellischem Herzen dachte er: „*Sollte einem Hundertjährigen noch ein Sohn geboren werden? Und sollte Sarah, sollte eine Neunzigjährige noch gebären?*"

Doch der Herr, der wieder seine Gedanken sah, trat jetzt nahe an Seinen Knecht heran und legte Seine Hand auf Abrahams Schulter. Bei dieser Berührung durchströmte Abraham eine so mächtige Kraft, wie er sie vorher noch nie erlebt hatte.

Aller Zweifel und alle Furcht schienen aus seiner Seele zu verschwinden, und es war, als würde sein Geist völlig erneuert. Neuer Mut und neue Hoffnung erfüllten ihn, als der Herr ihn jetzt aufrichtete, und er wagte es, wenn auch zögernd, seinen Gott zu bitten: *„Ach Herr, möchte doch Ismael vor Dir leben."*

Der Herr zeigte keinen Ärger bei dieser Bitte, sondern antwortete ermutigend: *„Fürwahr, Sarah, dein Weib, wird dir einen Sohn gebären, und du sollst ihm den Namen Isaak geben; und Ich werde Meinen Bund mit ihm errichten zu einem ewigen Bunde für seinen Samen nach ihm. Und um Ismael habe Ich dich erhört: Siehe, ich habe ihn gesegnet und werde ihn fruchtbar machen und ihn sehr mehren; zwölf Fürsten wird er zeugen; und Ich werde ihn zu einer großen Nation machen. Aber Meinen Bund werde ich mit Isaak errichten, den Sarah dir gebären wird um diese bestimmte Zeit im folgenden Jahr."*

Für einen langen Augenblick sah der Herr Abraham noch tief in die Augen, und dieser studierte das Angesicht des Unbeschreibbaren, der als ein Mensch vor ihm stand und doch auch wieder nicht wie ein Mensch. Dann drehte sich der Herr um und ging, ohne ein weiteres Wort zu sagen, in die vom Mondschein überfluteten Hügel hinein.

Unfähig, auch nur ein Wort zu sagen, beobachtete der Mann Gottes, wie die Gestalt sich immer weiter entfernte und sich dann im Mondlicht aufzulösen schien. Als ihm nach einer ganzen Weile bewußt wurde, daß er seinem Gott ins Angesicht geschaut und dessen Hand auf seiner Schulter gespürt hatte, schlug er die Hände vor dem Gesicht zusammen und schrie: „Ach, mein Herr, wäre ich doch schon zu Dir gerannt, als ich Dich damals auf dem Berge Gerizim sah. Wenn ich damals schon die Berührung Deiner Hand verspürt hätte, würde ich wohl manches, das ich in meinem Leben seither getan habe, anders gemacht haben.

Kapitel 4

Nichts schien Abrahams Glauben mehr erschüttern zu können. Als er mit dem Herrn von Angesicht zu Angesicht redete, schien er den Höhepunkt seines Lebens erreicht zu haben. Als er in das Lager im Hain Mamre zurückkehrte, merkten die Seinen sofort, daß sein Geist irgendwie erneuert worden war. Jene, die Abraham schon von Anfang, von Haran und Damaskus her, begleiteten, verspürten in ihm wieder jenen Geist, der sie damals zu ihm gezogen hatte.

Abrahams Stimmung wirkte ansteckend. Die meisten seines enorm gewachsenen Stammes in Mamre kannten ihn nicht mehr als den jungen Mann, der von Mesopotamien ausgezogen war, sie waren erst später dazugekommen, als sein Leben schon unter Nöten und Zweifeln und dem Versagen in Ägypten litt. Doch auch diese merkten jetzt etwas an ihm, was ihn wohl zu dem Mann gemacht hatte, um den sich zu seinen Lebzeiten schon Legenden rankten.

Elieser, der wie immer Treue, begegnete ihm am Rand des Lagers und rief: „Herr, wir hatten schon geglaubt, du seiest irgendwie umgekommen. Willkommen daheim!“

„Lieber alter Freund Elieser”, sagte Abraham lächelnd. Etwas in Abrahams Gesicht sagte dem treuen Verwalter, daß Gott seinem Herrn wohl neu begegnet war. Doch er belästigte Abraham nicht mit Fragen. Als dieser dann aber seinem alten Freund von der Begegnung und den Worten Gottes erzählte, wurde Elieser mit neuer Hoffnung in sein semitisches Herkommen erfüllt. Vielleicht würde er den Traum seines Lebens doch noch in Erfüllung gehen sehen.

Fast wie ein Symbol für Abrahams Rückkehr begann es nun im Hain Mamre auch Frühling zu werden. Das Leben für alle im Hain Mamre schien sich völlig zu verändern. Wie eng waren die Seinen doch mit der Seele ihres Herrn verbunden. Abrahams

Freude war im Grunde auch die ihre, obwohl es vielen von ihnen nie so recht bewußt wurde. Und es gab nur wenige, die froh sein konnten, wenn ihr Führer so unglücklich war wie in den letzten Jahren.

Doch dies alles schien hinter ihnen zu liegen. Mit der höhersteigenden Sonne und den blühenden Wiesen erwachte auch im Lager ein ganz neues Leben. Die Frauen sangen wieder fröhlich bei der Arbeit, und die Männer standen frühmorgens williger auf. Aber das größte Wunder war vielleicht, daß Ismael einige Zeit nach Frühlingsbeginn für etliche Wochen in das Lager zurückkehrte.

Nicht alle in Mamre freuten sich mit Abraham über seine neu gefundene Zuversicht. Manche lehnten sich auf, als ihr Herr das Ritual der Beschneidung einführte. Vor allem Ismael fand seine Rückkehr wenig belohnt, als er wegen „der Torheit seines Vaters", wie er es nannte, als einer der ersten die Beschneidung über sich ergehen lassen mußte und so das Zeichen des Bundes empfing. Auch für Hagar wurde es ein unglücklicher Tag, als sie mit ansehen mußte, wie ihr widerstrebender Junge von den Knechten Abrahams in das Beschneidungszelt gebracht wurde.

Aber vielleicht am meisten von allen schaute Sarah mit zweifelnden und manchmal auch ein wenig zornigen Augen zu, wie ihr Gatte neu seine Hoffnungen pflegte. Sie fürchtete, er würde wieder mit der ihm eigenen Begeisterung seinen Träumen nachlaufen. Vor allem über das Ritual der Beschneidung schüttelte sie verständnislos den Kopf. Viele Tage hatte es gedauert, bis alle Männer des Stammes, es waren ja mittlerweile viele, viele hundert, beschnitten worden waren. Sarah hatte diese „Narrheit" schweigend ertragen, doch als es nun vorüber war, drängte es sie, mit Abraham darüber zu reden.

Es war ein heißer Spätnachmittag, als sie den Mut fand, mit ihren Gedanken zu ihrem Gatten zu kommen. Zunächst beschäftigte sie sich eifrig mit der Vorbereitung des Abendessens und überlegte, wie sie das Gespräch mit Abraham, der am Eingang des Zeltes saß, am besten beginnen konnte. Nahezu drei Monate waren vergangen, seit er von der nie zu Ende geführten Salem-Reise zurückgekehrt war. Sie lächelte, als sie daran dachte, wie er mit törichten Versuchen die Hoffnung auf einen Sohn in ihr wieder hatte erneuern wollen. Wenn sie als alte Frau tatsächlich innerhalb eines Jahres nach seiner Rückkehr noch einen Sohn gebären sollte, hätte sie dies mittlerweile wohl auch schon wahrnehmen müssen.

„Armer Abraham", dachte sie. Sie wußte, daß sie ihn immer noch liebte, und deshalb machte es ihr besonderen Kummer, wenn sie sah, wie er solchen nutzlosen Träumen nachhing und solche, in ihren Augen törichte Dinge tat. Seine Träume und sein Festhalten an dem so fremden Gott hatten ihn schon immer zu Handlungen veranlaßt, die andere Menschen nicht verstehen konnten. Und auch jetzt noch, wo er doch schon ein alter Mann war, wollte er von seinen Träumen nicht lassen.

„Gerade weil sie ihn liebte und seine Frau war", so dachte sie, „hatte sie die Pflicht, ihm zu helfen, indem sie ihm die Augen öffnete und ihm endlich einmal die Wahrheit sagte." Also trat sie zu ihm in den Zelteingang und legte ihm sanft die Hand auf das grauer werdende Haupt.

Abraham schaute dankbar auf. In seinen Augen las Sarah die Frage: „Bedeutet dies, daß du meine Freude und Hoffnung mit mir teilst?"

Sein Blick machte es Sarah schwer, ihre Gedanken auszusprechen. Sie erinnerte sich plötzlich an den Augenblick vor vielen, vielen Jahren, als sie, von Mesopotamien kommend, hoch auf dem Hermonpaß standen und hinabschauten auf das Land Kanaan. Lächelnd hatte er damals zu ihr gesagt: „Eines Tages werden wir die Fülle aller guten Dinge haben, so wie die Hügel Kanaans." Und sie mußte daran denken, wie vertrauensvoll sie ihm damals geglaubt hatte.

Was sollte sie sagen? War es recht, ihn jetzt aus seinen Träumen zu reißen und ihm seine Freude zu rauben? „Abraham", flüsterte sie, der neue Name, auf dem er fest bestand, war ihr immer noch ungewohnt, „darf ich dir etwas sagen?"

Er wollte sie gerade dazu ermutigen, als er in der Ebene westlich vom Lager drei fremde Männer bemerkte, die näher kamen. Sarah folgte seinen Blicken und bemerkte die Fremden auch. Abraham erhob sich und sagte: „Laß mich erst nachschauen, wer diese Fremden sind und was sie wollen." Sarah sah ein, daß dies jetzt wichtiger war und stimmte zu.

Abraham stand jetzt allein am Zelteingang und versuchte zu erkennen, ob die drei Näherkommenden ihm bekannt waren oder nicht. Doch seine Augen waren schon zu schwach dazu. Also ging er ihnen entgegen. Auf halbem Wege aber blieb er wie erstarrt stehen und blickte auf den Mittleren der drei. Dann begann er plötzlich wie ein junger Mann zu rennen, breitete vor Glück beide Arme aus und schrie: „Mein Gott! Gehe nicht vorüber, mein Herr! Ich bitte Dich, gehe nicht vorüber!"

Als er die drei Männer erreichte, hob er die Hände zum Gruß, lächelte unter Tränen und verbeugte sich dann bis zur Erde und sagte: *„Herr, wenn ich anders Gnade gefunden habe in Deinen Augen, so gehe doch nicht an Deinem Knecht vorüber."*

Abraham richtete sich wieder auf und fuhr fort, seinen Herrn dabei eifrig wie ein Kind am Ärmel Seines Gewandes fassend: *„Es soll doch ein wenig Wasser geholt werden, und waschet eure Füße damit; und lagert euch unter dem Baum, und ich will einen Bissen Brot holen, und stärket euer Herz; danach mögt ihr weitergehen; da ihr nun einmal vorbeigekommen seid bei eurem Knecht."*

Der Herr lächelte warm und sagte: *„Tue also, wie du geredet hast."*

Abraham rannte, so schnell ihn seine Beine trugen, zurück zum Zelt und schaute dabei mehrere Male zurück, um zu sehen, ob seine Besucher auch folgten. Im Zelt rief er: „Sarah, nimm schnell drei Maß Feinmehl, knete und mache Kuchen."

Sarah beeilte sich, in der Annahme, die Besucher seien Geschäftsfreunde. Abraham rannte mittlerweile zu der Herde und fand unter den Rindern ein feines junges Kalb. Schnell zerrte er es zurück zum Hauptzelt, rief nach Elieser und bat ihn, das Kalb zu schlachten und zu zerteilen. Der treue Verwalter hatte schon lange nicht mehr miterlebt, daß sich sein Herr so schnell bewegte. Er sagte sich, daß die Gäste, wer immer sie sein mochten, wohl das Beste verdienten.

Nicht lange nachdem die drei Besucher unter den Bäumen Platz genommen hatten, brachte Elieser den Kuchen, Butter, Milch und das zubereitete Kalb. Abraham saß dicht dabei, und sein Gesicht strahlte vor Freude, wenn auch sein Herz immer noch heftig pochte und Schweißtropfen ihm auf der Stirn standen, weil er sich so beeilt hatte.

Wie stellt man seinen Freunden den ewigen Gott vor? Abraham wußte nicht, wie er dies hätte tun sollen, doch Elieser spürte am Benehmen seines Herrn, daß diese Fremden nicht wie andere Menschen waren, die er kennengelernt hatte.

Abraham stellte keine Fragen wegen des physischen Leibes, mit dem sein Herr bei ihm erschien. Die Tatsache, daß der Herr aß, sprach und ging wie andere Menschen, machte ihm keine Kopfschmerzen. Solche theologischen Fragen interessierten ihn nicht. Ihm genügte, seinen Herrn bewirten und Ihm nahe sein zu können.

Während der Mahlzeit wurde kein Wort gesprochen. Endlich schaute der Herr auf und fragte: *„Wo ist Sarah, dein Weib?“*

„Im Zelt, Herr.“

Der Herr erhob sich und betrachtete die Behausung aus Ziegenfellen. Sarah stand unmittelbar hinter dem Eingang. Sie hoffte, einiges von dem mitzubekommen, was draußen gesprochen wurde. Sie hörte den Fremden nun sagen: *„Gewißlich werde Ich übers Jahr wieder zu dir kommen; und siehe, Sarah, dein Weib, wird einen Sohn haben.“*

Sarah schüttelte hinter der Zeltwand ungläubig den Kopf, bemerkte aber, wie ihre Hände zu zittern begannen. Wer war der Fremde, und was wußte er von ihr? Doch dann wurde ihr klar, wie töricht das war, was jener eben geäußert hatte, und sie mußte lachen. Doch dann hörte sie wieder des Fremden Stimme: *„Warum hat Sarah denn gelacht?"* fragte Er.

Sarah war, als hätte sie der Blitz getroffen. Er konnte sie unmöglich gehört haben. Sie stand wie angewurzelt und konnte immer noch nicht glauben, was sie hörte. Wieder sprach der Fremde: *„Gibt es etwas, das für den Herrn unmöglich ist? Zur bestimmten Zeit übers Jahr werde Ich wieder zu dir kommen, und Sarah wird einen Sohn haben."*

Sarahs Gedanken wirbelten durch ihren Kopf. Woher wußte der Fremde alles, was sie dachte. Zweifel und Furcht quälten sie. War dies Abrahams Gott, der sichtbar zu ihnen gekommen war? „Aber das ist absurd", dachte sie. Und doch trat sie jetzt langsam hinaus, schaute den Fremden furchtsam an und sagte: *„Mein Herr, ich habe nicht gelacht."*

Des Fremden Augen schienen bis in das Innerste ihrer Seele zu dringen. Sarah konnte sich nicht länger gegen den soeben in ihr aufgetauchten Gedanken wehren. Sie wußte jetzt, wer Er war. Niemand brauchte sie mehr zu überzeugen. Doch sie wagte es nicht, Ihn anzuschauen. Sie wußte: vor Seinem wissenden Blick konnte sie ihren Unglauben nicht verbergen. Wie ein schuldiges Kind stand sie vor Ihm und wagte nicht, den Kopf zu erheben.

Es war nicht Bitterkeit, sondern Trauer, die in des Herrn Stimme mitklang, als Er jetzt antwortete: *„Nein, sondern du hast gelacht."*

Sarah begann zu zittern, und Tränen traten in ihre Augen. Sie vermochte kein Wort zu sagen. All die Jahre des Unglaubens standen vor ihr, und sie schämte sich deshalb. Doch dann war ihr, als ob der Herr gerade jetzt in ihr innerstes Herz hinein spräche, Er wisse um die Jahrzehnte der Hoffnungslosigkeit und

Enttäuschung und daß dies alles für eine Frau fast zuviel gewesen sei. Und in diesem Augenblick wurde ihr Herz neu mit Friede und Hoffnung erfüllt.

Kapitel 5

Abraham spürte, daß der Ewige jetzt gehen würde. Seine beiden Begleiter, die während der ganzen Zeit geschwiegen hatten, erhoben sich ebenfalls und warteten auf die Anweisungen des Herrn. Doch dieser schien zu zögern und blickte Abraham prüfend an.

„Sicherlich wird mein Herr mich nicht so bald verlassen", bat Abraham, „Du bist gerade erst gekommen. Und wenn Du doch gehen mußt, dann gestatte Deinem Diener, Dich zu begleiten."

Mit einem leichten Lächeln antwortete der Herr: „Bist du sicher, daß du mit uns gehen möchtest, Abraham?"

„Ja, Herr, überall hin", rief er. „Ich bin zwar ein müder alter Mann, aber heute habe ich Kraft für zehn Männer."

„Also gut, mein Freund", antwortete der Herr, dann stockte Er und blickte Abraham traurig an. „Wir gehen nach Sodom."

Eine seltsame Sorge überkam den Mann Gottes, als er den Namen dieser Stadt hörte. Das Bild seines geliebten Neffen stand vor ihm, und er dachte an all die Sorgen, die er sich um Lot in dieser Zeit gemacht hatte. Zwar hatte er seit der Schlacht gegen Kedorlaomer vor mehr als 16 Jahren nichts mehr von ihm gesehen, doch dieses eine Wort hatte genügt, um all die alten Erinnerungen zurückzurufen. Bekümmert blickte er zu Boden und fragte: „Sodom?“

„Ja, Freund“, sagte der Herr und blickte den Mann an, dessen freudige Gesichtszüge mit einem Augenblick in Sorge verwandelt wurden.

Abraham hätte gern gefragt, warum der Allmächtige in diese Stadt gehen wollte, doch er wagte es nicht. Und während er noch überlegte, machten sich der Herr und Seine beiden Begleiter auf den Weg. Abraham folgte ihnen und sagte: „Ich bin froh, Herr, daß ich Dich in die Stadt bringen kann.“

Die beiden Begleiter schwiegen, und der Herr schaute mit traurigen Augen auf den, der Ihn so liebte.

Das Land, durch das die vier Wanderer gingen, fiel zum Toten Meer hin terrassenförmig ab. Abraham hatte nicht gefragt, warum der Herr auf diese Weise reiste. Er wußte wohl, daß Gott, wenn Er es wünschte, vor seinen Augen in einem Augenblick verschwinden und ebenso schnell in der Stadt wieder erscheinen konnte. Doch er war mit der Wanderung zufrieden, genoß er doch jeden Augenblick an der Seite seines geliebten Herrn.

Und doch wurde Abraham langsam reisemüde. Sodom lag etwa 100 Kilometer von Mamre entfernt. Und obwohl er sich in der Gegenwart Gottes fast wie jugendlich fühlte, war er doch alt, und seine Kräfte ließen schneller nach als früher. Sie waren schon zwei Tage unterwegs, und Abraham konnte nicht weiter. Die Sonne schien heiß, und der alte Mann setzte sich in den Schatten eines Felsens, um zu rasten. Er nahm einen tiefen Schluck aus dem Lederbeutel, den er umhängen hatte.

„Mein Herr“, bat er, „vergib mir, aber ich muß mich wieder ausruhen.“

Der Herr antwortete: „Abraham, ermüde dich nicht unnütz

mit dieser Reise. Es ist nicht nötig, daß du weiter mitgehst. Kehre um."

„Aber Herr", beharrte Abraham, „wir sind nun schon so weit gegangen. Schau, Sodom ist von hier aus schon zu sehen." Ganz in der Ferne sah man die schimmernde Stadt liegen. Es würde aber noch fast einen Tag brauchen, bis sie nach dort kamen.

Abraham hatte immer noch nicht gefragt, warum der Herr nach Sodom wollte, und doch hatte er sich fortwährend mit dieser Frage beschäftigt. Vielleicht ahnte er die Antwort auch und fürchtete sich vor ihr. Als er jetzt aufblickte, erschrak er, als er an den wissenden Augen seines Herrn, mit denen Er ihn anblickte, erkannte, daß dieser um seine Gedanken wußte. Ohne daß ein Wort gefallen wäre, wurde Abraham klar, daß seine Befürchtungen berechtigt waren.

Der Herr schien zu zögern, doch dann sagte Er: *„Sollte Ich vor Abraham verbergen, was Ich tun will? Wird doch Abraham gewißlich zu einer großen und mächtigen Nation werden, und sollen doch in ihm gesegnet werden alle Nationen der Erde."* Zu Seinen beiden Begleitern gewandt fuhr Er fort: *„Ich kenne Abraham, daß er seinen Kindern und seinem Hause nach ihm befehlen wird, daß sie den Weg des Herrn, ihres Gottes bewahren, Gerechtigkeit und Recht zu üben."*

Abraham blieb vor Furcht stumm. Er wollte gern die Absicht Seines Herrn wissen, und doch fürchtete er sich davor. Jetzt begann er zu zittern, als der Herr wieder zu dem Platz ging, von dem aus man die Stadt in der Ebene sehen konnte. Mit ausgestreckter Hand sagte der Herr zornig und traurig zugleich: *„Weil das Geschrei von Sodom und Gomorra groß, und weil ihre Sünde sehr schwer ist, so will Ich doch hinabgehen und sehen, ob sie nach ihrem Geschrei, das vor Mich gekommen ist, völlig getan haben. Und wenn nicht, so will Ich's wissen."*

Nach diesen Worten schickte sich der Herr an, mit seinen beiden Begleitern weiterzugehen und Abraham allein zurückzulassen. Vor Abrahams Augen tauchte wieder das Bild seines geliebten Neffen Lot auf.

„Nein, Herr!" schrie er.

Der Herr wandte sich wieder Abraham zu und blickte ihn an. Dieser schlug die Augen nieder, weil er jetzt den Zorn seines Herrn fürchtete. Als er nach einigen Augenblicken des Schweigens wieder aufschaute, sah er keinen zornigen Gott, sondern einen traurigen, der bereit zu sein schien, Abraham anzuhören. Also faßte er Mut und sagte: *„Willst Du denn den Gerechten mit dem Gesetzlosen wegraffen? Vielleicht sind 50 Gerechte innerhalb der Stadt; willst Du sie denn wegraffen und dem Ort nicht vergeben um der 50 Gerechten willen, die darin sind? Fern sei es von Dir, so etwas zu tun, den Gerechten mit dem Gesetzlosen zu töten... Sollte der Richter der ganzen Erde nicht Recht üben?"*

Der Herr blickte wieder auf Sodom hinunter, und nach einer Weile sagte Er: *„Wenn Ich in Sodom, innerhalb der Stadt, 50 Gerechte finde, so will Ich um ihretwillen dem ganzen Ort vergeben."*

Freude durchzog Abraham. Doch Augenblicke später kehrte die Furcht zurück. Wenn es nun in Sodom einige weniger als 50 gab, dann wäre es um seinen Neffen trotzdem geschehen. Wenn Gott auf seine Bitte hörte, dann mußte er riskieren, um Lots willen nochmals zu bitten, auch wenn der Herr dadurch zornig werden würde. So sagte er:

„Siehe doch, ich habe mich unterwunden zu dem Herrn zu reden, und ich bin Staub und Asche. Vielleicht mögen an den 50 Gerechten fünf fehlen; willst Du wegen der fünf die ganze Stadt verderben?"

Und der Herr antwortete: „Ich will sie nicht verderben, wenn Ich 45 Gerechte daselbst finde."

Und Abraham fuhr fort, weiter zu Ihm zu reden, und sprach: „Vielleicht mögen 40 Gerechte darin gefunden werden."

Und Gott antwortete: „Ich will es nicht tun um der 40 Gerechten willen."

Und Abraham faßte nochmals Mut und sprach: *„Möge doch der Herr nicht zürnen, und ich will reden. Vielleicht mögen 30 Gerechte daselbst gefunden werden."*

Und Gott sprach: „Ich will es nicht tun, wenn ich 30 Gerechte daselbst finde."

Abrahams Herz machte einen Freudensprung. Er war nicht in der Lage, sich zurückzuhalten, obwohl er fühlte, daß er die Güte seines Herrn nicht endlos strapazieren konnte. Doch er sagte: *„Siehe doch, ich habe mich unterwunden, zu dem Herrn zu reden; vielleicht mögen 20 Gerechte daselbst gefunden werden."*

Wieder schaute der Herr zu der Stadt und dann zurück zu Abraham, und zögernd, als habe Er nun genug Geduld gezeigt, antwortete Er: *„Ich will sie nicht verderben um der 20 Gerechten willen."*

Abraham spürte, daß es jetzt genug war. Er konnte nicht mit dem Herrn handeln, wie er dies mit seinen Geschäftspartnern tat. Und doch — als der Herr sich jetzt dem Weg zuwandte, der hinunter zum Toten Meer führte, spürte Abraham, wie in seinem Herzen aufs neue die Furcht aufstieg. Auch wenn der Herr die Stadt um 20 Gerechter willen verschonen würde, zweifelte Abraham doch daran, daß sich diese 20 in der Stadt finden ließen.

Der alte Mann kannte Sodom, doch er konnte sich an niemand erinnern, der als „gerecht" zu bezeichnen wäre. Und selbst Lot, obwohl Abraham bezweifelte, daß er „gerecht" war, zählte doch nur für einen und nicht für 20. Abraham liebte Lot. Er wollte nicht, daß sein letzter Verwandter, der ihm geblieben war, der Sohn seines Bruders Haran, auch noch umkam. Doch Abraham wußte, daß auch des Herrn Geduld nicht unendlich war, und doch mußte er reden, sein Herz drängte ihn dazu.

Der Herr war schon ein Stück entfernt. Abraham sprang

auf, und obwohl ihm seine alten Beine schmerzten, lief er Ihm nach. „Herr!“ schrie er, und Tränen liefen ihm über das Gesicht, „warte Herr! Warte!“

Doch der Herr ging weiter, so daß Abraham gezwungen war, sich noch mehr anzustrengen. Endlich erreichte er den Herrn, stürzte erschöpft vor Ihm nieder und umschlang seine Beine. Sein Gesicht war voller Staub, in das die Tränen Rinnen zeichneten. Abraham war zu erschöpft, um zu sprechen. Doch auch wenn er sich wieder soweit erholt hatte, daß er reden konnte, was sollte er sagen? Er wußte, daß es keine Gerechten in Sodom gab. Für wen also sollte er bitten? Wie töricht war er doch.

Doch dann fühlte er, wie damals vor der Höhle in Salem, die starke Hand des Ewigen, der seinen Arm ergriff und ihn aufrichtete. Abraham fühlte immer noch, wie seine Beine versagen wollten, und hielt sich an seinem Herrn fest, um aufrecht stehen zu können. Als er sich ein wenig gefaßt hatte, sagte er stammelnd: *„Möge doch der Herr nicht zürnen, und ich will nur noch diesmal reden. Vielleicht mögen zehn Gerechte daselbst gefunden werden...“*

Nochmals blickte der Herr Abraham tief in die Augen, und nicht ärgerlich, sondern freundlich sagte Er: *„Ich will nicht verderben, um der zehn Gerechten willen.“*

Damit löste sich der Herr von Abraham, und ohne nochmals zurückzuschauen ging Er weiter auf Sodom zu.

Abraham sank erschöpft zu Boden und blickte seinem Herrn nach. Langsam verschwand dieser aus seinem Gesichtsfeld. „Herr“, rief Abraham in dem Versuch, Ihn bei sich zu behalten, „Herr, werde ich Dich je wiedersehen?“

Kapitel 6

Lot schlug die Tür hinter sich zu und ging davon. Er konnte das Geschrei seiner zänkischen Frau wieder einmal nicht mehr ertragen. In den vergangenen Jahren war sein Familienleben selten friedlich gewesen. Vielleicht war dies ja genauso seine Schuld wie die Malas. Doch in den letzten Jahren hatte er begonnen, diese Stadt und alles, was damit zu tun hatte, immer mehr zu verachten, und dies war gewöhnlich die Ursache ihres Streites.

Früher hatte er Sodom und sein wildes Leben geliebt, wie Mala es auch tat. Doch im Laufe der letzten Jahre hatte ihr Glanz immer mehr von seiner Anziehungskraft auf Lot verloren. Das sündhafte und törichte Leben der Sodomiter stieß ihn immer mehr ab. Die humanistische Philosophie, die Lot durch seine sodomitischen Freunde kennengelernt und geschätzt hatte, zeigte immer mehr ihre Torheit. Er hatte entdeckt, daß ihre Ansicht, die höchste Freude des Menschen komme aus ihm selbst und von seinen Mitmenschen, nichts weiter als leeres Gerede war.

Zuerst hatte diese Ansicht logisch und überzeugend geklungen. Wenn es einen Gott gab, sagten die Sodomiter, dann hat er uns, wie klar zu erkennen sei, für die menschliche Gemeinschaft gemacht. Man würde Gott also am besten dienen, indem man immer das rechte Verhältnis zu seinen Mitmenschen hatte. Doch Lot hatte erkannt, daß damit das innere Verlangen des Menschen nicht gestillt werden konnte und deshalb alle immer nur weiter suchten nach dem wahren Sinn des Lebens.

Mit dieser Entdeckung war die große Enttäuschung gekommen, die ihm immer mehr die Augen geöffnet hatte über das sinnlose und gottlose Leben in Sodom. Oft hatte er deshalb mit seiner eigenen Frau und seinen Kindern Meinungsverschiedenheiten gehabt.

Vielleicht war es seine Schuld, daß es in seiner Familie so

unfriedlich zuging. Doch er wußte, früher hatte er mehr vom Leben gehabt. Als er noch bei seinem Onkel lebte, hatte er für sein Leben einen höheren Sinn gefunden, und danach sehnte er sich jetzt oft von ganzem Herzen. Aber seine Töchter mit ihren angemalten Gesichtern und der aufgeputzten Kleidung, seine rohen und verdorbenen Schwiegersöhne und seine immer nörgelnde unglückliche Frau konnten ihn nicht verstehen. Sie hatten nie etwas anderes gekannt.

Oft glaubte er, daß sie ihre eigene innere Leere und Blindheit nicht einmal begriffen. Und doch versuchten sie mit vielen sinnlosen menschlichen Bemühungen ihrem Leben einen Sinn zu geben, indem sie darauf bestanden, daß im Menschen selbst genug Möglichkeiten zu einem besseren Leben zu finden seien. Lot wußte es besser. Er wußte, daß ein Leben, das nur an der Umwelt, nur am Horizontalen hängenblieb, ohne das Vertikale, ohne die rechte Beziehung zu Gott, sinnlos war. Und deshalb dachte er immer wieder an seinen Onkel Abraham und sprach oft von ihm.

Natürlich war es für seine Angehörigen nicht einfach, die in ihm vorgehende Veränderung zu verstehen. Am meisten ärgerte sich Mala darüber. Sie sah darin einen Tadel im Blick auf ihr eigenes nur dem Vergnügen und der Sinnlosigkeit geweihtes Leben und warf ihm fortwährend seine Selbstgerechtigkeit vor. „Seit wann hast du dich zum Richter über uns gemacht, Lot?“ schrie sie oft. „Du bist doch selbst einer von uns. Du hast es ja selbst so gewollt. Erzähle uns deshalb jetzt nichts von einem Gott, den wir überhaupt nicht kennen.“ Diese Worte klangen immer noch in Lots Ohren, als er zum Stadttor ging, um mit seinen Gedanken allein zu sein.

Am nächsten Tag würde in der Stadt ein großes Fest gefeiert. Schon heute füllten sich die Straßen mit Gästen, die gekommen waren, um an den ausgelassenen Orgien, die bei solchen Gelegenheiten üblich waren, teilzunehmen. Überall sah er Prostituierte, Männer und Frauen, stehen, die nach Kundschaft unter den Gästen Ausschau hielten. Über dem Eingang eines Baaltempels hing ein großes Phallus-Symbol.

Etwas in Lot lehnte sich gegen all diesen Schmutz und die Lasterhaftigkeit auf. Er fühlte, daß er ein weiteres dieser Feste mit all dem Schmutz, der Lasterhaftigkeit, den ausschweifenden Orgien und — den Menschenopfern nicht mehr ertragen konnte. Und plötzlich lief er, so schnell er konnte, um das Stadttor zu erreichen und dem sündhaften und verdorbenen Leben um sich herum zu entkommen.

Als er die Stadtmauer erreichte, lehnte er sich einen Augenblick dagegen, um von der schnellen Gangart auszuruhen, und schritt dann durch das Tor ins Freie hinaus. Als er ein wenig gegangen war, suchte er sich einen Platz auf einem Stein und blickte hinüber zu den Hügeln Kanaans. Seine Gedanken wanderten viele Jahre zurück. Er dachte an seinen Onkel und dessen Liebe zu ihm.

Mit Scham dachte er daran, wie Abraham sein Leben eingesetzt hatte, um ihn aus der Gefangenschaft zu befreien. Schuldgefühl stieg in ihm auf, als ihm einfiel, daß er seinem Onkel vor 16 Jahren versprochen hatte, zu ihm zurückzukehren. Was war aus diesem Versprechen geworden? Er hatte es beiseite geschoben. Malas Einfluß war größer gewesen, als seine gute Absicht.

Die 16 Jahre sinnlosen Lebens in dieser Stadt hatten ihm vier Töchter und zwei noch junge Söhne beschert. Aber Lot war durchaus nicht stolz auf sie. Er geriet in Zorn, wenn er an seine leichtsinnigen Töchter und ihre sinnlose Liebe für äußere Vergnügungen dachte, oder an seine Söhne, denen er nicht den wahren Wert eines wirklich sinnerfüllten Lebens hatte klarmachen können. So jung sie noch waren, zeigten sie unter dem Einfluß ihrer Freunde schon perverse Interessen. Lot hatte sie aufgegeben, so wie er die Hoffnung für alle aufgegeben hatte, die in dieser verdorbenen Stadt wohnten.

Doch er war nicht der rechte Mann, über sie zu urteilen,

hielt er sich selbst vor. Hatte er nicht sein Versprechen gebrochen und seine hohe Berufung, die sein Onkel mit ihm teilen wollte, für die sinnlosen Vergnügungen dieser Stadt aufgegeben?

Während er so saß und sich selbst bedauerte, strömten immer mehr Menschen aus den Nachbarstädten und der Umgebung in die Stadt. Er schenkte ihnen nur wenig Beachtung, denn er hatte diese Bilder vorher schon oft gesehen. Da waren all die nach Vergnügungen hungernden Gesichter, die immer suchten und doch nie wahre Befriedigung fanden.

Obwohl das Fest erst morgen stattfand, begannen mancherlei Vergnügungen in den Straßen schon am Vorabend, so daß es in der Stadt heute für die meisten wieder viele schlaflose Stunden geben würde.

Während Lot die Menschen alle gleichgültig an sich vorüberziehen sah, wurde seine Aufmerksamkeit plötzlich durch zwei junge Männer wach, die gerade an ihm vorübergingen. Etwas an ihren Gesichtern war anders, sie waren so sauber, so offen. Wie erkennt man, wenn ein Mensch eine heile und gesunde Seele hat? Jedoch das war es, was Lot bei diesen beiden jungen Männern sah. Irgendwie schienen sie nicht in diese Stadt zu passen, sondern sahen aus, als kämen sie aus einer anderen Welt.

Irgendwie fühlte Lot sich getrieben, zu den beiden zu gehen und sie zu warnen, daß dies hier nicht der richtige Ort für sie sei. Er erhob sich, drängte sich durch den immer dichter werdenden Strom ankommender Gäste zu ihnen und rief: „Hallo, junge Männer, hallo, kommt zu mir!“

Die beiden bemerkten ihn, kamen aber nicht. Lot glaubte, sie hielten ihn vielleicht für einen, der üble Absichten hatte, vielleicht für einen Prostituierten oder so ähnlich; denn solche Leute konnte man in Sodom in großer Zahl finden. Deshalb sprach er sie nochmals an und sagte: „Bitte, ich bin ein Freund, wollt ihr nicht hierher kommen?“

Die beiden Männer wußten, wer er war, denn sie waren die beiden Begleiter des Herrn, die mit Ihm bei Abraham gewesen waren. Sie gingen zu ihm, sagten aber nicht, wer sie waren.

„Meine Herren", lächelte Lot, „was ich jetzt sage, muß euch seltsam klingen, aber hört mir bitte zu. Ihr seid offensichtlich feine junge Männer, die nicht vertraut sind mit einer Stadt wie Sodom. Mein Herz bricht, wenn ich sehe, daß ihr da hineingehen wollt. Außerdem ist es hier nicht sicher für euch. Ihr habt sicher schon gehört, wie böse diese Stadt gegenüber so feinen jungen Männern wie ihr sein kann."

Lot wurde seiner eigenen Worte wegen verlegen, wollte diesen Unschuldigen aber unbedingt helfen. „Bitte", sagte er, „kehrt um. Geht nicht nach Sodom."

Doch die beiden Fremden antworteten nicht, sondern gingen weiter. Sie schienen entschlossen zu sein, die Stadt zu betreten. Lot bemerkte, daß einige der bekannten Lüstlinge der Stadt die beiden jungen Männer auch schon erblickt hatten und sich gegenseitig auf sie aufmerksam machten. Sein Herz wurde schwer. Er rannte den beiden nach und bat sie: „Meine Herren, ich weiß, daß es euch seltsam vorkommen muß, wenn sich ein Fremder so aufdrängt. Doch ich meine es nur gut mit euch. Bitte, kommt wenigstens mit in mein Haus und bleibt dort für die Nacht und wascht eure Füße von der Reise. Und dann macht euch morgen früh zeitig auf, zieht weiter und verlaßt die Stadt."

Lot wußte genau, das, worum er bat, hörte sich sehr nach dem Vorschlag eines verdorbenen sodomitischen Homosexuellen an. Er war deshalb nicht überrascht, als die jungen Männer antworteten: „Nein, wir werden heute nacht auf der Straße bleiben."

Doch Lot drängte immer nachdrücklicher. Er sah die Männer, die immer noch lüstern auf die beiden Gäste starrten und wiederholte deshalb seine Bitte noch nachdrücklicher. Er muß wohl doch noch ein gutes Argument gefunden haben, denn schließlich gingen die beiden jungen Männer doch mit in sein Haus.

Als Mala die Gäste sah, die Lot mitbrachte, wurde sie ärgerlich und schrie: „Lot, das Fest ist erst morgen, und wir haben für die Vorbereitungen noch soviel zu tun. Sage ihnen, daß sie wieder gehen sollen."

Doch diesmal ließ sich Lot nicht von ihr bestimmen, sondern sagte ihr sehr energisch, sie solle sich um ihre eigenen Angelegenheiten kümmern und zusehen, daß alle Arbeiten fertig würden. Jedenfalls habe sie sich nicht in die Dinge zu mischen, die seine beiden Freunde beträfen.

Mala war überrascht über Lots neu gefundene Energie. Zwar beklagte sie sich bitter, begriff aber bald, daß es Lot ernst war mit dem, was er sagte. Also ging sie zornig in die Küche.

Lot bat die beiden Gäste Platz zu nehmen und brachte eine große Schüssel mit warmem Wasser, damit sie sich den Reisestaub herunterwaschen konnten. In der Zwischenzeit ließ er von den Bediensteten eine gute Mahlzeit zubereiten. Er fragte nicht, wer seine Gäste wären, noch woher sie kämen, sondern war mit ihrem Wohl beschäftigt. Zwischendurch schaute er aber immer wieder sorgenvoll durch das Fenster, um zu sehen, ob die Sodomiter immer noch darüber berieten, wie sie der beiden Fremden habhaft werden könnten.

War es denn nötig, daß er sich Sorgen machte? Tatsächlich, die Männer, die ihm und seinen beiden Gästen bis zu seinem Haus gefolgt waren, standen immer noch da, es schienen in der Zwischenzeit sogar noch mehr geworden zu sein. Schon tuschelte man in der ganzen Stadt davon, daß zwei Fremde angekommen seien, die sich allem Anschein nach ihre Reinheit noch bewahrt hatten und die deshalb ein ganz besonders interessantes Objekt für das lustvolle Verlangen vieler Bürger dieser Stadt waren.

Lots Haus stand an einer Ecke, war also von mehreren Seiten zu beobachten. Als Lot wieder hinausschaute, bemerkte er mit Erschrecken, daß der wilde, betrunkene und verdorbene Männerhaufen draußen immer noch anschwoll. Laut johlend machten sie einander auf Lots Haus aufmerksam und drängten immer näher herbei.

Mala und seine beiden Töchter kamen ängstlich herbeigerannt. Als Lots Frau die beiden seltsamen Fremden immer noch dort sitzen sah, schrie sie wütend: „Lot, sende sie doch endlich fort! Willst du denn, daß die Bürger mit Gewalt in unser Haus eindringen? Wie konntest du Narr die beiden nur hierher bringen! Was hast du dir dabei gedacht?"

Lot wurde jetzt ärgerlich auf Mala. Sie war die Frau, die ihm mit ihrer verführerischen Jugendschönheit den Kopf verdreht hatte, aber mittlerweile hatte sie durch ihr häßliches Wesen jede Liebe in ihm ausgelöscht. „Frau", schrie er, „halte endlich deinen bösen Mund!" Er ging zu ihr und faßte sie zornig am Arm. „Ich werde nicht länger mit ansehen, wie all das, was im Menschen achtenswert und gut ist, von der Bosheit der Bürger dieser Stadt verdorben wird. Ich habe schon genug Übles getan, um die Liebe zu Gott in meinem Herzen zu zerstören und werde es nicht zulassen, daß diese beiden jungen Männer durch die Verdorbenheit dieser Stadt ebenfalls zerstört werden!"

Mala hatte sich bis in die Ecke des Raumes zurückgezogen. Sie wußte, Lot würde sie schlagen, wenn sie noch mehr sagte, obwohl der immer größer werdende Menschenhaufen draußen mittlerweile soviel Lärm machte, daß man kaum noch das eigene Wort verstehen konnte. Ihre beiden Töchter, die mit ihren geschminkten Gesichtern ein Abbild ihrer früheren Jahre waren, klammerten sich angstvoll an sie, während die frechsten aus der draußen versammelten Meute schon begannen, an Fenster und Türen zu pochen.

Lot legte den Querbalken vor das Eingangstor und schloß die Fensterläden, doch das Pochen wurde nur heftiger. Mala und seine Töchter begannen vor Furcht zu schreien. Die beiden fremden Männer erhoben sich, gingen zu Lot und sagten etwas zu ihm. Doch dieser war noch zu sehr mit dem Verriegeln der Fenster beschäftigt, um auf sie zu hören. Von draußen hörte man den Mob jetzt schreien: „Wo sind die Männer, die heute abend zu dir gekommen sind. Bringe sie zu uns heraus, damit wir unser Vergnügen mit ihnen haben."

Lot war zornig und furchtsam zugleich. Das Pochen wurde jetzt so heftig, daß die Fensterläden vibrierten und die Gefahr bestand, das Tor würde eingerannt werden. Was sollte er tun? Die beiden Fremden, aber auch seine Familie waren jetzt in Gefahr. Was hatte ihn nur dazu gebracht, sich ihrer anzunehmen? Er mußte schnell etwas tun, ehe der Mob das Eingangstor aufgebrochen hatte. Lot wußte um die Verantwortung für seine Familie, und doch lehnte sich in ihm auch etwas auf, seine Gäste den Lüstlingen draußen einfach auszuliefern. Er wurde hin- und hergerissen, und gleichzeitig schrie seine Seele in Not, wegen der Sünde und des Schmutzes dieser Stadt.

Plötzlich hob er seine Arme wie zum Gebet. „Ein wenig Reinheit und Gerechtigkeit!" schrie er laut.

Seine Angehörigen blickten überrascht auf. War Lot verrückt geworden? Wieder schrie er: „Gib mir Reinheit und Gerechtigkeit, Herr. Gott, zerstöre die Bösen und nicht die Unschuldigen!" Er blickte auf die jungen Männer und anschließend auf seine Töchter. Welch ein Unterschied! Wer verdiente hier Schutz? Seine eigenen Töchter, die selbst in Ausschweifungen lebten oder jene sauberen jungen Männer?

Man sah seinem Gesicht an, daß er einen Entschluß faßte. Dann rannte Lot zum Tor, riß es auf und stand mit ausgebreiteten Armen vor dem wütenden Mob. Als er das Tor wieder hinter sich geschlossen hatte, rief er: *„Tut doch nicht übel, meine Brüder! Seht, ich habe zwei Töchter, die keinen Mann erkannt haben; laßt mich sie doch zu euch herausbringen, und tut ihnen, wie es gut ist in euren Augen; allein diesen Männern tut nichts."*

Die Mädchen schrien wieder, und Mala rannte zum Tor.

Doch die beiden Fremden hielten sie zurück. „Gehe nicht hinaus", warnten sie.

Mala wollte sich losreißen und schrie erbärmlich: „Wer seid ihr, daß um euretwillen solches Unheil und solche Schande über uns kommen soll?"

Von draußen hörte man den Mob aufs neue wütend schreien: „Geh vom Tor weg, Lot, wir werden es aufbrechen. Wenn du nicht beiseite gehst, wird dir Schlimmeres geschehen als den Fremden."

In diesem Augenblick öffneten die beiden Fremden von innen das Tor, zerrten Lot herein und hatten es wieder geschlossen, ehe die Meute sich von der Überraschung erholte. „Ist dir nichts geschehen, Herr?" fragten sie Lot.

„Nein", antwortete er. „Aber was wollt ihr jetzt tun?"

„Fürchte nichts", meinte einer der beiden ruhig und ging dann zu einem der Fenster und öffnete es. Sofort versuchten die Draußenstehenden, ihn zu ergreifen. Er trat zurück, hob seinen Arm in ihre Richtung und machte eine seltsam anmutende, drohende Bewegung.

Im gleichen Augenblick änderte sich das Geschrei der Menge und nahm den Ton von Furcht und Schmerz an. „Helft mir, ich sehe nichts!" schrien einige. „Ich bin blind geworden", hörte man andere rufen. „Bei den Göttern, warum ist es auf einmal so stockfinster?" fragten manche. Die hilflose Menschenmasse schob sich hin und her. Manche stürzten, und die anderen traten mit den Füßen auf sie. Andere wurden so hart gegen die Mauer gedrängt, daß sie glaubten, sie würden sterben müssen. Es war ein völliges Durcheinander.

Lot lief es kalt den Rücken hinunter. Ungläubig starrte er auf das, was er sah und hörte. Welche Macht hatten seine beiden Gäste? „Mein Herr", rief er und stürzte zu Boden, „habe Erbarmen mit deinem Diener!"

Doch für lange Erklärungen war keine Zeit. Einer der Fremden beruhigte Lot und sagte: „Bringe deine Familie so schnell wie möglich von hier fort, denn wir werden diese Stadt zerstören. Gott, der Herr, ist zornig über Sodom, denn das sündige Leben der Menschen hier ist zu groß geworden, deshalb hat er uns gesandt, Sodom zu zerstören.“

Lot erhob sich. Ohne weitere Fragen zu stellen, sagte er: „Mala, mach dich fertig. Der Herr ist ganz gewiß hierher gekommen. Ich werde unseren Schwiegersöhnen Bescheid sagen, daß sie sich ebenfalls zur Flucht vorbereiten.“

Er ging auf die Straße, bahnte sich einen Weg durch die noch immer draußen Umherirrenden und lief, so schnell er konnte, zum Haus seiner ältesten Tochter. Dort pochte Lot laut an das Eingangstor, doch es dauerte lange, ehe man ihm antwortete. Er wußte, daß seine beiden Söhne und die zweite Tochter mit ihrem Mann ebenfalls hier waren. Alle feierten zusammen.

Endlich öffnete sein ziemlich betrunkener Schwiegersohn das Tor und fragte ihn, was er wolle. „Macht euch fertig, wir müssen fort“, rief Lot. „Wir müssen schnellstens Sodom verlassen, denn Gott ist gekommen, um die Stadt zu zerstören!“

Die anderen waren mittlerweile ebenfalls gekommen, weil sie die aufgeregte Stimme ihres Vaters erkannt hatten. Ungläubig starrten sie Lot an. „Es ist ja gut, Vater“, lachten sie. „Wir freuen uns, weil wir sehen, daß du ebenfalls gefeiert und ziemlich viel getrunken hast. Aber nun gehe wieder nach Hause und schlaf dich gut aus, denn morgen wird ein langer Tag.“

„Aber versteht ihr denn nicht?“ flehte Lot, „Gott wird auch euch mit verderben.“

„Nun hört doch mal, was er sagt“, lachte der Ältere, „gerade er muß von Gott reden.“

„Geh nach Hause, alter Mann, und schlaf dich aus“, spotteten sie, gingen wieder hinein und verschlossen das Tor vor Lot.

Lot klopfte noch lange, stellte sich unter ihre Fenster, flehte, schrie und bettelte. Endlich lehnte er sich erschöpft gegen die

Mauer und begriff die Sinnlosigkeit seines Tuns. Die dort drinnen würden nicht auf ihn hören, weil sie ihm nicht glaubten. Und er war, das wurde ihm dabei klar, mit seinem Beispiel, das er ihnen bisher gegeben hatte, selbst schuld daran, daß sie ihm nicht glaubten.

Tränen traten ihm in die Augen, als er nochmals auf das Haus und das verriegelte Tor blickte. „Meine Kinder", flüsterte er und wankte dann zu seinem eigenen Haus zurück.

Kapitel 7

Beim Morgengrauen war die Familie bereit zu gehen. Gerade fiel das erste Dämmerlicht in die Straßen, in denen viele Sodomiter ihren Rausch ausschliefen, als die Fremden das Tor öffneten, um Lot, seine Frau und seine beiden jüngeren Töchter hinauszuführen. „Beeilt euch", drängten sie, „sonst werdet ihr mit umkommen im Verderben dieser Stadt."

Mala zögerte und blickte sich um. Mußte sie wirklich fast all ihren Besitz zurücklassen? Es war wenig genug, was sie in einigen Kartons mitnehmen konnte. „Kann ich nicht noch mehr...?" bat sie.

Lot verstand ihren Kummer, obwohl er sie dieserhalb verachtete. Doch als er noch Geduld mit seiner Frau zeigte, drängten die beiden Männer sie zum Hause hinaus. „Versteht doch", sagten sie, „die Zeit wird jetzt sehr knapp."

Schnell führten sie die Familie durch die Straßen, zum Stadttor hinaus und ein Stück von der Stadt weg.

Es konnte nicht mehr lange dauern und die Sonne würde aufgehen. Die beiden Männer schienen ihren Auftrag vor Sonnenaufgang erledigen zu wollen. *„Rette dich um deines Lebens willen"*, befahlen sie, *„sieh nicht hinter dich, und bleibe nicht stehen in der ganzen Ebene, rette dich auf das Gebirge, damit du nicht weggerafft werdest."*

Lot wollte ihnen zum Abschied dankbar die Hand schütteln, doch einer sagte: *„Eile, rette dich. Denn weil Gott, der Herr, an Abraham, deinen Onkel, gedacht hat, können wir nichts tun, bis du nicht in Sicherheit bist."*

Das also war der Grund seiner Rettung. Beschämt schaute er die Fremden an. Dann zögerte er nicht länger, ergriff die Hand seiner Frau, und die ganze Familie floh weiter. Sie mußten die Ebene verlassen haben und in den Hügeln sein, und bis dahin war es noch ein ganzes Stück. Mala atmete schon schwer, weil sie so schnell gingen, und die Mädchen baten um eine Ruhepause, doch Lot rief: „Wir müssen die Hügel erreichen, die Sonne kann jeden Augenblick aufgehen", und zog sie weiter.

Lots weiter Umhang hinderte ihn, schneller zu gehen. Er zog ihn aus und warf ihn beiseite. Mala weinte jetzt und die Kinder schrien und bettelten. Doch Lot ließ sie nicht anhalten. „Weiter", schrie er, „es geht um euer Leben, und schaut euch nicht um."

Der mitgenommene Esel, der einen Teil ihrer Vorräte trug, stellte sich jetzt störrisch, weil es ihm zu schnell ging. Lot blickte nach Osten und bemerkte, daß die Sonne jeden Augenblick erscheinen konnte. Also gab er seine Versuche, den Esel weiterzutreiben, auf und ließ ihn stehen, obwohl seine Töchter laut protestierten. „Vater", rief die jüngere, „wie kannst du so grausam sein und ihn zurücklassen."

„Komm!" rief Lot nur und eilte weiter. Als sie die Hügel erreichten, trieb Lot sie einen Hang hinauf, bis sie eine schmale

Höhle erreichten. Hier erst hielt er an. „Hinein mit euch", befahl er, „aber dreht eure Gesichter zur Wand und schaut nicht in die Ebene hinunter."

Dankbar, daß sie endlich ausruhen konnten, hockten sich die drei Frauen in einer Ecke zusammen, und gerade in diesem Augenblick fielen die ersten Strahlen der aufgehenden Morgensonne in den Höhleneingang. Ihre Spannung wuchs, und sie klammerten sich eng aneinander. Der Warnung eingedenk wagte niemand hinauszuschauen.

Plötzlich zuckte ein Blitz über den Himmel. Er war so grell, daß er die Erde zu schmelzen schien. Ein krachender Donnerschlag folgte, als würde der ganze Himmel zerrissen. Der Boden unter ihnen begann zu beben, und die Frauen schrien vor Furcht. Durch die Erdstöße stürzten sie ganz zu Boden und rollten übereinander. Sie klammerten sich an den Felsen in der Höhle fest, aber niemand wagte hinauszublicken.

Draußen schien der Weltuntergang gekommen zu sein. Furchtbare Blitze, gewaltige Donnerschläge und immer neue Erdstöße lösten einander ab. Es schien, als wären alle Elemente gegeneinander in Aufruhr und als wolle der Himmel einstürzen. Die vier Flüchtigen weinten und sahen ihr Ende kommen. Aber auf geheimnisvolle Weise wurden sie bewahrt.

Endlich wurde es still. So still, daß man es fast nicht glauben konnte. Das grelle Licht, das, stark abgeschwächt, noch bis in die Höhle eingedrungen war, machte einer seltsamen Finsternis Platz, als ob die Sonne sich verdunkelt hätte. Draußen begann mit fürchterlichem Heulen ein Sturm. Er kam aus der Richtung, in der Sodom lag, schnell näher, und es schien, als würde er die Hügel hinwegreißen wollen.

Eng umschlungen saßen die vier in der Höhle. Als nach längerer Zeit auch der Sturm nachließ, flüsterte die jüngere Tochter: „Vater, ist es jetzt vorbei?"

Lot lauschte in die Dunkelheit. „Ja, ich glaube, es ist vorbei", sagte er nach einer Weile. Eine ganze Zeit blieben sie noch wie betäubt so sitzen. Als dann der erste Lichtschimmer wieder in die Höhle drang, wurde Mala unruhig.

„Was hast du vor?" fragte Lot, weil Mala jetzt aufstand. Sie sagte nichts, sondern schaute ihn nur mit einem so wilden Blick an, daß er glaubte, sie könne den Verstand verloren haben.

Plötzlich schluchzte sie. „Meine Stadt ... o Lot, was haben sie mit meiner Stadt gemacht. Ich muß es sehen."

„Nein, Mala, nicht!" schrie Lot, „wir sollten nicht zurückschauen, haben sie gesagt." Er wollte sie festhalten, doch sie ging schon zum Höhlenausgang.

„Mutter", riefen die Töchter, „tu es nicht!"

Doch Mala hörte nicht auf sie. Wie eine Irre torkelte sie nach draußen. Die anderen hörten sie schreien. „Oh, bei den Göttern!"

„Mutter!" rief eine der Töchter und sprang auf. Doch Lot riß sie zurück. „Schau nicht hinaus, Kind, ich will dich nicht auch noch verlieren!"

Was Mala sah, war unbeschreiblich. Die Ebene lag unter ihr wie eine große verbrannte Wunde. Alles war schwarz. Kein einziger Grashalm schien übriggeblieben zu sein. Das Wasser des Toten Meeres dahinter tobte noch immer wie wild. Und wo war ihre Stadt? Wo waren Sodom und Gomorra? Nichts davon war mehr erkennbar. Nur einige schwarze Trümmer, aus denen Rauch aufstieg, und breit klaffende Erdspalten waren übrig geblieben.

Mala wimmerte bei diesem Anblick vor Entsetzen. Doch dann wurde sie wie von einer unsichtbaren Macht in Richtung der zerstörten Stadt gezogen. Sie konnte nicht widerstehen, und es schien ihr auch nichts auszumachen. Mit sich selbst redend und von Zeit zu Zeit lachend, als habe sie endgültig den Verstand verloren, lief sie über die verbrannte Ebene.

Doch dann kam sie an eine Stelle, an der die Erde aufgebrochen war und irgendwelche seltsamen Chemikalien und Substanzen aus breiten Rissen hervorquollen und in die Luft gestoßen wurden. Eine ungeheure Hitze breitete sich von dieser Stelle aus. Mala schrie vor Schmerz, als eine Wolke dieser seltsamen Chemikalien, vom Wind herangetrieben, sie einhüllte. Irgend etwas schien mit ihr zu geschehen. An den Händen und Füßen begann es und breitete sich unheimlich schnell aus. Sie sah, wie sich ihre Haut, und dann auch Fleisch und Knochen, der ganze Körper, in eine kristalline Substanz verwandelten.

Lot und die Kinder hörten ihre Hilfeschreie, wagten es aber nicht, hinauszugehen. So wurde ihnen der Anblick erspart, wie die Frau, die sich nicht hatte lösen können von der sündigen Stadt, nun in wenigen Augenblicken zu einer Salzsäule erstarrte. Immer leiser wurden die Schreie Malas, bis sie endlich ganz verstummten.

Abraham war vor Erschöpfung an der Stelle eingeschlafen, an der sein Herr ihn verlassen hatte. Erst die Kühle des nahenden Morgens weckte ihn wieder. Da er entschlossen war zu sehen, was geschehen würde, lehnte er sich mit dem Rücken an einen Felsen, wo er einen guten Ausblick in die Ebene hatte, und blieb so sitzen. Gegen alles bessere Wissen hoffte er immer noch, daß die zehn Gerechten vielleicht doch in der Stadt gefunden würden.

Doch als der Rand der Sonnenscheibe sich im Osten über den Horizont schob, zuckten Blitze vom Himmel, und schmetternde Donnerschläge erfüllten die Luft. Tief unter ihm und weit entfernt, dort, wo Sodom lag, brach das Chaos los. Er sah die Stadtmauer und die Häuser der Stadt wie Spielzeug zusammenfallen und überall Feuer ausbrechen. „Oh, Gott!“ schrie er, obwohl er seine eigene Stimme kaum verstehen konnte.

Dann rief er: „Ach Lot, Lot, hättest du nicht bei mir bleiben können!“ Den Rest des Dramas erlebte er nicht mehr bewußt mit. Der Schock war ihm zuviel. Er fiel in tiefe Bewußtlosigkeit, in die Gott ihn barmherzig einhüllte.

Als Abraham wieder erwachte, war es schon dunkel. Nur der Geruch von Feuer, Rauch und Tod, der in der Luft hing, erinnerte ihn an das Drama, das sich in den vergangenen Stunden unten in der Ebene abgespielt hatte. Steif erhob er sich und mußte dabei unaufhörlich an seinen Neffen Lot denken.

Abraham war bis ins Innerste erschüttert, von Furcht gepackt und einsam. Lange stand er noch schweigend an derselben Stelle und starrte in die Dunkelheit hinunter. Endlich drehte er sich um und ging den Weg zurück, den er mit seinem Herrn gekommen war. Ein einsamer Wanderer, der sich mit müden Schritten und hängenden Schultern durch die Dunkelheit auf den Heimweg machte.

Kapitel 8

Lot und seine zwei Töchter lebten in den Bergen östlich der Ebene. Wohin hätten sie sonst auch gehen können? Sie hatten nur wenig Kleidung und einen schmalen Vorrat an Nahrung in ihren Schachteln mitgebracht. Und die Städte der Ebene waren zerstört. Gewiß, in Kanaan gab es viele Städte, aber noch war es unmöglich, die Ebene zu überqueren, die dazwischen lag. Immer noch gab es neue vulkanische Ausbrüche, und das schreckliche Beispiel ihrer Gattin und Mutter stand ihnen vor Augen.

Doch Lots Töchter begannen ihn zu quälen, weil sie nicht

länger in dieser Einsamkeit leben wollten. „Wenn sich das Tal beruhigt und auskühlt, werden wir über die Ebene gehen und nach Kanaan“, sagte er ihnen immer wieder. „Wir kehren zu meinem Onkel zurück, wenn er uns noch aufnimmt.“

Doch seine Töchter wurden immer ungeduldiger. Sie waren an die Bequemlichkeiten und Vergnügungen Sodoms gewöhnt und dachten immer häufiger an ihr früheres Leben. Die dunkeläugigen Mädchen waren Schönheiten und hatten gut zu dem Leben gepaßt, das in Sodom geführt wurde. Obwohl noch Jungfrauen, waren sie doch auf vielen Gebieten der sogenannten Liebe und des sexuellen Vergnügens nicht mehr unerfahren, und sicherlich wäre in Sodom auch ihre Jungfräulichkeit nicht mehr lange erhalten geblieben.

Deshalb empfanden die beiden Mädchen nicht nur die Härte ihres jetzigen Lebens und die Knappheit an Lebensmitteln, sondern ihnen fehlten auch die Vergnügungen Sodoms sehr.

Lot gab sich sehr viel Mühe, das Leben in der Höhle, die sie sich ausgewählt hatten, erträglich zu machen. Es war schon viele Jahre her, daß er nicht mehr als Nomade lebte, sondern als Stadtbewohner. Doch im Laufe der Zeit erinnerte er sich wieder an all das, was er als Junge in den Hügeln von Chaldäa bei Hebron und später auch bei seinem Onkel Abraham gelernt hatte. Sein Vater Haran hatte ihm damals auch beigebracht, gut mit Pfeil und Bogen umzugehen, und so machte er sich wieder einen primitiven Bogen und konnte auf diese Weise sich und seine Töchter wenigstens mit frischem Fleisch versorgen.

Seinen Töchtern brachte er bei, welche Früchte und Beeren gesammelt und gegessen werden konnten. Auch begann er, die Höhle ein wenig wohnlicher zu machen. All diese Arbeiten hielten ihn davon ab, zuviel über das Unglück nachzudenken, das ihn und seine Familie betroffen hatte.

Doch trotz seiner Bemühungen wurden seine Töchter immer ungeduldiger. „Sieh, Vater“, sagten sie oft, „das Tal ist wieder passierbar. Wir können hinüber nach Kanaan gehen.“

Doch Lot zögerte. Immer wieder redete er von noch glühender Asche, von aufgerissenen Abgründen, aus denen jeden Augenblick neues Unheil brechen konnte, und manchen anderen Gefahren. Doch sich selbst mußte er zugeben, daß dies nicht die alleinigen Gründe waren. Am meisten fürchtete er die Begegnung mit seinem Onkel Abraham. Da Gott durch ein Strafgericht Sodom zerstört hatte, würden sicher alle Bewohner Kanaans denken, die Einwohner Sodoms seien von Gott verflucht worden. Und da auch er, Lot, in Sodom gewohnt hatte, würde sein Onkel ihn aus diesem Grunde sicher nicht wieder aufnehmen, so dachte er.

Seine Töchter mochten sagen, was sie wollten. Er, Lot, war jedenfalls vorläufig zufrieden, daß er sich und sie durch seine eigenen Anstrengungen am Leben erhalten konnte.

So vergingen Wochen und Monate. Lots Töchtern wurde immer klarer, daß ihr Vater gar nicht die Absicht hatte, diese einsamen Berge zu verlassen. In ihrer Vorstellung würden sie hier zu alten Jungfern werden, und das Leben mit all seinen Vergnügungen und Lüsten würde an ihnen vorbeigehen. Und außerdem war es schon fast eine Schande, daß sie bald 14 Jahre alt wurden und immer noch Jungfrauen waren, so dachten sie.

Doch trotz all ihrer Proteste schien ihr Vater sich wohlzufühlen, wenn er abends am Feuer saß oder auf die Jagd gehen konnte oder sonstige Arbeiten verrichtete, denn er machte keinerlei Anstalten, von hier fortzugehen.

Es war kalt an diesem Abend, als Lot von der Jagd kam und seinen Töchtern ein erlegtes und schon in Stücke zerteiltes Stück Wild mitbrachte. „So", sagte er, „damit hätten wir also für die nächsten Tage wieder Fleisch." Dann setzte er sich ans Feuer, um sich zu wärmen.

Die bedeutsamen Blicke, welche seine beiden Töchter wechselten, bemerkte er nicht, noch hätte er auch entfernt je geahnt, welchen Plan sie in den vergangenen Wochen ausgebrütet hatten. An diesem Abend, so hatten sie sich vorgenommen, wollten sie ihr Vorhaben in die Tat umsetzen.

Als sie ihrem Vater das Abendessen vorsetzten, nickte die Ältere der Jüngeren schweigend zu. Diese nahm lächelnd den Weinschlauch und sagte: „Armer Vater, der Tag war sicher schwer, und du bist lange draußen gewesen, erfrische dich doch mit dem Rest Wein, den wir noch von daheim mitgebracht haben."

Lot war überrascht über die so seltene Freundlichkeit seiner Tochter und nahm den Wein dankbar an. Oft schon hatte er in der letzten Zeit Vergesssen im Wein gesucht — vielleicht zu oft. Der Wein war süß und schwer, und Lot wurde warm dabei.

„Trinke noch ein wenig, Vater, du hast es verdient", sagte seine Tochter und füllte ihm den Becher nochmals. „Du mußt nicht so oft an Mutter denken", fügte sie hinzu.

„Sie hat ja recht", dachte er, und der Wein wird mir helfen zu vergessen. „Vielen Dank", lächelte er ihr zu. Während er trank, unterhielten sich die Mädchen weiter mit ihm. Nochmals und nochmals füllten sie ihm den Becher. Ein wohliges Gefühl überkam ihn, und die Stimmen der Mädchen hörte er bald nur noch wie aus weiter Ferne. Bald hatte der Wein sein Werk getan, und er wußte nicht mehr, was um ihn herum und mit ihm selbst geschah.

Die Mädchen hielten die Zeit nun für gekommen. Sie stellten ihn mühsam auf die Beine und führten ihn in die hinterste Ecke der Höhle, wo ihre Lager sich befanden. Er begriff nicht, daß die beiden sich schamlos völlig vor ihm entkleideten und im Verkehr mit ihm, dem betrunkenen Mann, an jenem Abend ihre Jungfrauenschaft verloren.

Als Lot am nächsten Tag erwachte, war ihm, als würde in seinem Kopf eine Pauke geschlagen, so dröhnte es darin. Er mußte lange geschlafen haben, denn nach dem Sonnenstand mußte es schon gegen Mittag sein. Doch irgend etwas war anders als sonst. Als er seine Umgebung langsam wieder wahrnahm, bemerkte er, daß er nicht in seinem eigenen Bett lag. Gewöhnlich schlief er in der Nähe des Eingangs der Höhle, um seine Töchter vor Gefahren zu bewahren. Doch diesmal befand er sich auf ihrem Lager. Die Mädchen selbst waren nicht in der Höhle.

Panik erfaßte ihn. Was war geschehen? Sicherlich war er in seiner Trunkenheit einfach auf ihr Lager gefallen und eingeschlafen. Ja, so mußte es sein. Doch langsam begann er sich an den vergangenen Abend zu erinnern. Und was er in seinem Rausch am Abend nicht bewußt wahrgenommen hatte, kam jetzt nach und nach in sein Gedächtnis zurück. Er schlug die schwere Decke zurück, die über ihm lag, und erkannte, daß er völlig nackt war. Da begriff er die ganze Wahrheit. „Nein!" schrie er voller Schrecken. „Gott meines Onkels, laß es nicht wahr sein!"

Mit Verachtung blickte er sich an und griff nach seinen Kleidern, um sich anzuziehen. Er fühlte sich schmutzig und verdorben, und tief aus seinem Inneren brach ein lauter tierischer Schrei heraus.

Seine Töchter, die draußen vor der Höhle in der Sonne saßen, hörten den Schrei und kannten auch seine Ursache. Besorgt blickten sie sich an.

Lot kam, immer noch laut schreiend, aus der Höhle gestolpert. Als er die beiden erblickte, brüllte er: „Aus meinen Augen, ihr schmutzigen Hunde!" und stürzte auf sie zu wie ein wütender Bär.

Voller Schrecken sprangen die beiden auf und rannten ein Stück davon. Aus sicherer Entfernung beobachteten sie, wie ihr Vater sich wie ein Wahnsinniger gebärdete. „Gott, vergib mir!" schrie er immer und immer wieder. „Oh, vergib mir!"

„Vater!" riefen die Töchter schwach.

Aber er wollte nicht auf sie hören und schrie nur. „Fort, fort mit euch!"

Lots hilflose Bitten um Gottes Vergebung hallten durch die Hügel. Lange irrte er schreiend, weinend und schluchzend umher und hinein in die verwüstete und verbrannte Ebene. Die beiden Mädchen, die Verzweiflung ihres Vaters beobachtend, klammerten sich enger aneinander, und die Jüngere flüsterte der Älteren zu: „O Schwester, was haben wir getan?“

VI. Buch

DER SAME

„Er zweifelte nicht an der Verheißung Gottes
durch Unglauben, sondern wurde gestärkt im Glauben,
Gott die Ehre gebend,
und war der vollen Gewißheit,
daß Er, was Er verheißen habe, auch zu tun vermöge“
(Römer 4, 20.21).

Kapitel 1

Die Zeltlichter brannten an diesem Frühlingsabend im Lager im Hain Mamre heller als sonst. Seit gestern hörte man überall Musik, und es wurde immer wieder getanzt. Es hatte niemals eine glücklichere Zeit gegeben, und mehr als tausend fröhliche Menschen lachten und feierten.

Ein alter Mann schien wiedergeboren zu werden. Alles, wonach er sich ein Leben lang gesehnt und wofür er gekämpft hatte, schien Wirklichkeit zu werden. Abraham war immer wieder aufgefordert worden, sich zu setzen und auszuruhen, aber ohne Erfolg. Sein Herz war bei Sarah im Zelt, obwohl, so gebot es die Sitte, das Geburtszelt von einem Mann nicht betreten werden durfte. Doch für Abraham war es klar, daß Sarah nie schöner ausgesehen hatte, als in diesen Augenblicken.

Während er nervös im Hof hin- und herlief, fragte er immer wieder die Geburtshelferinnen, die ab und zu, um etwas zu holen, aus dem Zelt kamen: „Wie geht es ihr? Wann ist es soweit?" Doch immer wieder hörte er: „Sei geduldig, mein Herr. Der Herrin geht es gut, und es wird nicht mehr lange dauern."

Und dann nahm er unruhig und ungeduldig seine rastlose Wanderung wieder auf. „Der Weg, den du schon ausgetreten hast, ist tief genug, um den Jordan darin fließen zu lassen", riefen seine Freunde lachend. Abraham lachte gutgelaunt zu ihren

Scherzen, beteiligte sich aber nicht an ihrer Unterhaltung, sondern blickte immer wieder zum Zelt hin, in dem Sarah lag.

Konnte es in einem Mann wirklich eine solche Veränderung geben, wie sie in den letzten Monaten in Abraham stattgefunden hatte? Die Jahre der Enttäuschung und der Zweifel schienen von ihm abgefallen zu sein. Wie durch die Berührung mit einem Zauberstab war sein einst so sorgenvolles Gesicht und seine mutlose Haltung wie umgewandelt. Das Leben hatte wieder einen neuen Sinn erhalten, seit Sarah ihm eröffnet hatte, daß sie schwanger sei. Der Sohn, den Sarah ihm nun bald gebären würde — ganz sicher würde es ein Sohn sein —, hatte scheinbar schon vor seiner Geburt Abraham neues Leben geschenkt.

Und das Beste von allem war, seine Beziehungen zu Sarah waren ebenfalls völlig geheilt und waren wieder wie früher. Ihnen beiden hatte die Erfüllung ihrer Ehe gefehlt, und ihr Glaube war fast daran zerbrochen. Doch nun war alles anders. Sie waren glücklich jetzt — zusammen unaussprechlich glücklich, dachte Abraham, während er immer wieder in die Nähe des Zeltes ging und hoffnungsvoll auf den Eingang starrte.

Endlich gab es Neuigkeiten. Die Hebamme selbst hatte herausgeschaut und mitgeteilt, daß nun Sarahs Wehen begannen. Das Kind würde wohl innerhalb der nächsten Stunde geboren werden. Abrahams Herz machte einen Sprung. Die Musik jubelte noch lauter, überall begann man zu singen, und das Lager wurde von freudiger Erregung ergriffen. Es schien, als würde das gesamte Universum den Atem anhalten. Selbst die Sterne, fand Abraham, schienen heller an diesem Abend.

Nach der letzten Ankündigung hatte sich Elieser zu seinem Herrn gesellt. Nun marschierten sie beide aufgeregt hin und her. Und was für ein Bild sie boten. Elieser war nicht weniger aufgeregt als Abraham, und ein fremder Beobachter hätte glauben können, der Jüngere von beiden sei der Vater des erwarteten Kindes. Immer mehr Menschen aus allen Teilen des großen Lagers versammelten sich jetzt in der Nähe des Zeltes.

Die Geburtshelferinnen erschienen nun häufiger. Eilig liefen sie hin und her und schleppten Gefäße mit heißem Wasser in das Zelt. Die wartende Menge wurde leiser und die Musik gedämpfter. Die Menschen rückten so nahe wie möglich an das Zelt, das der Mittelpunkt des Interesses aller war. Als es jetzt stiller wurde, konnte man auch das leise Gemurmel der Frauenstimmen aus dem Zelt vernehmen, und zwischendurch waren immer wieder Sarahs Schreie zu hören, die sie in ihren Wehen ausstieß. Und Abraham stand nun wie ein unbeweglicher Fels direkt neben dem Eingang des Zeltes und war durch nichts zu bewegen, auch nur einen Zentimeter zu weichen.

Die Menschen rund um das Zelt lehnten sich gespannt vorwärts, als die Schreie Sarahs, die aus dem Inneren klangen, drängender wurden. Endlich schien ein besonders lautes und schmerzvolles Stöhnen das Ende der Wehen anzukündigen. Die Augenblicke der Stille, die folgten, kamen Abraham wie eine Ewigkeit vor. Wild schwirrten die Gedanken in seinem Kopf durcheinander. In dieser Minute schien sein ganzes Leben wie ein Panorama an ihm vorbeizuziehen. Er spürte, daß all seine Jahre des Wanderns, Suchens, Verlangens, Fragens und Zweifelns, aber in all diesem des, wenn manchmal auch unter viel Mühe, festgehaltenen Glaubens nun ihre Erfüllung fanden. Sein Gott hatte ihn durch Freude und Not, über Höhen und Tiefen, mit unendlicher Geduld zu diesem Punkt geführt.

Endlich war der Schrei eines neugeborenen Kindes zu hören. Und dieser Schrei ging wie ein zündender Funke durch Mamres Hain. Abraham fühlte, wie sein Herz nahezu seine Brust zu sprengen drohte. Elieser warf freudig die Arme in die Luft, und die versammelte Menge brach in Jubel aus.

Wie ein Blitz rannte Abraham in das Zelt. „Sarah!“ schrie er. „Mein Gott! Sarah!“ Alles schien sich vor seinen Augen zu drehen, die nun voller Tränen waren. Abraham suchte in dem sanften Licht des Zeltes nach seiner geliebten Frau und drängte sich durch die Geburtshelferinnen, die ihr beistanden.

„Herr, sei vorsichtig", warnte eine, als er über ein Gefäß stolperte und fast auf Sarahs Bett gefallen wäre. Abraham erblickte jetzt die Hebamme, die neben Sarahs Lager stand und in ihren Armen einen kleinen zappelnden und wimmernden Säugling hielt. Wie vom Blitz getroffen stand Abraham still. Seine Augen saugten sich an dem unglaublichen Wunderkind fest. Seine Lippen zitterten, und er brachte kein Wort heraus.

Da war es, hier in den Armen dieser Frau. Nach einem langen Augenblick trat er zwei Schritte näher heran und streckte mit einer seltsam rührenden Bewegung seine Arme aus. Die Hebamme lächelte breit und legte das zappelnde Baby in die Arme seines Vaters.

Abraham brachte immer noch kein Wort heraus. Er kniete neben Sarah nieder, immer noch mit dem wimmernden Kind im Arm. „Sarah?" flüsterte er und konnte sich nun nicht mehr zurückhalten. Er begann zu weinen wie ein Gefangener, der nach jahrelanger Haft in die Freiheit tritt. Er weinte vor Freude und Dankbarkeit und hielt das Kind fest an seinem Herzen.

Endlich stand er wieder auf und betrachtete aufmerksam die einzige Frau, die er je geliebt hatte und immer noch liebte. Sie war wirklich schön. Das Alter hatte zu ihrer Schönheit nur die Würde hinzugefügt. Er ergriff ihre Hand und hielt sie lange fest in der seinen.

Sarah studierte das von den Sorgen vieler Jahre durchfurchte Gesicht ihres Gatten. Heute abend endlich verstand sie den nie aufgegebenen Glauben Abrahams, eines Glaubens, der manchmal triumphiert hatte und manchmal kaum noch überleben wollte, und diesen Glauben ihres Mannes hatte sie selbst so oft in Zweifel gezogen. Sie liebte ihn in diesem Augenblick mehr als je zuvor. Und als sie das Kind und seinen Vater betrachtete, war ihr, als ob die Aufmerksamkeit von Zeit und Ewigkeit, von Himmel und Erde jetzt auf dieses Zelt gerichtet sei.

Abraham sah seine Frau verschwörerisch lächelnd an. Beide wußten, daß sie in diesem Augenblick an dasselbe dachten, nämlich an den Besuch des Herrn hier bei ihnen vor ungefähr einem Jahr und an Gottes Feststellung nach ihrem zweifelnden Lachen und ihrer Leugnung: *„Nein, sondern du hast gelacht."* Und nun hatte Gott sie wieder besucht, denn Er war, das spürten sie, in diesem Augenblick gegenwärtig. „O Abraham", lächelte sie, „geh und sage es allen: Gott hat mir ein Lachen zubereitet, so daß alle, die es hören, sich mit mir freuen werden."

Abraham sah Sarah noch einmal tief in die Augen, drehte sich dann um und ging zum Zelt hinaus. Als die Wartenden ihn mit dem Kind auf dem Arm sahen, erhob sich spontanes Jubelgeschrei. Stolz wie ein König hob er den Jungen hoch empor und zeigte ihn seinen Leuten. Dann kniete er nieder und rief laut: „Ehre sei Gott! Ehre sei dem Einen, der nie versagt, der ruft und führt, der Seinen Bund hält allen, die Ihm folgen."

Abraham erhob sich wieder. Ein Hauch von Ehrfurcht hatte sich über alle gelegt, als Abraham Gott pries. Nun hob er sein Kind nochmals hoch empor und rief: „Dies ist mein Sohn, der Erstgeborene meiner Träume. Er soll Isaak heißen, das »Lachen Gottes«, denn so wie wir einst ungläubig über Gottes Möglichkeiten lachten, hat Gott zuletzt gelacht."

Beifall und freudige Zurufe kamen von allen Seiten. Musik und Gesang erklangen noch freudiger als vorher, und alle feierten diese große Stunde ihres Herrn.

Die Sterne schienen wirklich heller zu scheinen, und es war, als würde sich das gesamte Universum um diesen kleinen Platz hier im Hain Mamre drehen. Der Gott des Himmels war gerechtfertigt, und alles in der Welt war wieder in der rechten Ordnung. — Aber Ismael saß allein und beobachtete das frohe Treiben von ferne.

Kapitel 2

Drei Jahre waren seit diesem ereignisreichen Abend vergangen. Drei Jahre voller Glück. Und doch wurde Abraham bei jedem Geburtstag Isaaks nicht nur an dieses kostbare Geschenk Gottes erinnert, sondern auch an den Verlust seines Erstgeborenen. Denn am Morgen nach der Geburt Isaaks hatte man Abraham berichtet, daß Ismael wieder verschwunden sei. Der alte Vater hatte zuerst in seines Sohnes Zelt und dann in der Kamelkoppel nachgeschaut. Beide, Ismael und auch sein Reitkamel waren fort.

Die Liebe Abrahams zu Ismael hatte nie nachgelassen, doch der Junge hatte seinem Vater wenig Gelegenheit gegeben, ihn davon zu überzeugen. Und nun war er wohl wieder dorthin gegangen, wo er sich immer am wohlsten gefühlt hatte. In die wilden Hügel Kanaans. Dies war nun drei Jahre her, und seitdem hatte man nichts von ihm gesehen noch gehört.

An dem Morgen nach der Geburt Isaaks hatte sich deshalb in das Glück Abrahams auch wieder Kummer gemischt. Betrübt schaute er nach den fernen Bergen, von denen er wußte, daß dort irgendwo sein Ältester sein eigenes Leben und Trost suchte. „Ich will mir dadurch aber die Freude, die der Herr mir geschenkt hat, nicht verderben lassen", dachte Abraham. „Ismael ist schon oft fortgegangen und noch jedesmal wiedergekommen."

Dies war vor drei Jahren gewesen, und immer noch war Abraham nicht damit fertig geworden. Ismael nahm weiterhin einen festen Platz im Herzen seines Vaters ein, und er würde den Sohn, wäre er zurückgekehrt, mit Liebe und offenen Armen empfangen haben.

Doch diese drei Jahre hatten auch viel Freude mit sich gebracht. Abraham und Sarah hatten ihr Kind, das Geschenk Gottes, wachsen sehen. Noch nie hatten zwei Menschen ihre

Elternschaft ernster genommen als sie. Ihre Seelen hatten sich in Isaak wiedergefunden, und er hatte sie nicht enttäuscht. Es gab kein Kind, das schneller wuchs und gesünder war als das ihre, davon waren sie überzeugt.

Isaak war der echte Sohn seines Vaters — kräftig und robust. Schon ergriff er fest die Hand Abrahams, wenn dieser mit ihm spielte, und kletterte daran empor oder ließ sich von seinem Vater hin- und herschwingen. Sein helles Lachen mischte sich dann mit dem seines Vaters. Und wenn er auf seinen kleinen kräftigen Beinen durch das Zelt oder über den Vorplatz rannte, stand Abraham stolz dabei und sagte: „Sarah, er ist ein feiner Bursche. Kräftig und gesund ist er. So ein Junge kann jeden Vater stolz machen."

„O Abraham", neckte Sarah ihn lächelnd, „wäre er ein kränklicher und schwacher Knabe und hinterlistig und ungehorsam, würdest du auch keinen Fehler an ihm finden."

„Das stimmt", gab Abraham lächelnd zu, „aber du auch nicht."

Immer wieder dachte Abraham an den Tag, an dem der Junge alt genug sein würde, um all das zu lernen, was ein Mann hier lernen mußte. Ja, Abraham würde seinen Sohn lehren zu kämpfen, zu ringen, zu reiten und zu jagen. Oft sprach er darüber jetzt schon mit Sarah.

Auch an diesem Abend saßen sie wieder im Zelt beieinander. Elieser war bei ihnen und spielte mit Isaak. Stolz schaute Abraham zu und sagte plötzlich: „Sarah, das wird ein großartiger Tag werden."

„Was für ein Tag?" wollte sie wissen.

„Wenn ich Isaak mit in die Hügel nehmen kann."

Sarah blickte Abraham bewundernd an. „Das wird sicher nicht mehr lange dauern", meinte sie.

„Wenn er fünf Jahre alt ist, werde ich ihm einen kleinen, aber starken Bogen machen und Pfeile dazu", überlegte Abraham.

„Und wann wirst du ihn lehren, wie man ihn gebraucht?“ lachte Elieser.

„Am nächsten Tag“, antwortete der stolze Vater. „Ich werde ein guter Lehrer sein, und er ein tüchtiger Schüler. Wenn er sieben ist, nehme ich ihn mit zur Jagd, und er wird ein so guter Jäger und Schütze werden wie…“ Abraham unterbrach sich plötzlich, er dachte an nie vergessene zurückliegende Zeiten.

„So gut wie wer?“ fragte Sarah.

Bekümmert blickte Abraham sie an und sagte dann leise: „So gut wie Ismael.“

Und so mußte Abraham immer wieder an seinen ältesten Sohn denken, obwohl er sich manchmal fragte, ob er ihn je wiedersehen würde. Ein weiteres Jahr verging, und er kehrte nicht zurück, obwohl Abraham jeden Tag nach den fernen Bergen Ausschau hielt, ob ein näherkommender Reiter zu erkennen wäre. Auch am vierten Geburtstag Isaaks, der das Fest seiner Entwöhnung bringen sollte, wie es die Tradition gebot, tat Abraham dies.

Diese Feier wurde ähnlich freudig und voller Festlichkeit wie bei Isaaks Geburt. Gäste aus der Umgebung waren eingeladen und natürlich die Angehörigen des eigenen Stammes. Es gab Musik, und es wurde viel getanzt. Die Tafel war, ganz wie es sich bei Abrahams Stellung und Reichtum gehörte, voller auserlesener Speisen und Getränke; darunter auch Köstlichkeiten aus Ägypten, Mesopotamien und den Küstengebieten Kanaans.

Isaak bekam sein erstes feines Gewand, das aus dem besten Stoff bestand und reich verziert war, so wie es seine Stellung als Sohn und Erbe eines bekannten Handelsfürsten notwendig machte. Alle, die ihn sahen, rühmten, wie kräftig er für sein Alter war und wie aufgeweckt.

Isaak war wirklich ein ansehnlicher und schöner Junge. Mit seinem kräftigen Körperbau und den schwarzen Haaren wurde er seinem Vater immer ähnlicher, doch Nase und Augen waren die seiner Mutter. Die ganzen Feierlichkeiten allerdings schienen ihm wenig zuzusagen. Daß er sich den ganzen Tag über in den neuen Kleidern und vor den Besuchern achtsam und vorsichtig benehmen mußte, schien ihm nicht zu behagen; und dabei sollte das Fest drei volle Tage anhalten.

Isaak hatte sich den ganzen ersten Tag hindurch achtbar gehalten inmitten der verrückten Welt dieser Erwachsenen mit ihren sonderbaren Belustigungen, langen Unterhaltungen bei Tisch und manchen anderen Dingen, wie Vorführungen wandernder Gaukler und Akrobaten usw. Doch nun war es Abend geworden, und Isaak wurde unruhig, weil er langsam müde wurde. Mit großen schläfrigen Augen verfolgte er, was um ihn herum vorging. Dabei schmiegte er sich immer enger an seine Mutter und schlief bald ein.

Sarah rief die Kinderfrau herbei, übergab ihr den Jungen und befahl ihr, ihn im Zelt zur Ruhe zu legen. Sie nahm ihn in die Arme, machte einige Schritte, blieb aber dann stehen und drehte sich um. „Herrin!“ rief sie.

„Ja?“ Sarah blickte auf.

„Herrin, wer ist das?“ fragte die Kinderfrau ein wenig besorgt.

Als Sarah dem Blick der Kinderfrau folgte, ergriff sie erschrocken Abrahams Arm. „Herr“, rief sie, „kann es sein?“ Vor dem Hauptzelt am Rande des Platzes saß ein Reiter auf einem großen Kamel und schaute schweigend über die Feierlichkeiten hinweg.

Abraham blickte auf. Sein Herz begann schneller zu schlagen. Mit seltsamen Bewegungen erhob er sich und machte einige Schritte auf den Reiter zu. Er konnte nicht glauben, was seine Augen ihm sagten. Und doch war es nicht zu bezweifeln. Nach vier Jahren war sein Sohn zurückgekehrt, als sei er von den Toten auferstanden. „Ismael“, sagte der alte Vater leise, man konnte seiner Stimme die Bewegung anhören, die ihn gepackt hatte, „bist du es, mein Sohn?“

Keine Antwort kam von dem jungen Mann, der dort stolz auf seinem Kamel saß. Hätte er auch nur das geringste Zeichen einer Reaktion gezeigt, Abraham wäre vor Freude gesprungen über diese Heimkehr. Doch leider war dies nicht der Fall. Ismael blieb stumm und unbeweglich und starrte auf das Kind, das in den Armen der Dienerin lag.

Endlich blickte er seinen Vater an. Nur ganz leicht bewegte er sich im Sattel, seinen stolzen ägypto-semitischen Kopf mit den scharfgeschnittenen Gesichtszügen hielt er hoch emporgereckt. Endlich sprach er. Selbstbewußtsein und eine gewisse Würde lagen im Ton seiner Stimme. „Vater, wo ist meine Mutter?"

Die Versammelten waren erstaunt. Abraham schaute seinen Sohn überrascht an. Diese Frage hatte er nicht erwartet. „Ich sehe, du weißt es nicht", höhnte Ismael. „Doch das sollte mich eigentlich nicht überraschen", fügte er hinzu. „Du hast ja auch nicht gewußt, wo ich in all diesen Jahren gewesen bin, noch hat es dich gekümmert."

„Das stimmt nicht", antwortete Abraham verzweifelt. „Du tust mir Unrecht, mein Sohn."

„Sohn nennst du mich?" lachte Ismael. „Ehrlich, Vater, wie oft hast du wirklich an mich gedacht und dir Sorgen gemacht, wo ich wohl sein mag? Aber lassen wir das, Vater. Wo ist meine Mutter?"

Ganz am äußeren Rand der Menge befand sich auch die verachtete Hagar, der durch Sarahs Eifersucht immer noch eine normale Gemeinschaft innerhalb des Stammes verwehrt wurde. Ismael hatte sie jetzt von seinem Kamel aus entdeckt und rief leise: „Mutter!"

Obwohl Hagar Bestrafung von Sarah riskierte, kam sie jetzt durch die Reihen der Gäste hindurchgelaufen und rannte zu ihrem Sohn. Ismael lehnte sich herunter und legte die Hand auf ihren Kopf. „Sohn, Sohn!" schluchzte Hagar bekümmert.

Ismael blickte jetzt wieder zu seinem Vater. „Ich werde euer

Fest nicht lange stören", sagte er spöttisch, „sondern bin nur gekommen, um das zu fordern, was mir rechtmäßig zusteht, dann verlasse ich euch wieder." Ismael ließ sein Kamel niederknien und stieg ab. Als er jetzt neben seiner immer noch weinenden Mutter stand, schaute er verächtlich auf die schweigende und erwartungsvolle Menge.

„Es ist doch seltsam", sagte er dann bitter, „daß diese Feierlichkeiten für den jüngeren Bruder abgehalten werden. Als der Erstgeborene dieses großen Mannes geboren und dann später entwöhnt wurde, ist nie ein solch großes Fest gefeiert worden."

Er trat auf die Dienerin zu und ergriff das Kind in ihren Armen. Sarah, die um ihren Sohn fürchtete, sprang auf und rannte auf Ismael zu. „Frau!" schrie er bitter, „du brauchst dich nicht zu fürchten, ich werde mit deinem Kind nicht so umgehen, wie du es mit meiner Mutter getan hast." Sarah blieb stehen und starrte zornig auf ihre Sklavin Hagar, der sie wieder einmal all diesen Ärger zuschrieb.

„Mein jüngerer Bruder", spöttelte Ismael, indem er den Jungen ein wenig emporhob. „Hier also ist er, der mich verdrängt hat und ohne Zweifel meinen Platz einnimmt." Ismael legte den Jungen wieder in die Arme der Dienerin zurück und ging einige Schritte den Hügel hinauf.

„Gute Leute", rief er nun höhnisch, „verzeiht mir, daß ich dieses Fest unterbrochen habe, doch ich habe gehört, das, was hier geschieht, ist gegen die Überlieferung. Man nimmt nicht dem Erstgeborenen sein Recht und gibt es einem anderen, es sei denn, der andere wird von der Lieblingsfrau geboren."

Dann erhob er wie anklagend seinen Arm und zeigte auf Abraham. „Ich verachte dich, Vater, weil deine Wahl auf den Jüngeren gefallen ist und du mir hier auf diesem Boden mein rechtmäßiges Erbe verweigerst. Habe ich das nicht gut gesagt, Freunde?" fügte er lachend hinzu.

Dann blickte er wieder seinen Vater an und schrie mit erhobener Faust: „Ich will meine Erbschaft, und ich fordere sie jetzt. Ich will sie jetzt haben!“

Sarah starrte ihren Gatten an, der wie versteinert stand und nicht in der Lage zu sein schien, gegen die Anklagen und Forderungen Ismaels etwas vorzubringen. „Abraham“, schrie sie, „antworte ihm! Willst du ihn und seine Mutter nicht tadeln, Abraham?“

Abraham schien wie aus einer Ohnmacht zu erwachen. „Mußte denn alles so enden?“ dachte er. „Sollte er nicht eine Gelegenheit haben, mit seinem Sohn in aller Ruhe zu reden?“ Endlich faßte er sich und rief: „Ach, mein Sohn Ismael, habe Erbarmen mit einem alten Mann! Komm zu mir, mein Sohn, ich möchte dich genau betrachten und möchte dich umarmen!“

„Ha!“ schrie Ismael. „Hör auf, Vater! Versuche nicht, mich wieder mit deinen Lügen zu gewinnen, wie schon einmal vor Jahren. Ich kann mich noch gut an den Tag erinnern, als wir zusammen nach Salem ritten. Damals hätte ich dir fast geglaubt, und die Versicherungen deiner Liebe sind mir in den Hügeln immer nachgegangen.“

Abraham bat ihn erneut, doch von dem Hügel herunterzukommen. Doch Ismael sagte höhnisch: „Als ich das letzte Mal ins Lager zurückkam, Vater, weil mir deine Worte von deiner Liebe zu mir keine Ruhe ließen, da bin ich etliche Monate geblieben. Erinnerst du dich noch? Und dann habe ich die Früchte meines Vertrauens in dich miterlebt. Als Isaak geboren wurde, hast du vor allem Volk laut hinausgeschrien: »Dies ist mein Sohn, der Erstgeborene meines Herzens!« War es nicht das, was du von dem Kind dort gesagt hast, Vater?“

Abraham zitterte bei dieser Erinnerung. „Aber Sohn, du verstehst nicht, was ich meinte“, bat er. „Ich sprach von den Verheißungen Gottes und meiner Freude, den Erben dieser Verheißungen zu sehen. Du hast doch diese Erbschaft verachtet und wolltest sie nicht, mein Sohn.“

Ismaels Gesicht verzog sich vor lauter Hohn. Lachend rief

er: „Gib mir nur meine Erbschaft, die mir für diese Erde zusteht, Vater, dann werde ich dich schon in Frieden lassen. Isaak mag alles von der großartigen Erbschaft haben, die dein Gott für ihn noch vorgesehen hat."

Jetzt wurde Sarah wütend. Sie wollte ihre Hoffnungen und Träume nicht wieder verlieren. Auf Hagar blickend, die für sie immer der eigentliche Grund aller Enttäuschungen und allen Kummers gewesen war, forderte sie: *„Treibe diese Magd und ihren Sohn hinaus; denn der Sohn dieser Magd soll nicht erben mit meinem Sohn Isaak."*

Doch die Worte Sarahs gefielen Abraham nicht. Ismael war doch sein Sohn, wie konnte sie dies vergessen. Er wurde jetzt zornig und rief: „Nein! Müßt ihr immer gegeneinander streiten? Ich will meine Ruhe haben. Wir müssen vernünftig überlegen und in Frieden. Seid ihr denn alle von Sinnen? Mein geliebter Sohn Ismael, bist du nicht zurückgekehrt, um mir ein Trost zu sein, sondern um mich zu quälen?"

Abraham legte die Hände auf seine Ohren. „Ich will nichts mehr hören", rief er. „Laßt mich in Ruhe!" Damit wandte er sich um und schritt in die Dunkelheit hinein.

Elieser, der seinen Herrn nicht allein in die Nacht hinausgehen lassen wollte, folgte ihm. Er konnte noch immer nicht glauben, was er in diesen letzten Minuten miterlebt hatte. Und Ismael, der wie ein Phantom aus der Vergangenheit erschienen war, um die Gegenwart zu zerstören, stand lachend und spottend auf dem Hügel hinter ihnen.

Abraham konnte in jener Nacht nicht schlafen. Zu viele gegensätzliche Gedanken wirbelten in seinem Kopf durcheinander. Immer wieder rief er zu Gott, doch in dieser Sache zu vermitteln, denn er wußte nicht, was er tun sollte. „Er ist wiedergekommen, Gott", flehte er. „Ich möchte ihn nicht wieder verlieren. Bitte, laß Ismael nicht wieder fortgehen. Mache mich nicht zu einem solchen Menschen, der ihn wieder wegstößt."

Lange betete Abraham. Er fürchtete, zu einer Entscheidung

gezwungen zu sein, die ihn gänzlich von seinem Sohn trennte. Denn er wußte, erhielt Isaak das Erstgeburtsrecht, was Gottes Wille war, so würde er Ismael für immer verlieren; und wenn er nicht so handelte, würde die Verheißung des Landes von Isaak genommen werden.

Aber war dies die einzige Lösung des Problems? Konnte es nicht irgendeinen Kompromiß geben? Mußte er Ismael ohne Erbteil fortschicken und so für immer verlieren? Und was war mit Hagar? Auch das machte Abraham Not. Sollte sie weiter wie eine Ausgestoßene leben müssen?

Es dauerte fast bis zum Morgen, ehe Gott mit ihm redete. Mahnend sprach der Herr: *„Laß es nicht übel sein in deinen Augen wegen des Knaben und wegen deiner Magd. Was immer Sarah zu dir sagt, höre auf ihre Stimme, denn in Isaak soll dir ein Same genannt werden. Doch auch den Sohn der Magd werde Ich zu einer Nation machen, weil er dein Same ist."*

Mit dem ersten Morgengrauen erhob sich Abraham und ging nach draußen. Sein Herz war voll Kummer, aber er wußte, was er zu tun hatte. Nur blinder Glaube konnte jetzt seine Handlungen bestimmen.

Er ging zu Hagars Zelt, rief sie heraus und fragte: „Wo ist dein Sohn?" Hagar sah ihn erwartungsvoll an und zeigte dann zu dem Hügel. Dort saß Ismael noch an derselben Stelle, an der er am Abend zuvor seinen Vater herausgefordert hatte. Abraham blickte Hagar traurig an. An ihrem Gesichtsausdruck war zu erkennen, daß sie ihn immer noch liebte. Er wußte, daß Gottes Wille zu geschehen hatte und daß er Gott nicht für seine Torheiten der Vergangenheit verantwortlich machen konnte. Zum ersten Mal seit 19 Jahren berührte er die einsame Frau, die ihres Irrtums wegen so lange wie eine Ausgestoßene hatte leben müssen. Zart ergriff er ihre Hand und führte sie zu Ismael auf den Hügel.

Ismael erwartete sie und nahm seine Mutter, der man das Leid der vielen Jahre ansah, in seine Arme. Voller Bitterkeit blickte er auf seinen Vater. Abrahams Seele schrie vor innerer Not. Er wünschte sich, Gott käme und würde die Vergangenheit zurückdrehen, damit alle gemachten Fehler ungeschehen werden könnten. Er ging zu Ismaels Kamel und hängte einen Wasserschlauch an dessen Sattel.

Lange kämpfte er mit sich, bis er die rechten Worte fand. Endlich sagte Abraham: „Höre mir zu, mein Sohn, und verstehe mich. Das menschliche Herz kann viele zur gleichen Zeit lieben. Wenn man ein Kind von ganzem Herzen liebt, so bedeutet dies nicht, daß man das andere nicht gleichermaßen lieben kann."

Ismael schwieg. Sein Leben war immer voller Bitterkeit gewesen. Er konnte seinen Vater, den er liebte und gleichermaßen verachtete, nicht ansehen. Endlich brach es aus ihm heraus: „Und was ist mit mir, Vater? Was soll aus mir werden?"

Abraham ging zu ihm und nahm seinen rebellischen Sohn fest in die Arme. „Dein Erbteil liegt in Gottes Hand", flüsterte er. „Gott hat versprochen, daß aus dir eine Nation werden soll, genauso wie aus Isaak."

Ismael riß sich gewaltsam von seinem Vater los. „Hat Gott dies wirklich gesagt, Vater?" rief er zornig. „Wie billig sind diese Worte. Aber sei sicher, daß auch das andere Wort über mich wahr sein wird. Ich werde ein »wilder Mann« sein, und meine Hand soll gegen jeden sein."

Er führte seine Mutter zu dem Kamel, ließ sie aufsitzen und beeilte sich fortzukommen. Verwundet und ungläubig blickte er noch ein letztes Mal zu Abraham zurück. Und während er dem Kamel die Zügel freigab, rief er: „Sei sicher, daß von nun an zwischen der Nation von Isaak und der Nation von Ismael immer Krieg sein wird, niemals soll Frieden zwischen ihnen werden."

Konnte jemand mehr tun, als er getan hatte? Hatte je ein Mann so völlig Gott vertraut wie Abraham? Gewiß, da waren die Jahre des Zweifels und der Anfechtung gewesen, in denen die Saat seiner Torheit aufgegangen war. Aber er hatte alle Prüfungen bestanden. Im Gehorsam hatte er sich von der Vergangenheit befreit und lebte nur noch der Zukunft, die er in seinem Sohn Isaak sah, den er durch ein Wunder noch in seinem hohen Alter von Gott empfing.

Und wie Isaak äußerlich wuchs, wuchs Abraham innerlich mit ihm. An jedem Tag, der verging, begriff der alt gewordene Mann Gottes den Plan seines Herrn mehr und besser. Täglich verbrachte er viele Stunden mit Gott im Gebet und in Meditation. Während dieser Zeiten sah er das Ziel seines Lebens deutlich vor sich, und gern wäre er seinem Herrn schon ganz entgegengegangen, um wieder bei Ihm zu sein, wenn nicht eines ihn noch gehalten hätte: Er konnte diese Seite des Lebens nicht verlassen, ohne zu sehen, daß sein Sohn erwachsen geworden war.

Nie hatte er das Leben so voll ausgekostet wie jetzt. Jeden Morgen wachte Abraham voller Erwartungen auf, um einen weiteren Tag mit Isaak zu verbringen. Als dieser fünf Jahre alt wurde, machte ihm Abraham tatsächlich den ersten kleinen Bogen und Pfeile dazu. Und am nächsten Tag begann der Unterricht damit.

Mit sieben Jahren nahm ihn sein Vater stolz mit in die nahe gelegenen Hügel Kanaans. Und Isaak erwies sich in allem als äußerst tüchtig und lernte schnell alles, worin ihn sein Vater unterwies. Doch Isaak genoß nicht nur den Segen der väterlichen Liebe. Auch Sarah und ihr Sohn hingen in großer Liebe aneinander. Sah Sarah doch in Isaak das Geschenk Gottes, das ihr Leben aus der Sinnlosigkeit und Beschämung herausgehoben hatte.

Doch für Abraham bedeutete Isaak vor allem, daß in ihm die Verheißungen Gottes erfüllt werden sollten. So wurde der Vater durch die Existenz des Sohnes näher zu seinem Gott gezogen. Und Abraham empfand bei der Erziehung seines Sohnes immer, daß er ihn nicht nur für sich, sondern vor allem für Gott erzog. Und obwohl in all den Jahren der Erziehung des Sohnes Gott Seinem erwählten Mann nie wieder erschien, wuchs und entfaltete sich Abrahams Glaube immer mächtiger. Durch Isaak wurde er fortwährend an seinen Gott erinnert. Einen besseren Beweis für die Realität seines Herrn konnte er wohl nicht mehr erhalten. So eng verbunden war Abraham mit seinem Gott in diesen Jahren, daß ihn die Kanaaniter „Khalil" nannten, den „Freund Gottes".

Der Einfluß, den Abraham überall weit herum im Lande ausübte, war gewaltig. Die Propheten Baals hatten es schwer, ihre Nachfolger davon abzuhalten, sich dem Gott Abrahams zuzuwenden. So wie vor vielen Jahren auf den Tempelstufen von Damaskus, verkündigte er auch heute überall seinen Gott, und selbst Fremde kamen von weit her, um davon zu hören. Und immer wieder zeigte Abraham auf Isaak und sagte: „Seht, das ist mein Sohn. Er wurde mir als Zeichen des Bundes, den Gott mit mir gemacht hat, noch in meinem hohen Alter auf wunderbare Weise gegeben. Er ist der Erbe der Verheißungen Gottes, und durch ihn sollen alle Nationen gesegnet werden."

Es wurde Abend, und Nebel legte sich über die Wiesen. Bald würde es Winter werden. Abraham, Isaak und eine Anzahl junger Männer des Stammes waren seit fast einer Woche unterwegs, um zu jagen. Sie würden mit genug Fleisch für die langen Wintermonate zurückkehren. Nun saßen sie am Feuer, das sie in einer Hügelfalte angezündet hatten. Die kleinen Zelte waren rundherum aufgebaut. Abrahams Beine schmerzten noch von der Anstrengung des Tages, doch er fühlte sich wohl.

Hier saß er nun unter den jungen Männern, die lachten und

Scherze machten, und schaute stolz auf seinen Sohn. Isaak war nun schon fast so groß wie er selbst und begann langsam ein Mann zu werden. In vielen äußeren Dingen gab es bei Isaak Ähnlichkeiten mit Ismael, fand Abraham, doch sein Benehmen und Charakter waren ganz anders.

Abrahams Herz war frei und leicht. Wie gewohnt, verließ er die anderen, um noch einige Zeit in den Hügeln mit Gott Gemeinschaft zu haben, ehe er sich zur Ruhe legte. Seine Seele war voller Dankbarkeit, als er sich einen ruhigen Platz suchte. Entfernt sah er den Schein des Feuers seiner Gefährten. „O Gott", betete er, „gepriesen seist Du, mein Erlöser, der mir ein so langes Leben gegeben hat, daß ich die Erfüllung Deiner Verheißungen erleben durfte. Meine Freude ist so groß, mein Herr, daß ich sie fast kaum ertragen kann. Preis sei dem Allmächtigen für den Sohn meines Alters."

Abraham wartete geduldig auf den Herrn, obwohl er kaum mehr erwartete, als dessen schweigende Gegenwart, wie immer in den letzten Jahren. Doch eine Bitte hatte er noch: „Herr, wenn ich Gnade vor Dir gefunden habe, dann laß mich so lange leben, bis mein Sohn völlig erwachsen ist. Aber wenn es notwendig sein sollte, mein Gott, dann bin ich bereit, Dir zu folgen."

Ein kühler Wind hatte sich erhoben. Abraham wollte bald zurückkehren, um nicht zu frieren. Plötzlich überfiel ihn ein seltsames, aber wohlbekanntes Gefühl, als würde die Gegenwart des Herrn ihn in besonderer Weise umgeben. „Wie sehr liebst du Mich, Mein Freund Abraham?" schien der Wind zu flüstern.

Der Freund Gottes kannte die Gegenwart Gottes. Sein Herz war schon lange darauf eingestimmt. Doch diesmal überfiel ihn dabei ein eigentümliches Gefühl. Eine seltsame Furcht wollte bei dieser Frage sein Inneres durchziehen. Wieder klangen die Worte durch den Wind: „Wie sehr liebst du Mich, Freund Abraham?"

Der Mann Gottes erschrak. Irgendwie, das spürte er, ging es

diesmal um mehr, um irgend etwas, das anders war als alle bisherigen Erfahrungen. „Herr", zitterte er, „bist Du es?"

Der Wind war stärker geworden und umstrich nun winselnd den Felsen, in dessen Schutz Abraham saß. „Redete wirklich sein Gott mit ihm?", fragte er sich. „Derselbe, der seine Seele in all diesen letzten Jahren mit Liebe und Licht gewärmt hatte?" Und wieder hörte er die Stimme aus dem Wind. Drängender diesmal: „Abraham!"

„Herr", antwortete er furchtsam, „hier bin ich."

„Abraham", forderte die Stimme, „wie sehr liebst du Mich?"

„O Gott, meine Seele und mein Leben sind Dein — Du weißt es. Seit Du mich gerufen hast, habe ich alle meine Jahre in Deine Hand gelegt, Mein Herr."

Doch der Wind wurde nur kräftiger und lauter, es war jetzt, als würde er schreien. Abraham hockte in der Dunkelheit. Hatte er etwas falsch gemacht? War sein Gott zornig mit ihm? Wieder rief er: „Gott im Himmel, Du weißt, ich liebe Dich."

Langsam legte sich der Wind jetzt wieder. Der Mann Gottes blieb still am Felsen sitzen. Er wußte, der Herr hatte noch mit ihm zu reden. Ganz still war es jetzt geworden. Abraham überlegte, was der Herr ihm wohl zu sagen hatte und flüsterte: „Mein Gott, ich habe um Deinetwillen meine Heimat und meine Familie verlassen und bin ein Wanderer und Fremdling geworden, ich habe in Zelten gewohnt und heimatlos gelebt, ohne Stadt oder Volk... und dies alles für Dich, mein Gott."

Immer noch Stille. Nun begann der Wind wieder zu winseln. Und wieder klang daraus die drängende Stimme: „Abraham! Abraham! Mein Freund, wie sehr liebst du Mich wirklich?"

„O Herr", stöhnte Abraham. „Mußt Du noch fragen? Was kann ich noch tun für Dich? Habe ich nicht meinen Vater verlassen? Habe ich nicht die Trennung von meinem geliebten Neffen Lot ertragen? Habe ich nicht meinem Erstgeborenen sein Erbteil verweigert, weil Du es so wolltest? Was könnte ich noch tun?"

Der Wind war zum Sturm geworden und heulte derart, daß man sein eigenes Wort nicht mehr verstehen konnte. Furcht und Schrecken hatten Abraham ergriffen. Er schrie: „Wie kann ich Dir noch Antwort geben, Gott? Womit kann ich Dir meine Liebe noch zeigen? Habe ich nicht alles für Dich aufgegeben?" Abraham überdachte sein Leben. Alle Ereignisse zogen wie Bilder in Windeseile an ihm vorüber. Trotz mancher Nöte und Zweifel hatte er immer wieder in Treue und Gehorsam zu seinem Gott gestanden, bis jetzt, bis in sein hohes Alter hinein. Er hatte wirklich alles seinem Gott gegeben. Doch nun standen diese letzten Lebensjahre vor seinen Augen ... und da packte ihn ein unbeschreibliches Erschrecken. Dort unten mit den anderen jungen Männern saß sein über alles geliebter Sohn. Und ihm war, als würde Gott mit dem Finger genau auf Isaak deuten.

„Nein, Gott!" schrie er, „nimm mein Leben, denn es ist wertlos ohne meinen Sohn, meinen einzigen Sohn! Herr, er ist alles, was mir außer seiner Mutter noch geblieben ist. Wenn Du ihn nimmst, werde ich sicherlich sterben. Dein Diener wird dann sterben, mein Herr!"

Doch wieder kam Gottes Stimme aus dem Sturm. „Wie sehr liebst du Mich, Abraham?"

„Herr, mehr als mein Leben ... aber wenn Du mich fragst, ob ich Dich auch mehr liebe als meinen Sohn Isaak, dann will ich antworten: Ich liebe Dich mehr als meinen Sohn, Herr, der mehr für mich ist, als mein Leben. Aber, Herr", Abraham stöhnte, „wenn Du ihn nimmst, dann nimm auch mich, denn Dein Diener kann dann nicht mehr leben."

„Abraham", antwortete der Herr drängend, aber doch voller Liebe, „Abraham, Mein Freund, Ich will dir deinen Sohn nicht nehmen, aber ... wenn du Mich wirklich liebst, dann ... dann gibst du ihn Mir."

Der Herr schwieg einige Augenblicke, dann begann Er wieder: „Abraham, Mein Freund, wenn du Mich wirklich liebst, dann *nimm deinen Sohn, den du lieb hast, den Isaak, und ziehe hin in das Land Morija, und...*" Gott schwieg wieder, als würde Er tief Atem holen und noch einmal nachdenken, ehe Er weiter reden wollte.

„Und... was, Herr?" zitterte Abraham.

„*...und opfere ihn dort als Brandopfer auf einem Berg, den Ich dir sagen werde.*"

Abraham war wie betäubt. Er fiel lang hin, das Angesicht im Staub. Sein Herz schien ihm zerrissen zu sein, und er wollte schreien. „Unbarmherziger! Welch fürchterliche Sache forderst Du von mir? Das kann doch nicht göttlich, das muß teuflisch sein." Eine schwarze Decke wollte sich über seine Seele legen. „Gott!" schrie er, „was forderst Du von mir? Ist es nicht genug, daß ich einwillige, wenn Du ihn nimmst, wenn ich nur passiv zusehen muß? Soll ich ihn nun mit meiner eigenen Hand töten? Wie monströs bist Du. Welch grausamen Scherz machst Du mit mir. Ich folge Dir ein Leben lang und opfere Dir alles, und am Ende meines Lebens finde ich... Nannar, den Gott, der Menschenopfer fordert."

Und doch — auch in diesem Aufruhr seiner Seele fühlte Abraham die Gegenwart Gottes mehr und tiefer als je in seinem Leben. Die Erinnerungen an alle Erlebnisse mit seinem Gott standen ihm lebendig vor Augen. Er empfand fast körperlich die Barmherzigkeit und Liebe seines Herrn. Konnte dieser Gott grausam und unbarmherzig sein? Und dann fühlte er, wie jene mächtige Hand ihn wieder berührte, seinen Glauben stärkte und ihn aufrichtete. War dies nur eine Zeit der Prüfung gewesen? War er mit seinem Gott so weit und so lange gegangen, um nun zu versagen und zu straucheln? Hatte sein Gott ihn nicht Schritt um Schritt geführt, von einer Krise zur anderen, und immer glorreich hindurchgebracht? Durfte er jetzt an seinem Herrn zweifeln?

„Auf, Abraham", sagte er zu sich selbst. „Sollte Gott Seinen Bund verraten? Und selbst wenn Isaak sterben müßte, würde Er ihn doch wohl wieder von den Toten erwecken. Gott wird doch sich selbst treu bleiben und sich nicht gegen Seinen eigenen Plan wenden.“

Noch deutlicher als je zuvor sah er jetzt all die Jahre seines Wanderns mit Gott vor seinen Augen. Alle Zweifel verschwanden, der Freund Gottes wollte seinem Gott vertrauen. Und wenn auch zögernd und zitternd, so doch vertrauensvoll und mit neuer Übergabe seines ganzen Lebens, stellte er sich dem Plan seines Gottes. „Wie sehr liebe ich Dich, mein Gott!“ rief er. „Führe mich, ich will folgen!“

Kapitel 4

Seit Abraham damals von seiner unvollendeten Reise mit Ismael zurückgekehrt war, hatte er sich der kleinen Stadt Salem noch nicht wieder so sehr genähert. Damals war er sich der Führung des Herrn nicht sicher gewesen, war aber trotzdem aufgebrochen. Heute wußte er, daß die Gegend von Salem sein richtiges Ziel war. Das „Land Morija“, zu dem der Herr ihn gehen hieß, umgab die kleine Stadt Salem. „Wir werden nach dort gehen, um dem Herrn einen Altar zu bauen“, hatte er Isaak und seinen Freunden gesagt.

Ein solches Tun war für den Patriarchen nicht ungewöhnlich, deshalb stellten die jungen Männer keine Fragen, sondern folgten ihm, obwohl sie sich gefragt haben mögen, warum er sich diesmal einen so weit entfernten Ort ausgesucht hatte. Von ihrem Jagdlager aus bei Beerseba waren es bis Salem etwa drei Tagereisen. Es war schon kühl und regnerisch, und die Pfade durch die Hügel Kanaans waren naß und glitschig.

Als Abraham mit seinen Begleitern jetzt über dieselben Wege wanderte, über die er vor vielen Jahren mit Ismael geritten war, bewegten ihn mancherlei Gefühle. Er mußte an seinen ältesten Sohn denken und die harten Worte, die er zuletzt von ihm gehört hatte. Als sie jetzt an einer engen Schlucht vorbeizogen, reckte Abraham seinen Kopf. Dort, in der engen Kluft, lag die Höhle, in der Abraham, nachdem Ismael davongeritten war, tagelang gesessen hatte und in der ihm dann Gott begegnete.

Isaak spürte, daß sein Vater von mancherlei bewegt wurde, doch konnte er nicht im entferntesten ahnen, durch welche Abgründe an Seelennot sein Vater hier schon gegangen war.

Der Mann Gottes dachte jetzt wieder an die Aufgabe, die vor ihm lag und begann zu zittern. „Ich erinnere mich noch deutlich, Herr", sagte er in seinem Inneren, „ich weiß, wie Du mich in jener Nacht durch Deine Berührung gestärkt hast. Sicherlich wirst Du meinen Sohn wieder vom Tode erwecken, denn Deine Verheißungen sind unverbrüchlich und ewig. Und gewiß wird mein Sohn Dich so kennenlernen wie ich Dich kenne."

Als er jetzt wieder auf Isaak schaute, erinnerte er sich der Worte, die sein Herr ihm in diesen Hügeln vor vielen Jahren gesagt hatte: „Sarah, dein Weib, wird dir einen Sohn gebären, und du sollst ihm den Namen Isaak geben. Und Ich werde Meinen Bund mit ihm errichten zu einem ewigen Bund für seinen Samen nach ihm."

Isaak glich so sehr ihm selbst, als er jünger gewesen war, überlegte Abraham und lächelte: „Er wird Dich kennenlernen, Herr, wie ich Dich kenne", dachte er wieder.

Glaube war Abrahams einziger Schild an diesem Tag. Als sie den Kamm der letzten Bergkette erreicht hatten, lag Salem klein und weiß unter ihnen. Er wußte jetzt: Es war immer schon bestimmt gewesen, daß er eines Tages hierher kommen sollte, obwohl er sich nie hätte träumen lassen, daß es aus diesem Grunde geschehen würde. Ob Melchisedek wußte, daß er hier war, fragte er sich.

Abraham blickte über das vor ihm liegende Land und betrachtete sich die Hügel, zwischen denen Salem lag. „Opfere Isaak dort als Brandopfer auf einem Berg, den Ich dir sagen werde", hatte Gott von ihm gefordert. Sein Blick wurde von einem Hügel angezogen, der ziemlich kahl war und ein wenig an die Form eines Schädels erinnerte. „Dort?" flüsterte er. Und der Geist des Herrn bestätigte in seinem Herzen, daß dies tatsächlich der vorgesehene Opferplatz sei.

Vom Rücken des Esels nahm er das mitgebrachte Holz für das Opfer und bat Isaak, es zu tragen. Er selbst nahm in die eine Hand das Feuer und in die andere ein Messer. Dann forderte er ihre Begleiter auf, in dem hinter ihnen liegenden Tal auf sie zu warten. *„Ich und Isaak werden nach dort gehen und dem Herrn opfern."* Als die anderen zögernd nickten, weil sie sich fragten, ob Abraham wohl allein mit einem Jagdmesser ein notwendiges Opfertier erlegen könne, setzte er hinzu, indem er sich fest an die Verheißung des Herrn klammerte: „Und wir werden beide wieder zu euch zurückkommen."

Vater und Sohn nahmen nicht den Weg durch die Stadt, sondern umgingen sie schweigend. Isaak war jung und stark, das Bündel mit dem Holz machte ihm nichts aus, aber sein Herz war mit seltsamen Ahnungen erfüllt. Mancherlei Fragen fraßen an ihm wie Krebs. Die ganze Reise war irgendwie geheimnisvoll gewesen, und dieses Gefühl steigerte sich in ihm, je näher sie dem Ziel kamen.

Gewiß, Isaak hatte nie an seinem Vater gezweifelt, seine Liebe und sein Vertrauen zu ihm waren unbegrenzt. Darüber hinaus war er in selbstloser und tiefer Liebe zu dem Gott seines Vaters erzogen worden. Doch heute fühlte er eine Furcht in sich, die ihm sonst unbekannt war. Sein Vater hatte einen so seltsamen Ausdruck in seinen Augen, und warum hatten sie einen so weiten Weg gemacht und gingen jetzt allein zum Opfern? Die meisten dieser Fragen beschäftigten ihn schon, seit sie sich auf die Reise gemacht hatten.

Natürlich hatte Isaak schon von den Geschichten über Melchisedek und Salem gehört und kannte auch seines Vaters Wunsch, einmal nach hier zu gehen. Deshalb hatte er ihre Reise damit in Verbindung gebracht. Doch nun ging Abraham an der Stadt vorbei, überlegte er. Und außerdem war die wichtigste Frage noch unbeantwortet: Wo war das Opfer?

Als sie am Fuße des Berges angekommen waren, hielt Isaak an, um die Last, die er trug, ein wenig abzusetzen. Abraham stand neben ihm und spürte, daß sein Sohn ihm jetzt einige Fragen stellen würde.

„Mein Vater", begann Isaak endlich.

„Ja, mein Sohn?"

„Sieh", Isaak deutete auf das Gefäß mit dem Feuer, *„du trägst das Feuer in deiner Hand, und hier ist auch das Holz, aber, Vater, wo ist das Schaf zum Brandopfer?"*

Abraham überlegte, während er seinen Sohn betrachtete. Was sollte er sagen? Einfach ganz offen und rücksichtslos die Wahrheit? Und dann war ihm, als würden ihm die Worte eingegeben. Er war selbst überrascht, als er sagte: *„Mein Sohn, Gott wird sich das Schaf für das Brandopfer selbst aussuchen."*

Isaak schaute seinen Vater überrascht und ein wenig zweifelnd an, stellte aber keine Fragen weiter. Die Spitze des Berges war felsig, und mit den herumliegenden Steinen hatten sie bald einen Altar gebaut. Dabei spürte Isaak, wie die nicht beantworteten Fragen in seinem Inneren immer drängender wurden. Sein Vater hatte es, während sie den Altar bauten, scheinbar absichtlich vermieden, ihm auch nur ein einziges Mal in die Augen zu schauen, und weit und breit war auf der nur von wenigen Gebüschen bewachsenen Bergspitze kein Opfer zu sehen. In Isaaks

Herzen nahm ein Gedanke Form an, der ihn im Unterbewußtsein schon länger gequält hatte. Und er erschrak darüber.

Abraham lehnte jetzt an dem fertigen Altar, als müsse er ein wenig ausruhen. Er hielt die Augen geschlossen. In ihm tobte ein heftiger Kampf. Warum gebot ihm der Herr jetzt nicht Einhalt? Mußte er Isaak jetzt ergreifen und auf den Altar legen? Was sollte er seinem Sohn erklären? Gewiß war dies alles nur ein Traum, und er würde jeden Augenblick daraus aufwachen, dachte er.

Und trotzdem wußte er, daß dies alles die Wahrheit war. Er stand, wie schon so oft, wieder einmal einsam vor einer Entscheidung. Und diesmal war es die schwerste Entscheidung, die er je zu treffen hatte. Und er allein mußte entscheiden, es gab keinen Ausweg. Es gab nur zwei Dinge: Er konnte gehorchen — oder sich gegen den Willen seines Gottes stellen. Und Abraham hatte in den vergangenen Tagen auch begriffen, daß diesmal auch sein Gott ihm diese Entscheidung nicht abnehmen oder erleichtern konnte. Hier, in diesem Augenblick, wurde über die weitere Entwicklung der Menschheitsgeschichte mit entschieden, und Gott hatte diese Entscheidung in den freien Willen Seines auserwählten Knechtes gelegt. Abraham bebte unter der Last dessen, was ihm auferlegt war.

„Aber warum gerade ich, Gott?“ hätte er gern geschrien. „Ist mein Gehorsam wirklich so wichtig für den einzig Allmächtigen? Wer bin ich denn, Herr? Ich bin doch nur Staub und Asche. Warum prüfst Du mich so?“ Abrahams Herz klopfte immer heftiger. Schweißtropfen standen ihm auf der Stirn, und er zitterte im inneren Kampf am ganzen Leibe. Isaak beobachtete in hilfloser Furcht die Not und den schweigenden Kampf seines Vaters.

„Gott!“ schrie Abraham plötzlich laut, „laß mich, ich sehe keinen Sinn in dem, was ich tun soll!“ Doch der Hilfeschrei war vergebens. Der Mann, der so oft mit Gott geredet hatte, der mit Gott gewandelt war, den andere den „Freund Gottes“ nannten, spürte, er war allein. Gott hatte ihn allein gelassen in der schwersten Entscheidung seines Lebens. Und dann öffnete Abraham die Augen, die voller Tränen waren, und betrachtete lange seinen Sohn.

Nun schien ein Ruck durch Abraham zu gehen. Er trat auf seinen Sohn zu, band ihm die Arme auf dem Rücken zusammen und schob ihn sanft zu dem Altar. Isaak, der den schrecklichen inneren Kampf seines Vaters miterlebt hatte und dem mittlerweile klar geworden war, was geschehen sollte, wehrte sich nicht, wenn er auch nicht verstand, warum dies alles zu geschehen hatte. Tränen liefen über die Gesichter von Vater und Sohn, als Abraham seinen Sohn jetzt auf den Altar hob. Isaak hielt die Augen gesenkt, damit sein Vater die schreckliche Furcht nicht sehen sollte, die darin lag. Auch Abraham vermochte nicht, seinen Sohn anzusehen.

Innerhalb weniger Augenblicke waren Wolken aufgezogen, als wenn Gott selbst Sein Angesicht verhüllen wollte, weil Er nicht mit ansehen konnte, was zu geschehen hatte, und ein furchtbarer Sturm peitschte über den Hügel. Abraham ergriff das lange Messer. Zitternd am ganzen Körper, packte er es fest mit beiden Händen und hob es über den Kopf empor. Sein verwettertes und von vielen Falten zerfurchtes Gesicht war von namenlosem Schmerz verzerrt, die weißen Haare seines Hauptes und des langen Bartes waren vom Wind zerwühlt. Seine dunklen Augen, die mehr Leid und Sorge gesehen hatten, als zehn andere Männer zusammen, hatte er zum Himmel empor gerichtet.

Nur einen Augenblick zögerte Abraham noch, und dann brach aus seinem Inneren ein Schrei hervor. Es war der Schrei der Verzweiflung und doch gleichzeitig der endgültigen Übergabe an seinen Gott. „Oh, mein Gott“, schrie er, „wie sehr liebe ich Dich! Wenn es sein muß, Gott, dann soll ...“ Dabei holte er mit dem Messer weit nach hinten aus, um im nächsten Augenblick zuzustoßen.

Plötzlich schüttelte sich der Fels unter ihm wie ein betrunkener Mann. Der Erdstoß war so heftig, daß Abraham zu Boden stürzte. „Abraham! Abraham!" hallte eine Stimme, schmetternd wie eine Trompete, an sein Ohr.

Der Mann Gottes blickte voller Schrecken zum Himmel empor. Gleichzeitig mit dem Erdstoß waren die Wolken auseinandergerissen worden, und ein breiter, leuchtend heller Lichtstrahl brach aus dem Himmel hervor. Abraham mußte die Augen schließen, so grell war das Licht. „Hier bin ich, Herr!" rief er.

Der Kampf war vorüber, die Bewährungsprobe bestanden. Eine überirdische Stille breitete sich plötzlich aus, die er in dieser Weise erst einmal erlebt hatte, als die ganze Natur still wurde, weil ihr Schöpfer sich nahte. Durfte er es wagen, wieder aufzublicken? Zögernd schaute er unter seinem Umhang hervor, den er sich über den Kopf gezogen hatte, und blickte aufwärts. Und da — Abraham sah die Herrlichkeit seines Gottes im strahlenden Licht, umgeben von himmlischer Schönheit. Er sah den Herrn der Ewigkeit und Schöpfer des Universums ganz anders, als er Ihn jemals zuvor gesehen hatte. Majestätisch sah der Mann Gottes seinen Herrn auf Seinem ewigen Thron sitzen.

Und dann hörte er Gott sagen: *„Strecke deine Hand nicht aus nach dem Knaben, und tue ihm gar nichts. Denn nun weiß Ich, daß du Gott fürchtest und deinen Sohn, den einzigen, Mir nicht vorenthalten hast. Ich schwöre bei Mir selbst, daß, weil du dies getan und deinen Sohn Mir nicht vorenthalten hast, Ich dich reichlich segnen und deinen Samen sehr mehren werde, wie die Sterne des Himmels und wie der Sand, der am Ufer des Meeres ist. Und dein Same wird besitzen das Tor seiner Feinde, und in deinem Samen werden sich segnen alle Nationen der Erde, darum daß du Meiner Stimme gehorcht hast."*

Damit verschwand die Herrlichkeit Gottes wieder. Abraham richtete sich auf und blickte sprachlos auf Isaak, der alles miterlebt hatte. Schweigend trat er zum Altar, half seinem Sohn herunter und zerschnitt die Armfessel. „Vater", flüsterte Isaak und klammerte sich fest an ihn.

Abraham umarmte seinen Sohn und rief laut: „Gepriesen sei der Herr, der dich mir nun schon zum zweiten Mal durch ein Wunder gegeben hat."

Isaak wischte sich die Tränen vom Gesicht und drehte sich zu dem Altar um, von dem ihn die Hand Gottes soeben so wunderbar errettet hatte. „Vater, sieh!" rief er laut und deutete auf einen dichten Dornbusch, der nahebei wuchs. Im Geäst des Dornbuschs hatte sich ein feiner Widder mit seinen langen Hörnern verfangen und konnte trotz allem Bemühen nicht loskommen.

Vater und Sohn schauten einander ungläubig an und brachen dann in ein lautes, befreiendes Lachen aus. Gemeinsam rannten sie zu dem Busch, lobten und priesen Gott voller Freude und brachten Ihm das Opfer dar. Und der Herr schaute herab und nickte zustimmend. Sein Vertrauen in Abraham war nicht enttäuscht worden.

VII. Buch

ERFÜLLUNG

„Diese alle sind im Glauben gestorben
und haben die Verheißungen nicht erlangt,
sondern sahen sie von fern und begrüßten sie und bekannten,
daß sie Fremdlinge und ohne Bürgerrecht auf der Erde seien . . .
Jetzt aber trachten sie nach einem besseren,
das ist, nach einem himmlischen.
Darum schämt sich Gott ihrer nicht, ihr Gott genannt zu werden,
denn Er hat ihnen eine Stadt bereitet“
(Hebräer 11, 13.16).

Kapitel 1

Es war ein sehr alter Mann, der zwölf Jahre später vor dem einsamen Grab am Rande des Feldes von Mamre stand. Oft kam er, geleitet von seinem treuen Diener Elieser, nach hier. Nicht, um zu trauern, sondern um sich zu erinnern und nachzudenken. Zufrieden setzte er sich unter die dort stehenden Bäume und betrachtete das Grab. Mit einem leichten Lächeln der Erinnerung sagte er: „Ich sagte ihr einst, als wir in dieses Land kamen, wir würden so reich werden mit allen guten Dingen wie die Hügel Kanaans. Und wir durften ein gutes Leben zusammen führen, sie und ich."

Viel Liebe und Zuneigung schwangen mit in der Stimme Abrahams. Elieser hörte voller Achtung und Liebe seinem Herrn zu, der ihm schon lange auch ein Freund geworden war. „Ich bin reich gesegnet worden", überlegte Abraham. „Ich habe nun solange gelebt, daß ich noch sehen durfte, wie mein Sohn erwachsen wurde." Stolz fügte er hinzu: „Und er ist ein tüchtiger Mann."

Mit einer Handbewegung forderte er Elieser auf, ganz nahe heranzurücken. Der treue Diener spürte, daß sein Herr Wichtiges mit ihm zu bereden hatte und zitterte gleichzeitig, denn er wußte, wovon Abraham sprechen wollte.

„Ich bin nun schon sehr alt", begann der Mann Gottes. „Höre, Elieser, meine Zeit auf Erden ist nur noch sehr kurz, wir wollen uns da nichts vormachen, mein Freund.“ Abraham legte seinem treuen Diener, der schweigend zuhörte, in einer freundschaftlichen Geste die Hand auf die Schulter. „Ich habe den Herrn in den letzten Jahren immer nur um eine Sache gebeten: Er möge mich solange leben lassen, bis mein Sohn ein Mann geworden ist. Er hat mir diese Bitte gewährt. Ich bin nun müde, meine Zeit ist gekommen, der Sinn meines Lebens ist erreicht, ich habe Erfüllung gefunden. Doch, Elieser, an dich habe ich noch eine große Bitte. Ob du sie mir erfüllen wirst?“

Freudig blickte der alte Freund seinen Herrn und Gefährten an: „O ja, Herr, gern, vertraue mir.“

„Dann bringe mich noch einmal nach Salem“, sagte Abraham mit einem Blick voller ferner Erinnerungen. „Ich möchte die Stadt noch einmal sehen. Ich möchte Melchisedek noch sehen, ehe ich sterbe“, flüsterte er.

Elieser meinte, dies sei keine sehr große Bitte, die er da zu erfüllen habe, versprach es und fügte hinzu: „Aber Herr, ist das alles, was ich für dich tun kann?“

„Nein, mein Freund, da ist noch eine weitere Sache“, antwortete Abraham ernst. „Alles, was ich habe, ist bis zu meinem Tode unter deiner Verwaltung. Sogar meinen Sohn Isaak befehle ich deiner treuen Fürsorge an und bitte dich, ihm eine Frau nach dem Willen Gottes zu besorgen.“

Elieser blickte überrascht auf seinen Herrn. Tief bewegt und gleichzeitig dankbar für dieses Vertrauen, sagte er bereitwillig: „Ich werde tun, wie du gesagt hast, Herr.“

Abraham rückte noch näher, ergriff die Hand Eliesers und sagte: *„Lege doch deine Hand unter meine Hüfte, und ich werde dich schwören lassen bei meinem Herrn, dem Gott des Himmels und der Erde, daß du meinem Sohn nicht ein Weib nehmen wirst von den Töchtern der Kanaaniter, in deren Mitte ich wohne; sondern in mein Land und zu meiner Verwandtschaft sollst du gehen und ein Weib nehmen meinem Sohne, dem Isaak.“*

Elieser war von der Eindringlichkeit, mit der sein alter Herr diese Bitte vorbrachte, tief bewegt. Er legte, wie es damals Sitte war, seine Hand unter die Hüfte Abrahams und schwur ernsthaft: *„Ich werde den Auftrag ausführen, so wie du es mir jetzt gesagt hast.“*

Abraham blickte erleichtert in das bei diesem feierlichen Versprechen ernst gewordene Gesicht seines geliebten Dieners und sagte: *„Der Herr wird Seinen Engel vor dir hersenden.“* Nach einem Augenblick des Schweigens fügte er hinzu: „Und du wirst sehr schnell wieder zurückkehren.“

Als sei nun genug geredet worden, versank Abraham jetzt in tiefes Schweigen und bat nur noch darum, Elieser möge ihn nun ein Weilchen allein lassen.

Kapitel 2

Ein sanfter Windhauch wehte von Salem her über den Berg hinweg, auf dem Abraham stand. Sein Herz war leicht wie das eines Mannes, der am Ende seiner Pilgerschaft stand. Die Sonne würde bald untergehen. Abraham blickte mit seinen schwach gewordenen Augen der Karawane Eliesers nach, die durch die Jordanebene nordwärts nach Mesopotamien zog, zur Stadt Nahors. Zehn Kamele, vollbeladen mit Geschenken für die noch unbekannte Braut und ihre Angehörigen, führte Elieser, begleitet von einigen Knechten, um den Auftrag seines Herrn zu erfüllen.

Abraham wandte seinen Blick nicht ab, bis er die Karawane nicht mehr sehen konnte. Lange dachte er über seine alte Heimat und über sein nun hinter ihm liegendes Leben nach. Er dachte an seinen Vater, seine Brüder und seine Stadt. Das Jordantal, das sich zu seiner Rechten ausdehnte, erinnerte ihn an die Zeit, als er zum ersten Mal mit Sarah und der kleinen Schar Getreuer, die ihm gefolgt waren, dieses Land Kanaan betrat. Er dachte an Isaak, seinen Sohn, dieses große Geschenk Gottes. Wie reich war sein Leben geworden, und wieviel hatte er sehen dürfen unter der Führung seines großen Gottes.

Doch da waren auch immer noch unbeantwortete Fragen. Abraham dachte an seinen Neffen Lot, der ihm verloren gegangen war und von dem er nie wieder gehört hatte. Er erinnerte sich an Ismael, das Kind seines Irrtums und den Stachel in seiner Seele. Zitternd hob er seine Augen zum Himmel und flüsterte: „Herr, habe ich Gnade gefunden vor Deinen Augen, dann zeige mir Deinen Plan, vom Anfang bis zum Ende. Öffne meine Augen, damit ich Deine Absicht erkenne. Mein Kämpfen und Leiden war lang und mühsam, und ich habe nur einen winzigen Teil Deines Planes gesehen."

Abraham hob seine Hände zum Himmel und betete: „Sei nicht ferne von mir, mein Herr! Deine Hand ist gnädig mit mir gewesen in all diesen Jahren, doch ich möchte gern Deine Absichten ganz verstehen, die Du mit mir gehabt hast, als Du mich zum heimatlosen Wanderer machtest."

Lange dauerte es nicht, bis Gott durch Seinen Geist Seinem Freund antwortete.

„Abraham!" rief Er freundlich.

„Hier bin ich, Herr", antwortete dieser.

„Komm herauf, Freund Abraham, Vater der Gläubigen, komm herauf, und Ich werde dir große Dinge zeigen, die weit über alles, was du je geträumt hast, hinausgehen. Komm und finde Verständnis!"

Gerufen von der Stimme seines Herrn stieg Abraham ganz

bis auf die Spitze des Berges. Er konnte niemand sehen, wußte aber, daß er nicht allein war. „Hier bin ich", sagte er, „unterweise mich nun, mein Herr, denn meine Tage auf Erden sind gezählt."

Freundlich hüllte der Herr ihn in Seine Gegenwart ein und sagte: „Siehe, Meine Liebe für dich ist groß, Freund Abraham. Richte deinen Blick auf die Stadt, die unter dir liegt, und halte dich fest an Mich, denn ich werde die Rolle der Geschichte vor dir ausbreiten."

Der Freund Gottes ergriff im Glauben die Hand seines Herrn, und in diesem Augenblick wurden seine geistlichen Augen geöffnet. Unter ihm marschierten Tausende von Armeen, vom Anfang der Zeit bis zum Ende, und es wurde das Wesen Hunderter von Zivilisationen vor ihm ausgebreitet. Und immer wieder richteten sich die Angesichter der Menschen auf die kleine Stadt, die unter ihm im Tale lag.

Die dunklen Wolken der Vergangenheit rollten beiseite, und ebenso die der Zukunft. Unzählige Millionen von Menschen rollten wie die unaufhörlichen Wellen der See immer wieder durch die Tore der Stadt Salem, die eines Tages Jeru-Salem genannt werden würde, „Stadt des Friedens", die „Heilige Stadt". Die Niedrigen wurden erhoben, die Heimatlosen beendeten hier ihre Wanderung, die Krüppel erhoben sich und gingen, die Kranken wurden geheilt, die Hungrigen gespeist, und die zerbrochenen Herzens waren, wurden wieder fröhlich.

Die Mauern und Tore weiteten sich, und die Stadt wurde größer, bis sie sich von Horizont zu Horizont über das ganze verheißene Land erstreckte. Und Abraham sah die Gesichter der Hüter dieser Stadt. Es waren die Nachkommen Isaaks, des Sohnes, den Gott ihm durch ein Wunder geschenkt hatte.

„Herr, belehre mich", rief Abraham. „Dies alles ist zu wunderbar für mich. Mein Herz kann es nicht fassen. Wie kann es sein, daß aus diesen, meinen geringen Nachkommen, Könige und Fürsten erstehen sollen? Du sagtest doch, sie würden immer wieder verfolgt werden und viel leiden müssen? Ist dies nicht der kleine Ort Salem, die Stadt Melchisedeks? Woher kommt es, daß sie so groß und herrlich werden soll?"

Der Herr kam noch näher und antwortete: „Siehe, Abraham, Ich werde den Thron des Königs für immer befestigen, und eine Nation von Priestern soll aus deinem Samen erstehen, und durch dich sollen alle Nationen gesegnet werden. Gib acht nun, mein Freund!"

Abrahams Augen wurden auf einen Platz gerichtet, der hinter der ewigen Stadt, auf der gegenüberliegenden Seite lag. Auf einem Hügel dort stand eine einsame Gestalt, einer seiner Nachkommen. Es war ein junger Mann, doch seine ganze Haltung und Art erinnerte ihn seltsam an Melchisedek, den alten König. Und doch zeigte sein Gewand aus einfacher weißer Wolle, daß dieser Mann aus dem niederen Volke kam.

Als er die einsame ferne Gestalt, auf die sich die Augen aller Nationen zu richten schienen, betrachtete, erkannte er, daß der Berg, auf dem der Einsame stand, die Gestalt eines felsigen Schädels hatte. Seine Erinnerungen wurden wach. Er sah seinen geliebten Sohn Isaak das Holzbündel zum Brandopfer diesen Berg hinauftragen, und Stücke eines großen Geheimnisses wurden ihm klar, als er den Pfad der Selbstlosigkeit und Pein sah, den dieser ferne Mann dort zu gehen hatte. Ein Schrei der Qual rang sich aus dem Herzen des Patriarchen, als er die Instrumente der Folter und Pein auf dem fernen Hügel erkannte.

Hier konnte er einen Blick in das Herz seines Gottes tun, und er rief: „Der Berg des Opfers, ich sehe es, mein Herr!" Und er erinnerte sich an jenen schrecklichen Tag vor Jahren, als er Isaak auf dessen Frage zugeflüstert hatte: „Gott wird sich selbst ein Opferlamm erwählen..."

Der Freund Gottes, der Vater der Gläubigen, stand am Ende seiner Reise. Seine Aufgabe war vollendet, und das Ufer war in Sicht. Als er seinen Blick noch einmal über das verheißene Land schweifen ließ, flüsterte er:

„Meine Wanderung ist vorbei. Wie lange habe ich nach dem Ende meiner Wanderschaft Ausschau gehalten. Im Glauben bin ich in dieses Land der Verheißung gewandert, das für mich ein fremdes Land war. Doch nun habe ich die Stadt gefunden, die einen festen Grund hat, deren Baumeister und Schöpfer Gott selbst ist. Ich habe den König gesehen.“ — *Und es soll von Abraham gesagt werden, daß er, als er den Tag des Königs sah, frohlockte und sich darüber freute!*

DIE CHRISTLICHE FAMILIE Larry Christenson

Das Buch „Die christliche Familie" hat Larry Christensons Ruf als hervorragender Autor christlicher Bücher begründet. Es ist eigentlich der ältere Bruder von „Das christliche Ehepaar" und ist in vielen Ländern zum Bestseller geworden. Hunderttausende von Familien haben schon bezeugt, daß ihnen auch dieses Buch zur großen Hilfe und zum Segen geworden ist. Es beschäftigt sich mit der Stellung der Eltern zu den Kindern und umgekehrt, sowie mit Kindererziehung und manchen anderen wichtigen Fragen, die für das Familienleben unbedingt nötig sind. Das Buch ist mit derselben biblischen Einsicht, dem feinen Verständnis und der praktischen Weisheit geschrieben, die auch „Das christliche Ehepaar" auszeichnen. Alle Eltern und christlichen Mitarbeiter sollten es lesen.

Art.-Nr. 20069 230 Seiten **DM 7,95**

ERGRIFFEN VON BARMHERZIGKEIT Douglas Wead

Das Leben in den Straßen Kalkuttas ist das tiefste Stück der Hölle auf Erden. Prostituierte, Waisenkinder, Bettler, Aussätzige, hilflose und verkrüppelte Kinder, Drogensüchtige — sie alle sind ein Stück von diesem elenden, schmutzigen, schrecklichen und erbarmungslosen Leben. Doch inmitten dieser Hölle lebt auch ein Engel der Barmherzigkeit. Es ist der christliche Missionar Mark Buntain, der sich dieser Elenden annimmt und ihnen hilft nach Leib, Seele und Geist. Dieses Buch schildert Einzelschicksale solcher elender Menschen in Kalkutta, und zwar in so fesselnder Weise, daß man dieses Buch kaum mehr aus der Hand legen mag, bis man die letzte Seite gelesen hat. Außerdem zeigt es etwas davon, was heute Missionsarbeit bedeutet. Spannend von der ersten bis zur letzten Seite, sollte es jeder lesen, Alte und Junge.

Art.-Nr. 20075 168 Seiten (Paperback) **DM 9,95**

DIE GABEN DES GEISTES Harold Horton

In unserer Zeit hat die Kirche Jesu Christi wieder begonnen, nach den Kräften zu fragen, die Gott durch den Heiligen Geist der Gemeinde gegeben hat, um den Auftrag Jesu auszuführen. In der Apostelgeschichte und den Briefen der Apostel lesen wir in diesem Zusammenhang viel von den Gaben des Heiligen Geistes, durch die Jesus Christus die Gemeinde mit solchen Möglichkeiten ausrüstet. Das beste umfassendste Buch über dieses Thema, das es in deutscher Sprache gibt, ist dieses hier, von dem bekannten Bibellehrer Horton. Sie sollten es unbedingt lesen.

Art.-Nr. 20021 280 Seiten (Taschenbuch) **DM 7,95**

LEBEN ALS SIEGER Harold Hill

Der Verfasser ist Wissenschaftler und Ingenieur, dies merkt man auch seinem Buch an. Es ist ein sehr praktisches, hilfreiches und ermutigendes Buch für jeden Christen. Hill zeigt hier anhand vieler Beispiele aus dem Alltag, auch aus seinem eigenen Leben, wie man in den verschiedenen Lagen des Alltags mit Christus Sieger bleiben kann. Die originelle Sprache des Verfassers bewirkt, daß sich das Buch auch sehr gut liest. Ein Buch, das jedem Christen helfen wird für seinen Alltag.

Art.-Nr. 20067 184 Seiten (Paperback) **DM 10,95**

Zu beziehen durch:

Leuchter-Verlag eG, Industriestraße 6—8, D-6106 Erzhausen, Postfach 1161
In Österreich: Buchhandlung der Methodistenkirche, A-1082 Wien, Trautsongasse 8, Postfach 65